RITO DE LA
INICIACION CRISTIANA
DE ADULTOS

Copublished by The Liturgical Press, Collegeville, Minnesota; Liturgy Training Publications, Chicago; United States Catholic Conference, Washington, D.C.

RITUAL ROMANO

REFORMADO SEGUN LOS
DECRETOS DEL CONCILIO
VATICANO II Y PROMUL-
GADO POR MANDATO DEL
PAPA PABLO VI

UNITED STATES CATHOLIC CONFERENCE
WASHINGTON, D.C. 1991

RITO DE LA INICIACION CRISTIANA DE ADULTOS

APROBADO POR LA CONFERENCIA NACIONAL DE OBISPOS CATOLICOS Y CONFIRMADO POR LA SEDE APOSTOLICA PARA USO EN LAS DIOCESIS DE LOS ESTADOS UNIDOS DE AMERICA

Preparado por
El Comité Episcopal de Liturgia
Washington, D.C.
1991

Concordat cum originali: Ronald F. Krisman

Publicado por la autoridad del Comité Episcopal de Liturgia de la Conferencia Nacional de Obispos Católicos.

En 2001 la National Conference of Catholic Bishops y la United States Catholic Conference llegaron a ser la United States Conference of Catholic Bishops.

AGRADECIMIENTOS

The English original pastoral notes and rubrics and the arrangement and design of the Rite of Christian Initiation of Adults © 1985, International Committee on English in the Liturgy, Inc. All rights reserved.

La Conferencia Nacional de los Obispos Católicos/Conference Católica de los Estados Unidos reconoce la ayuda de la Comisión Episcopal Española de Liturgia en la traducción de esta obra.

Primera impresión, marzo de 1993
Duodécima impresión, febrero de 2019

ISBN 10: 1-55586-509-7
ISBN 13: 978-1-55586-509-2

CONFERENCIA NACIONAL DE LOS OBISPOS CATOLICOS
ESTADOS UNIDOS DE AMERICA

DECRETO

Según las normas establecidas por el decreto de la Sagrada Congregación de Ritos, *Cum, nostra aetate* (27 de enero de 1966), se declara esta edición del *Rito de iniciación cristiana de adultos* como la edición típica en lengua vernácula del *Ordo initiationis christianae adultorum* para las diócesis de los Estados Unidos de América, y se publica por la autoridad de la Conferencia Nacional de Obispos Católicos.

El *Rito de iniciación cristiana de adultos* fue canónicamente aprobado por el Comité Administrativo (el Concilio Permanente) de la Conferencia Nacional de Obispos Católicos en su asamblea plenaria del 11 de septiembre de 1990 y confirmado por la Sede Apostólica por el decreto de la Congregación para el Culto Divino del 6 de noviembre de 1990 (Prot. N. CD 770/90).

El *Rito de iniciación cristiana de adultos* puede ser publicado para usarse en las celebraciones de iniciación cristiana comenzando el día primero de septiembre 1991. Desde el primero de diciembre de 1991, el primer domingo de Adviento, el uso del *Rito de iniciación cristiana de adultos* es obligatorio en las diócesis de los Estados Unidos de América. De esa fecha en adelante no puede usarse ninguna otra versión en español.

Dado en el Secretariado General de la Conferencia Nacional de los Obispos Católicos, Washington, D.C., el 9 de mayo de 1991, Solemnidad de la Ascensión de Señor.

      ✠ Daniel E. Pilarczyk
      Arzobispo de Cincinnati
      Presidente
      Conferencia Nacional de Obispos Católicos

      Robert N. Lynch
      Secretario General

CONTENIDO

PRESENTACION

Esta edición del Rito de la Iniciación Cristiana de Adultos contiene la traducción al español de 1976 del *Ordo initiationis christianae adultorum* aprobada por la Conferencia Episcopal Española y confirmada por la Sagrada Congregación para los Sacramentos y el Culto Divino (Prot. CD. 31/76) y un cierto número de otros ritos y textos litúrgicos aprobados para su uso en las diócesis de los Estados Unidos de América. Una traducción al español de los *Praenotanda de initiatione christiana*, la cual se incluyó también en la segunda edición latina, aparece en esta edición bajo el título de "*Iniciación Cristiana, Observaciones Generales." Este documento tiene su propia enumeración de párrafos, para los cuales hay diferentes referencias a los correspondientes en el Rito de Iniciación Cristiana de Adultos.* La edición incorpora en el texto las enmendaciones requeridas por el Derecho Canónico de 1983 y publicadas por la Congregación para el Culto Divino el 12 de septiembre de 1983.

La parte principal del texto en la presente edición comienza con la Introducción propia al *Rito de la Iniciación Cristiana de Adultos*. A fin de ayudar al uso pastoral conveniente, la edición en español, siguiendo el mismo orden de la edición en inglés, vuelve a arreglar en cierta forma el contenido de los *praenotanda* de la *editio typica* latina. La Introducción, en la sección titulada "Estructura de la Iniciación de Adultos," la cual presenta un esquema general de los pasos y etapas del proceso de la iniciación cristiana, es seguida directamente por la sección titulada "Ministerios y Oficios." Los párrafos en la edición típica latina (nn. 9-40) dedicados a una descripción detallada de cada uno de los pasos y etapas de todo el catecumenado se han integrado con los párrafos correlativos de las introducciones particulares a cada uno de esos pasos y etapas, de tal manera que todo el material pertinente se concentra en su lugar de aplicación. En la sección titulada "Estructura de la Iniciación de Adultos," se usan referencias numéricas a estas introducciones particulares. Este arreglo editorial no omite nada de la edición original en latín, pero sí implica que la enumeración de párrafos se aleja de la que se usa en esa edición en latín. Para cada párrafo de la edición en español que lleva el número que le corresponde dentro de esta edición, se incluye en el margen derecho la referencia al número o números que indica el párrafo o los párrafos correspondientes en la edición latina. La referencia en el margen derecho donde el número es precedido por una letra indica un texto diferente al del *Ordo initiationis christianae adultorum*; los números que están precedidos por las letras "MR" se refieren al *Misal Romano*; los números que están precedidos por las letras "CP" se refieren al *Cuidado Pastoral de los Enfermos: Ritos de la Unción y del Viático*; los números precedidos por "R" se refieren al apéndice del *Ordo initiationis*, "Rito de Recepción en la Plena Comunión de la Iglesia Católica de los Cristianos Bautizados"; y los números precedidos por "P" se refieren al *Rito de Penitencia*. Los ritos y textos preparados específicamente para uso en las diócesis de los Estados Unidos de América se marcan con "USA" en el margen.

Después de la introducción al *Rito de la Iniciación Cristiana de Adultos*, esta nueva edición en español del ritual presenta el contenido en dos partes:

> Parte I, titulada "Iniciación Cristiana de Adultos," contiene los pasos y etapas que componen la forma completa y paradigmática de la iniciación cristiana, según la restauración del catecumenado integral decretada por el Concilio Vaticano Segundo.

> Parte II, titulada "Ritos para Circunstancias Particulares," contiene el material para la adaptación del rito para niños no bautizados de edad catequética; circunstancias

excepcionales en que el proceso de iniciación cristiana no se sigue en su forma completa; situaciones en que aquellos que ya están bautizados necesitan ser catequizados y completar su iniciación cristiana para ser admitidos a la plena comunión de la Iglesia católica.

Según las normas dadas en la *Constitución sobre la Sagrada Liturgia* (num. 63, b) y en la Introducción al *Rito de la Iniciación Cristiana de Adultos* (nn. 32-33; véase también Iniciación Cristiana, "Observaciones Generales," nn. 30-33), la Conferencia Nacional de Obispos Católicos aprobó un número de adaptaciones del *Rito de Iniciación Cristiana de Adultos* de acuerdo con el poder que tienen sobre él. En esta forma, la presente edición de los Estados Unidos incluye varias modificaciones editoriales (por ejemplo, todas la referencias a la unción con el óleo de los catecúmenos se han suprimido del "Tercer paso: Celebración de los sacramentos de iniciación," puesto que la Conferencia Nacional de Obispos Católicos decidió que en las diócesis de los Estados Unidos esta unción ha de reservarse para ser usada en la etapa del catecumenado y en la etapa de la purificación y de la iluminación, y no se debe incluir en la preparación de ritos el Sábado Santo ni en la celebración de la iniciación en la Vigilia Pascual ni en ningún otro tiempo).

La presente edición también contiene un número de otros ritos aprobados específicamente para uso en las diócesis de los Estados Unidos de América. Unos cuantos de estos ritos se han incorporado como sigue:

Parte I, "Primer Paso: Rito para Aceptación en el Catecumenado": incluye la "Entrega de una Cruz" como gesto opcional; y el "Rito Correspondiente al Período del Catecumenado": incluye el rito de "Envío de los Catecúmenos para la Elección," opcional en la parroquia, que puede celebrarse cuando el rito de elección es presidido por el obispo en una celebración regional o diocesana.

Parte II, "Iniciación Cristiana de Niños que Han Llegado a Edad Catequética": incluye un "Rito de Elección" opcional; y "Preparación de Adultos no Catequizados para la Confirmación y la Eucaristía": incluye cuatro (4) ritos opcionales para adultos bautizados pero no catequizados previamente: " Rito de Bienvenida a los Candidatos," "Rito para Enviar a los Candidatos a Ser Reconocidos por el Obispo y para el Llamado a la Conversión Continua," "Rito de Llamado a los Candidatos a una Conversión Continua," y "Rito Penitencial" (Escrutinio).

Apéndice I: "Ritos Adicionales (Combinados)": contiene la "Celebración en la Vigilia Pascual de los Sacramentos de Iniciación y del Rito de Recepción en la Plena Comunión de la Iglesia Católica." Este rito fue preparado en inglés por el Comité Internacional de Liturgia en Inglés (ICEL) a petición de las Conferencias de Obispos para ser usado en aquellas situaciones en que las circunstancias pastorales requieren la integración del rito de recepción a los sacramentos de iniciación durante la misma celebración de la Vigilia Pascual. Además de este orden, el Apéndice I contiene otros tres ritos "combinados", que pueden usarse en las celebraciones en que los catecúmenos que se preparan para la iniciación cristiana se presentan junto con los candidatos bautizados pero no catequizados previamente que se preparan a recibir los sacramentos, ya sea de la Confirmación, la Eucaristía o ambos, o a la admisión en la plena comunión de la iglesia católica. Todos los ritos y textos litúrgicos nuevos de esta edición se marcan en el margen con "USA".

Lo que ha guiado el formato y la presentación de cada uno de los ritos ha sido una atención cuidadosa a las posibilidades del ministro. A cada rito antecede un esquema que ofrece al ministro una idea concisa de su estructura. Se indican sencilla y claramente las diferentes opciones y alternativas que se pueden tener dentro de los ritos; el material introductorio, las rúbricas y los textos litúrgicos de cada rito se distinguen unos de otros por la manera en que han sido impresos. Los textos completos de las lecturas y de los salmos que se requieren para la liturgia de la palabra en las diferentes celebraciones no están incluidos, puesto que se supone que, guardando las normas litúrgicas, se proclamarán usando un Leccionario o una Biblia. Por tanto, se da, bien sea las referencias al *Leccionario para la Misa* para las lecturas y los salmos que pertenecen a cada celebración o bien una lista de citas de pasajes apropiados, sugeridos en cada rito, en el momento litúrgico correspondiente.

Esta nueva edición del *Rito de la Iniciación Cristiana de Adultos* en español fue aprobada para ser usada en las diócesis de los Estados Unidos de América por la Conferencia Nacional de Obispos Católicos el y fue confirmada por la Sede Apóstolica (Prot. N. CD 770/90).

El Bautismo es "la puerta de la vida y del reino de Dios" (Introducción general, n. 3). Que todos aquellos que ya han sido llamados por Cristo atraigan a otros al Señor y, que por medio de los ritos y de las oraciones de este ritual, se formen mayores lazos de unidad en la iglesia.

✠ Wilton D. Gregory
Obispo Auxiliar de Chicago

Presidente
El Comité Episcopal de Liturgia
La Conferencia Nacional de Obispos Católicos

Miércoles de Ceniza
el 13 de febrero de 1991

SAGRADA CONGREGACION PARA EL CULTO DIVINO

Prot. no. 15/72

DECRETO

El Concilio Ecuménico Vaticano II prescribió la revisión del Ritual del Bautismo de Adultos, ordenando que se restableciera el catecumenado de adultos dividido en varias etapas; de manera que el tiempo del catecumenado, establecido para la conveniente instrucción, pudiera ser santificado con ritos sagrados, celebrados en tiempos sucesivos. Igualmente ordenó el Concilio que, teniendo en cuenta la restauración del catecumenado, se revisaran los ritos del Bautismo de adultos, tanto el solemne como el simple.

En cumplimiento de estos decretos, la Sagrada Congregación para el Culto Divino ha preparado el nuevo Ritual de la Iniciación Cristiana de Adultos, que, con la debida aprobación del Sumo Pontífice Pablo VI, ha sacado a luz en la presente *editio typica*, para que sustituya al Ritual del Bautismo de Adultos, hasta ahora en vigor en el Ritual Romano. Esta Sagrada Congregación ordena que este nuevo Ritual puede emplearse desde ahora en lengua latina; en cuanto a las versiones en lengua vernácula, podrán emplearse desde el día que cada Conferencia Episcopal determine, después de que las adaptaciones en lengua popular hayan sido confirmadas por la Santa Sede.

Sin que obste nada en contrario.

En la sede de la Sagrada Congregación para el Culto Divino, día 6 de enero de 1972, en la Solemnidad de la Epifanía del Señor.

Arturo, Cardinal Tabera
Prefecto

A. Bugnini
Secretario

LA INICIACION CRISTIANA
OBSERVACIONES GENERALES

1   Por los sacramentos de la iniciación cristiana, "libres del poder de las tinieblas, muertos, sepultados y resucitados con Cristo, recibimos el Espíritu de los hijos de adopción y celebramos con todo el pueblo de Dios el memorial de la Muerte y Resurrección del Señor."[1]

2   En efecto, incorporados a Cristo por el Bautismo, constituímos el pueblo de Dios, recibimos el perdón de todos nuestros pecados, y pasamos de la condición humana en que nacemos como hijos del primer Adán al estado de hijos adoptivos,[2] convertidos en una nueva criatura por el agua y el Espíritu Santo. Por esto nos llamamos y somos hijos de Dios.[3]

Marcados luego en la Confirmación por el don del Espíritu, somos más perfectamente configurados al Señor y llenos del Espíritu Santo, a fin de que, dando testimonio de él ante el mundo, "cooperemos a la expansión y dilatación del Cuerpo de Cristo para llevarlo cuanto antes a su plenitud."[4]

Finalmente, participando en la asamblea eucarística, comemos la carne del hijo del hombre y bebemos su sangre, a fin de recibir la vida eterna[5] y expresar la unidad del Pueblo de Dios; y ofreciéndonos a nosotros mismos con Cristo, contribuímos al sacrificio universal en el cual se ofrece a Dios, a través del Sumo Sacerdote, toda la Ciudad misma redimida;[6] y pedimos que, por una efusión más plena del Espíritu Santo, "llegue todo el género humano a la unidad de la familia de Dios."[7]

Por tanto los tres sacramentos de la iniciación cristiana se ordenan entre sí para llevarnos a nuestro pleno desarrollo como fieles ejerciendo la misión de todo el pueblo cristiano en la Iglesia y en el mundo.[8]

I. Dignidad del Bautismo

3   El Bautismo, puerta de la Vida y del Reino de Dios, es el primer sacramento de la nueva ley, que Cristo propuso a todos para que tuvieran la vida eterna[9] y que después confió a su Iglesia juntamente con su Evangelio, cuando mandó a los Apóstoles: "Vayan y hagan discípulos a todos los pueblos, bautizándolos en el nombre del Padre y del Hijo y del Espíritu Santo."[10] Por ello el Bautismo es, en primer lugar, el sacramento de la fe con que, iluminados por la gracia del Espíritu Santo, respondemos al Evangelio de Cristo. Así, pues, no hay nada que la Iglesia estime tanto ni hay tarea que ella considere tan suya como reavivar en los catecúmenos o en los padres y padrinos de los niños que se van a bautizar, una fe activa, por la cual, uniéndose a Cristo, entren en el pacto de la nueva alianza o la ratifiquen. A esto se ordenan, en definitiva, tanto el catecumenado y la preparación de los padres y padrinos como la celebración de la Palabra de Dios y la profesión de fe en el rito bautismal.

---

1   Conc. Vat. II, Decreto sobre la actividad misionera de la Iglesia, *Ad gentes*, n. 14.

2   Rom. 8:15; Gál. 4:5; véase Conc. Trid., Sesión VI, Decreto sobre la justificación, cap. 4; Dez. 796 (1524).

3   Véase I Jn 3:1.

4   Véase Conc. Vat. II, Decreto sobre la actividad misionera de la Iglesia, *Ad gentes*, n. 36.

5   Véase Jn 6:55.

6   S. Agustín, *De Civitate Dei*, X,6: PL. 41,284; Conc. Vat. II, Constitución dogmática sobre la Iglesia, *Lumen gentium*, n. 11; Decreto sobre el ministerio y vida de los presbíteros, *Presbyterorum ordinis*, n. 2.

7   Véase Conc. Vat. II, Constitución dogmática sobre la Iglesia, *Lumen gentium*, n. 28.

8   Véase ibid., n. 31

9   Véase Jn 3:5.

10   Mat 28:19.

4   El Bautismo es, además, el sacramento por el cual somos incorporados a la Iglesia, "integrándonos en la construcción para ser morada de Dios, por el Espíritu,"[11] "raza elegida, sacerdocio real";[12] es también vínculo sacramental de la unidad que existe entre todos los que son marcados con él.[13] Este efecto indeleble, expresado por la liturgia latina en la misma celebración con la crismación de los bautizados en presencia del pueblo de Dios, hace que el rito del Bautismo merezca el sumo respeto de todos los cristianos y no esté permitida su repetición cuando se ha celebrado válidamente, aunque lo haya sido por hermanos que no estén en plena comunión de la Iglesia católica.

5   El Bautismo, baño del agua en la palabra de vida,[14] nos limpia de toda mancha de pecado, original y personal, y nos hace partícipes de la naturaleza divina[15] e hijos de Dios.[16] En efecto, el Bautismo, como lo proclaman las oraciones de bendición del agua, es un baño de regeneración[17] por el cual nacemos hijos de Dios de lo alto. La invocación de la Santísima Trinidad sobre los bautizandos hace que los que son marcados con su nombre le sean consagrados y entren en la comunión con el Padre y el Hijo y el Espíritu Santo. Las lecturas bíblicas, la oración de los fieles y la triple profesión de fe están encaminadas a preparar este momento culminante.

6   Estos efectos, muy superiores a las purificaciones de la antigua ley, los realiza el Bautismo por la fuerza del misterio de la Pasión y Resurrección del Señor. Los bautizados, que "han unido su existencia con la de Cristo en una muerte como la suya y han sido sepultados con él en la muerte,"[18] "son también juntamente con él vivificados y resucitados."[19] El Bautismo, en efecto, conmemora y actualiza el Misterio Pascual, haciéndonos pasar de la muerte del pecado a la vida. Por tanto, en su celebración debe brillar la alegría de la resurrección, principalmente cuando tiene lugar en la Vigilia Pascual o en domingo.

II. Funciones y ministerios en la celebración del Bautismo

7   La preparación al Bautismo y la formación cristiana es tarea que incumbe muy seriamente al pueblo de Dios, es decir, a la Iglesia, que transmite y alimenta la fe recibida de los Apóstoles. A través del ministerio de la Iglesia, los adultos son llamados al Evangelio por el Espíritu Santo, y los niños son bautizados y educados en la fe de la Iglesia.

Es, pues, muy importante que los catequistas y otros laicos presten su colaboración a los sacerdotes y a los diáconos ya desde la preparación del Bautismo. Conviene, además, que, en la celebración del Bautismo, tome parte activa el pueblo de Dios, representado, no solamente por los padrinos, padres y parientes, sino también, en cuanto sea posible, por sus amigos, familiares y vecinos, y por algunos miembros de la Iglesia local, para que se manifieste la fe común y se exprese la alegría de todos al acoger en la comunidad eclesial a los recién bautizados.

8   Según costumbre antiquísima de la Iglesia, no se admite a un adulto al Bautismo sin un padrino (o una madrina), escogido de entre los miembros de la comunidad cristiana. Este padrino o madrina le habrá ayudado al menos en la última fase de preparación al sacramento y, después de bautizado, contribuirá a su perseverancia en la fe y en la vida cristiana.

En el Bautismo de un niño debe haber también un padrino o madrina: representa a la familia, como extensión espiritual de la misma, y a la Iglesia Madre, y, cuando sea necesario, ayuda a los padres para que el niño llegue a profesar la fe y a expresarla en su vida.

9   El padrino, o la madrina, interviene, por lo menos en los últimos ritos del catecumenado y en la misma celebración del Bautismo, bien para dar testimonio de la fe del bautizando adulto, bien para profesar, juntamente con los padres, la fe de la Iglesia, en la cual es bautizado el niño.

---

11   Ef 2:22.
12   I Pt 2:9.
13   Conc. Vat. II, Decreto sobre el ecumenismo, *Unitatis redintegratio*, n. 22.
14   Ef 5:26.
15   2 Pt 1:4.
16   Véase Rom 8:15; Gál 4:5.
17   Véase Tit 3:5.
18   Rom 6:4-5.
19   Véase Ef 2:6.

10   Por tanto, es conveniente que el padrino (o madrina) elegido por el catecúmeno o por la familia del niño, reúna, a juicio de los párrocos, las cualidades requeridas para que pueda realizar los ritos que le corresponden y que se indican en el número 9, a saber:

    1.   Los padrinos son personas, distintas de los padres de los candidatos, que son escogidas por los mismos candidatos o por los padres, o por quienes toman el lugar de los padres del candidato, o en ausencia de ellos, por el párroco o el ministro del Bautismo. Cada candidato puede tener una madrina o un padrino o ambos: padrino y madrina.

    2.   Que tengan la capacidad e intención de cumplir con la responsabilidad de padrinos y que tengan la madurez necesaria para cumplir con esta función. Se considera que una persona de dieciséis años tiene la madurez necesaria, pero el obispo diocesano puede establecer otra edad o el párroco o ministro del Bautismo puede decidir que hay una razón legítima para permitir una excepción.

    3.   Que hayan recibido los tres sacramentos de la iniciación cristiana: Bautismo, Confirmación y Eucaristía; y que tengan un estilo de vida de acuerdo con su fe y con la responsabilidad de ser padrinos.

    4.   Que pertenezcan a la Iglesia Católica y que no estén incapacitados, por el derecho canónico, para el ejercicio de la función de padrinos. Sin embargo, cuando así lo deseen los padres, se puede admitir como padrino o testigo del Bautismo a un bautizado y creyente cristiano que no pertenezca a la Iglesia Católica, siempre que lo sea juntamente con un padrino católico o una madrina católica.[20] En el caso de cristianos separados de la Iglesia Oriental con quienes no tenemos comunión plena, se debe respetar la disciplina especial de las Iglesias orientales.

11   Es ministro ordinario del Bautismo el obispo, el presbítero y el diácono.

    1.   Siempre que celebren este sacramento, deben recordar que actúan como Iglesia, en nombre de Cristo y por la fuerza del Espíritu Santo.

    2.   Deben ser, pues, diligentes en administrar la Palabra de Dios y en la forma de realizar el sacramento. Deben evitar, también, todo lo que pueda ser interpretado razonablemente por los fieles como una discriminación de personas.[21]

    3.   Excepto en caso de necesidad, estos ministros no confieren el Bautismo fuera de su propio territorio ni aun a sus propios feligreses, sin el permiso requerido.

12   Por ser los obispos "los principales administradores de los misterios de Dios, así como también moderadores de toda la vida litúrgica en la Iglesia que les ha sido confiada,"[22] les corresponde a ellos "regular la administración del Bautismo, por medio del cual se concede la participación en el sacerdocio real de Cristo."[23] Por tanto, no dejen de celebrar ellos mismos el Bautismo, principalmente en la Vigilia Pascual. A ellos les está encomendado particularmente el Bautismo de los adultos y el cuidado de su preparación.

13   Los párrocos deben prestar su colaboración al obispo en la instrucción y Bautismo de los adultos de su parroquia, a no ser que el obispo haya provisto de otra manera. Es también de su incumbencia, valiéndose de la colaboración de catequistas y otros laicos idóneos, preparar y ayudar con medios pastorales aptos a los padres y padrinos de los niños que van a ser bautizados, así como, finalmente, conferir el Bautismo a estos niños.

14   Los demás presbíteros y diáconos, por ser los colaboradores del obispo y de los párrocos en su ministerio, preparan para el Bautismo y lo confieren también, de acuerdo con el obispo o el párroco.

15   Otros sacerdotes y diáconos, así como los laicos pueden ayudar al celebrante del Bautismo en aquellas partes que les correspondan, especialmente si el número de personas a ser bautizadas es numeroso; tal como se prevé en las respectivas partes de los rituales para adultos y para niños.

16   No habiendo sacerdote ni diácono, en caso de peligro inminente de muerte, cualquier fiel, y aun cualquier persona que tenga la intención requerida, puede, y algunas veces hasta debe, conferir el Bautismo. Pero si no es tan

---

20   Véase *Codex Iuris Canonici*, can. 873 y 874, §§1 y 2.

21   Véase Conc. Vat. II, Constitución sobre la sagrada liturgia, *Sacrosanctum Concilium*, n. 32; Constitución pastoral sobre la Iglesia en el mundo actual, *Gaudium et Spes*, n. 29.

22   Conc. Vat. II, Decreto sobre el ministerio pastoral de los obispos, *Christus Dominus*, n. 15.

23   Conc. Vat. II, Constitución dogmática sobre la Iglesia, *Lumen Gentium*, n. 26.

inmediata la muerte, el sacramento debe ser conferido, en lo posible, por un fiel y según el rito abreviado.[24] Es muy importante que, aun en este caso, esté presente una comunidad reducida, o, al menos, que haya, si es posible, uno o dos testigos.

17   Todos los laicos, como miembros que son de un pueblo sacerdotal, especialmente los padres y, por razón de su oficio, los catequistas, las parteras, los asistentes sociales, las enfermeras, los médicos y cirujanos, deben tener interés por conocer bien, cada cual según su capacidad, el modo correcto de bautizar en caso de urgencia. Corresponde a los presbíteros, diáconos y catequistas el instruirles. Los obispos deben cuidar de que dentro de su diócesis existan los medios aptos para esta formación.

III. Requisitos para celebrar el Bautismo

18   El agua del Bautismo debe ser agua natural y limpia, para manifestar su simbolismo sacramental, y hasta por razones de higiene.

19   La fuente bautismal o el recipiente en que se prepara el agua cuando, en algunos casos, se celebra el sacramento en el presbiterio, debe distinguirse por su limpieza, dignidad y belleza en el diseño.

20   Se debe proveer, además, lo necesario para que el agua pueda calentarse oportunamente, de acuerdo con las necesidades de la región.

21   A no ser en caso de necesidad, el sacerdote y el diácono no deben bautizar sino con agua bendecida a este fin. El agua consagrada en la Vigilia Pascual se debe conservar, en lo posible, durante todo el tiempo pascual, y emplearse para afirmar con más claridad la conexión de este sacramento con el Misterio Pascual.
        Pero, fuera del tiempo pascual, es preferible bendecir el agua en cada una de las celebraciones; de este modo, las mismas palabras de la bendición del agua expresan con más claridad el Misterio redentor que conmemora y proclama la Iglesia.
        Si el bautisterio está construído de manera que se utilice una fuente de agua viva, se bendecirá el agua que brota de esa fuente.

22   Tanto el rito de la inmersión-que es más apto para significar la Muerte y Resurrección de Cristo-como el rito de la infusión, pueden utilizarse con todo derecho.

23   Las palabras con las cuales se confiere el Bautismo en la Iglesia latina, son: "Yo te bautizo en el nombre del Padre y del Hijo y del Espíritu Santo."

24   Se debe disponer un lugar adecuado para la celebración de la liturgia de la Palabra, bien en el bautisterio, bien en otro lugar del templo.

25   El bautisterio—es decir: el lugar donde brota el agua de la fuente bautismal o, simplemente, está colocada permanentemente la pila-debe estar reservado al sacramento del Bautismo, y ser verdaderamente digno, de manera que aparezca con claridad que allí los cristianos renacen del agua y del Espíritu Santo. Bien sea que esté situado en alguna capilla dentro o fuera del templo, bien esté colocado en cualquier otra parte de la Iglesia, a la vista de los fieles, debe estar ordenado de tal manera que permita la cómoda participación de una asamblea numerosa. Una vez concluído el tiempo de Pascua, conviene que el Cirio Pascual se conserve dignamente en el bautisterio; durante la celebración del Bautismo debe estar encendido, para que los cirios de los bautizados se puedan encender con facilidad en él.

26   Aquellos ritos que en la celebración del Bautismo se hacen fuera del bautisterio, deben realizarse en los distintos lugares del templo que respondan más adecuadamente tanto al número de los asistentes como a las distintas partes de la liturgia bautismal. En cuanto a aquellos ritos que suelen hacerse en el bautisterio, se pueden elegir también otros lugares más aptos, si la capilla del bautisterio no es suficientemente amplia para todos los catecúmenos o para los asistentes.

27   Todos los niños nacidos recientemente serán bautizados, a ser posible, en común en el mismo día. Y si no es por justa causa, nunca se celebra dos veces el sacramento en el mismo día y en la misma Iglesia.

---

24   Véase *Rito de Iniciación Cristiana de Adultos*, nn. 375-399; *Rito de Bautismo de Niños*, nn. 157-164.

28   En los rituales respectivos se pueden encontrar los detalles relacionados con el tiempo del Bautismo, tanto de los adultos como de los niños. De todos modos, a la celebración del sacramento se le debe dar siempre un marcado sentido pascual.

29   Los párrocos deben anotar, cuidadosamente y sin demora, en el libro de bautismos los nombres de los bautizados, haciendo mención también del ministro, de los padres y padrinos, del lugar y del día del bautismo.

IV. Adaptaciones que competen a las Conferencias de Obispos

30   De acuerdo con la Constitución sobre la Sagrada Liturgia (art. 63b), compete a las Conferencias de Obispos preparar en los Rituales particulares el apartado que corresponde a esta parte del Ritual Romano, acomodado a las necesidades peculiares de cada región, para que pueda emplearse en los respectivos países, una vez que haya sido confirmado por la Sede Apostólica.

En concreto, es responsabilidad de cada Conferencia de Obispos:

1.   Determinar las adaptaciones a que se refiere el art. 39 de la Constitución sobre la Sagrada Liturgia.

2.   Considerar cuidadosa y prudentemente qué elementos de las tradiciones y cultura de un pueblo pueden admitirse adecuadamente en el culto divino y de esta forma proponer a la Sede Apostólica otras adaptaciones que se consideren útiles o necesarias, para ser introducidas con su consentimiento.

3.   Retener los elementos de los rituales particulares, siempre que sean compatibles con la Constitución sobre la Sagrada Liturgia y con las necesidades actuales o modificar tales elementos.

4.   Preparar la traducción de los textos, de tal manera que esté verdaderamente acomodada al espíritu de cada lengua y cultura, y añadir las melodías para el canto de aquellas partes que convenga cantar.

5.   Adaptar y completar las introducciones que figuran en el Ritual Romano, a fin de que los ministros entiendan y hagan realidad la significación de los ritos.

6.   En los libros litúrgicos que deben editar las Conferencias Episcopales, ordenar la materia de la manera que parezca más útil al uso pastoral.

31   Teniendo principalmente en cuenta las normas de los nn. 37-40 y 65 de la Constitución sobre la Sagrada Liturgia, en los países de misión pertenece a las Conferencias Episcopales el juzgar si ciertos elementos de iniciación que se encuentran en uso en algunos pueblos, pueden ser acomodados al rito del Bautismo cristiano, y decidir si se han de incorporar a él.

32   Siempre que en el Ritual Romano se presente más de una fórmula para elegir de entre ellas, los rituales particulares pueden añadir otras del mismo tenor.

33   La celebración del Bautismo se enriquece en gran manera con el canto, que estimula en los participantes el sentido de su unidad, fomenta su oración comunitaria y expresa la alegría pascual que debe impregnar todo el rito. Las Conferencias de Obispos deben, por tanto, estimular y ayudar a los músicos pastorales para que compongan melodías hermosas para aquellos textos litúrgicos particularmente apropiados para el canto de los fieles.

V. Adaptaciones que competen al Ministro del Bautismo

34   Tomando en consideración las circunstancias existentes y otras necesidades, así como los deseos de los fieles, el ministro debe hacer uso de las diferentes opciones permitidas por el rito.

35   Además de aquellas adaptaciones previstas en el Ritual Romano para los diálogos y bendiciones, el ministro puede introducir otras por circunstancias especiales. Estas adaptaciones se señalarán más detalladamente en las introducciones a los ritos del Bautismo para adultos y para niños.

RITO DE LA INICIACION CRISTIANA DE ADULTOS

Hay un solo Señor, una sola fe, un solo bautismo,
un solo Dios, Padre de todos

RITO DE LA INICIACION CRISTIANA DE ADULTOS

INTRODUCCION

1   El Rito de la Iniciación Cristiana, que se describe a continuación, se destina a los adultos que, al oír el anuncio del misterio de Cristo, y bajo la acción del Espíritu Santo en sus corazones, consciente y libremente buscan al Dios vivo y emprenden el camino de la fe y de la conversión. Con la ayuda de Dios se les provee de la ayuda espiritual para su preparación y para la recepción fructuosa de los sacramentos en el momento oportuno.

2   El ritual presenta no solamente la celebración de los sacramentos del Bautismo, la Confirmación y la Eucaristía, sino también todos los ritos del catecumenado, que probado por la más antigua práctica de la Iglesia, corresponde a la actividad misionera de hoy y de tal modo se siente su necesidad en todas partes, que el Concilio Vaticano II mandó restablecerlo, revisarlo y adaptarlo de acuerdo con las costumbres y necesidades de cada lugar.[1]

3   Para que mejor se compagine con la labor de la Iglesia y con la situación de los individuos, de las parroquias y de las misiones, el Ritual de la Iniciación presenta en la Parte I la forma completa común, apta para la preparación colectiva (véase nn. 36-251), de la cual los párrocos, por simple adaptación, obtienen la fórmula oportuna para la preparación individual.

    En la Parte II se ofrecen los ritos para circunstancias extraordinarias: la iniciación cristiana de niños (véase nn. 252-330), la forma simple del rito de iniciación de adultos en casos particulares (véase nn. 331-369), y la forma abreviada para los que se encuentran en peligro de muerte (véase nn. 370-399). Esta Parte II incluye también las normas para preparar adultos no catequizados para la Confirmación y la Eucaristía (véase nn. 400-410) junto con cuatro (4) ritos opcionales que pueden usarse con esos candidatos, y el rito de la recepción en la plena comunión de la Iglesia Católica de cristianos bautizados (véase nn. 473-504).

    En el Apéndice I se presentan los ritos para celebraciones con catecúmenos y adultos bautizados pero sin previa catequesis junto con un rito que combina la admisión de cristianos bautizados a la plena comunión con la Iglesia católica durante la celebración de la iniciación cristiana en la Vigilia Pascual (véase nn. 562-594). Los dos apéndices adicionales contienen las aclamaciones, himnos y cantos, y los Estatutos Nacionales para el Catecumenado en las Diócesis de los Estados Unidos de América.

ESTRUCTURA DE LA INICIACION DE ADULTOS

4   La iniciación de los catecúmenos se hace gradualmente, en conexión con la comunidad de los fieles que juntamente con los catecúmenos consideran el valor del misterio pascual y

---

1   Véase Conc. Vat. II, Constitución sobre la Sagrada Liturgia, *Sacrosanctum Concilium*, nn. 64-66; Decreto sobre la actividad misionera de la Iglesia, *Ad gentes*, n. 14; Decreto sobre el ministerio pastoral de los Obispos, *Christus Dominus*, n. 14.

renovando su propia conversión, inducen con su ejemplo a los catecúmenos a seguir al Espíritu Santo con toda generosidad.

5   El Ritual de la Iniciación se adapta al cambio espiritual de los adultos, que es muy variado según la gracia multiforme de Dios, la libre cooperación de los individuos, la acción de la Iglesia y las circunstancias de tiempo y lugar.

6   En este cambio, además del tiempo de instrucción y de maduración (véase n. 7), hay etapas o "grados," mediante los cuales los catecúmenos han de avanzar, atravesando puertas, por así decirlo, o subiendo escalones.

>   1.   El primer grado, etapa o escalón es cuando llegan al punto de la conversión inicial y de querer hacerse cristianos, y son recibidos por la Iglesia como catecúmenos.

>   2.   El segundo grado es cuando madurando ya la fe, y finalizado casi el catecumenado, son admitidos a una preparación más intensa de los sacramentos de iniciación.

>   3.   El tercer grado, cuando acabada la preparación espiritual, reciben los sacramentos de la iniciación cristiana.

Tres, pues, son los grados, pasos o puertas, que han de marcar los momentos culminantes o nucleares de la iniciación. Estos tres grados se marcan o sellan con tres ritos litúrgicos: el primero, por el Rito para Aceptación en el Catecumenado (nn. 41-74), el segundo, por la Elección o Inscripción de nombres (nn. 118-187), y el tercero, por la celebración de los Sacramentos de iniciación cristiana (nn. 206-243).

7   Los grados, por tanto, introducen a las etapas de instrucción y maduración, o por ellas son preparados:

>   1   El primer tiempo, o etapa, por parte del candidato exige investigación, y por parte de la Iglesia se dedica a la evangelización y "precatecumenado" y acaba con el ingreso en el grado de los catecúmenos.

>   2   El segundo tiempo comienza con este ingreso en el grado de los catecúmenos, y puede durar varios años, y se emplea en la catequesis y ritos anejos. Acaba en el día de la "Elección."

>   3   El tercer tiempo, bastante más breve, que de ordinario coincide con la preparación cuaresmal de las Solemnidades pascuales y de los sacramentos de iniciación, se emplea en la "purificación" e "iluminación," e incluye la celebración de los ritos que pertenecen a este tiempo.

>   4   El último tiempo, que dura todo el tiempo pascual, se dedica a la catequesis postbautismal o "mistagogia," o sea a la experiencia espiritual y a gustar de los frutos del Espíritu, y a estrechar más profundamente el trato y los lazos con la comunidad de los fieles.

Cuatro, pues, son los tiempos que se suceden: el "precatecumenado," caracterizado por la primera evangelización (nn. 36-40); el "catecumenado," destinado a la catequesis integral y a los ritos de esta etapa (nn. 75-117); el de "purificación e iluminación" (preparación cuaresmal), para proporcionar una preparación espiritual más intensa ayudada por la celebración de "escrutinios" y "entregas" (nn. 138-205); y el de catequesis postbautismal o "mistagogia," señalado por la nueva experiencia de los sacramentos y de la comunidad (nn. 244-251).

8   Fuera de esto, como la iniciación de los cristianos no es otra cosa que la primera participación sacramental en la muerte y resurrección de Cristo, y como, además, el tiempo de purificación e iluminación coincide de ordinario con el tiempo de Cuaresma,[2] y la "mistagogia" con el tiempo pascual, conviene que toda la iniciación se caracterice por su índole pascual. Por esto la Cuaresma ha de cobrar toda su pujanza para ofrecer una más intensa preparación de los elegidos y la Vigilia Pascual debe ser el tiempo legítimo de los sacramentos de la iniciación, pero no obstante no se prohibe que estos sacramentos, por necesidades pastorales, se celebren fuera de este tiempo (véase nn. 26-30).

MINISTERIOS Y FUNCIONES

9   Además de lo que se dijo en la *Iniciación Cristiana*, Observaciones Generales (n. 7), el pueblo de Dios representado por la Iglesia local, siempre debe entender y mostrar que la iniciación de los adultos es cosa suya y asunto que atañe a todos los bautizados.[3] La comunidad debe estar, pues, preparada y dispuesta siguiendo su vocación apostólica, para ayudar a los que buscan a Cristo. En las varias circunstancias de la vida cotidiana, como en el apostolado, incumbe a todo discípulo de Cristo la obligación de propagar, en lo que le toca, la fe.[4] Por tanto, toda comunidad debe ayudar a los candidatos y a los catecúmenos durante todo el período de la iniciación: en el precatecumenado, en el catecumenado, en el tiempo de purificación e iluminación, y en el tiempo de la catequesis postbautismal o "Mistagogia." En concreto:

1.   En el período de la evangelización y del precatecumenado los fieles deben recordar que el apostolado de la Iglesia, y de todos sus miembros, se dirige en primer lugar a que el anuncio de Cristo con palabras y hechos sea patente al mundo y a que éste reciba la gracia del Señor.[5] Deben mostrarse, pues, inclinados a abrir el espíritu de la comunidad cristiana, a recibir a los candidatos en las familias, a dialogar personalmente con ellos, y admitirlos hasta en organizaciones especializadas de la comunidad.

2.   Deben asistir, según lo aconsejen las circunstancias, a las celebraciones o actos del catecumenado y tomen parte en las respuestas, en las oraciones, en el canto y en las aclamaciones.

3.   El día de la elección, puesto que se trata de un incremento de la misma comunidad, ésta debe dar en el momento oportuno un testimonio justo y prudente acerca de los catecúmenos.

4.   En tiempo de Cuaresma, o sea, durante la etapa de purificación e iluminación, deben acudir con asiduidad a los ritos del escrutinio y de la entrega, y dar ejemplo a los catecúmenos de la propia renovación en el espíritu de penitencia, de fe y de caridad. En la Vigilia Pascual deben tener empeño en renovar las promesas del Bautismo.

---

2   Véase Conc. Vat. II, Constitución sobre la sagrada liturgia, *Sacrosanctum Concilium*, n. 109.

3   Véase Conc. Vat. II, Decreto sobre la actividad misionera de la Iglesia, *Ad gentes*, n. 14.

4   Véase Conc. Vat. II, Constitución sobre la Iglesia, *Lumen Gentium*, n. 17.

5   Véase Conc. Vat. II, Decreto sobre el apostolado de los laicos, *Apostolicam actuositatem*, n. 6.

5. En tiempo de la "Mistagogia" deben participar en las Misas de los neófitos, esto es, las Misas dominicales del tiempo pascual (véase n. 25), abrazarlos con caridad, ayudarlos para que se sientan gozosos en la comunidad de los bautizados.

10   Al candidato que pide ser admitido entre los catecúmenos le acompaña el esponsor, a saber, un varón o una mujer que le conozca, le ayude y sea testigo de sus costumbres, de su fe y de su voluntad. Puede acontecer que este esponsor no haga el oficio de padrino en las etapas de la purificación e iluminación, y de la "Mistagogia," pero entonces otro le ha de sustituir en este oficio.

42

11   El padrino por su parte (para cada persona un padrino o una madrina o los dos), elegido por el catecúmeno a causa de su buen ejemplo, de sus dotes y de la amistad, delegado por la comunidad cristiana y local y aprobado por el sacerdote, acompaña al candidato en el día de la elección, en la celebración de los sacramentos y en la etapa de la "Mistagogia."[6] A él (a ella o a ellos) le atañe mostrar familiarmente al catecúmeno la práctica del Evangelio en la vida propia y en el trato con la sociedad, ayudarle en las dudas y ansiedades, y darle testimonio y velar por el incremento de su vida bautismal. Señalado antes de la "elección," cumple su oficio públicamente desde el día de la "elección," al dar testimonio del catecúmeno ante la comunidad; y su oficio sigue siendo importante, cuando el neófito, recibidos los sacramentos, ha de ser ayudado para permanecer fiel a las promesas del Bautismo.

43

12   Es propio del Obispo[7] por sí o por su delegado organizar, orientar y fomentar el programa de formación pastoral de los catecúmenos y admitir a los candidatos a la elección y a los sacramentos. Es de desear que, en cuanto sea posible, además de presidir la liturgia cuaresmal, él mismo celebre el rito de la elección, y en la Vigilia Pascual confiera los sacramentos de la iniciación, por lo menos en la iniciación de los que tienen catorce años o son mayores de esa edad. Finalmente, por su cargo pastoral debe confiar la misión para los exorcismos menores (nn. 90-94) y las bendiciones de los catecúmenos (nn. 95-97) a catequistas que realmente sean dignos y estén preparados.

44

13   A los presbíteros toca, además del acostumbrado ministerio en cualquier celebración del Bautismo, Confirmación y Eucaristía,[8] atender al cuidado pastoral y personal de los catecúmenos,[9] auxiliando especialmente a los que se vean combatidos por dudas o aflicciones, proporcionándoles la catequesis adecuada con ayuda de los diáconos y catequistas; aprobar la elección de los padrinos, y oírlos y ayudarlos gustosamente; y finalmente, velar con diligencia para que se sigan perfectamente los ritos aptos en el curso de todo el Ritual de la Iniciación (véase n. 35).

45

14   El presbítero que bautiza a un adulto o niño en edad catequética, debe conferirle también la Confirmación, en ausencia del Obispo, a no ser que este sacramento haya de ser conferido en otro tiempo (véase n. 24).[10]
Cuando sean muy numerosos los que han de confirmarse, el ministro de la Confirmación puede auxiliarse asociando a otros presbíteros para administrar el sacramento.

46

---

6 Véase Observaciones Generales, n. 8 y 10.1.

7 Véase ibid., n. 12.

8 Véase Observaciones Generales previas, nn. 13-15.

9 Véase Conc. Vat. II., Decreto sobre el ministerio y vida de los presbíteros, *Presbyterorum Ordinis*, n. 6.

10 Véase Ritual de la Confirmación, *Praenotanda*, n. 7b.

Es preferible que estos presbíteros:

1.   desempeñen algún cargo u oficio peculiar en la diócesis, a saber: sean ya Vicarios Generales, ya Vicarios o Delegados episcopales, ya Vicarios regionales o de distrito;

2.   o bien sean párrocos de los lugares en que se confiere la Confirmación, o párrocos de los lugares a que pertenecen los que van a confirmarse, o presbíteros que hayan tenido intervención especial en la preparación catequética de los confirmandos.[11]

15   Es conveniente que los diáconos ofrezcan su ayuda a los catecúmenos. Si la Conferencia de los Obispos juzgare oportuno establecer diáconos permanentes, debe cuidar también de que su número sea proporcionado para que puedan tenerse en todos los sitios, donde lo requieran las necesidades pastorales, todos los grados, etapas y ejercicios del catecumenado.[12]   47

16   Los catequistas, cuyo oficio tiene verdadera importancia para el progreso de los catecúmenos y el aumento de la comunidad, deben tomar parte activa en los ritos siempre que fuere posible. Más aún, delegados por el Obispo (véase n. 12), pueden realizar los exorcismos menores y las bendiciones,[13] de que se trata en el Ritual. Cuando enseñan, deben procurar que su doctrina esté llena del espíritu evangélico, acomodada a los símbolos y tiempos litúrgicos, adaptada a las necesidades de los catecúmenos y enriquecida, en cuanto sea posible, con las tradiciones y usos locales.   48

TIEMPO Y LUGAR DE LA INICIACION

17   El Ritual de la iniciación han de organizarlo los párrocos de tal modo que, como norma general, los sacramentos se celebren en la Vigilia Pascual y la elección tenga lugar el primer domingo de Cuaresma. Los otros ritos han de distribuirse teniendo en cuenta la disposición descrita anteriormente (nn. 6-8). Sin embargo, por necesidades pastorales graves, se puede disponer el curso de todos los ritos de iniciación de otra manera, como se dice después más detalladamente (nn. 26-30).   49

Tiempo Legitimo o Acostumbrado

18   En lo que toca al tiempo de celebrar el Rito para Aceptación en el Catecumenado, hay que advertir lo siguiente (nn. 41-74):   50

1.   Que no sea prematuro: debe esperarse hasta que los candidatos, según su disposición y condición, hayan tenido el tiempo necesario para concebir la fe inicial y para dar los primeros indicios de su conversión (véase n. 42).

2.   Donde el número de candidatos suele ser menor, debe esperarse hasta que se forme un grupo suficientemente grande para la catequesis y los ritos litúrgicos.

3.   Se deben establecer dos días o "témporas" al año (o tres donde sea necesario) en los que normalmente se desarrolle el rito.

---

11   Véase Ibid., n. 8

12   Véase Conc. Vat. II, Constitución sobre la Iglesia, *Lumen Gentium*, n. 26; Decreto de la actividad misionera de la Iglesia, *Ad Gentes*, n. 16.

13   Véase Conc. Vat. II, Constitución sobre la Sagrada Liturgia, *Sacrosanctum Concilium*, n. 79

19   El rito de la elección o de la inscripción del nombre (nn. 118-137) se celebrará, ordinariamente, el primer domingo de Cuaresma. Oportunamente puede anticiparse unos días o celebrarlo dentro de la semana. ⁵¹

20   Los escrutinios (nn. 150-156, 164-177) tendrán lugar en los domingos III, IV y V de Cuaresma, o si fuera necesario, en otros domingos de Cuaresma, o aun en las ferias más convenientes de la semana. Han de celebrarse tres escrutinios; sin embargo, por graves impedimentos, el Obispo puede dispensar de uno, o en circunstancias extraordinarias de dos de los escrutinios (véase nn. 34.3, 331). Faltando tiempo, adelántense la elección y también el primer escrutinio; debe atenderse en este caso a que no se alargue más de ocho semanas el tiempo de la purificación e iluminación. ⁵²

21   Desde la antigüedad las entregas, se tienen después de los escrutinios y pertenecen al mismo tiempo de la purificación e iluminación; deben celebrarse, pues, dentro de la semana. El Símbolo de fe se entrega a los catecúmenos (nn. 157-163) en la semana que sigue al primer escrutinio; la Oración Dominical (nn. 178-184), después del tercero. Sin embargo, por razones pastorales, para enriquecer la liturgia del tiempo del catecumenado, las entregas se pueden trasladar y celebrar dentro del catecumenado al modo de "rito de transición" (véase nn. 79, 104-105). ⁵³

22   El Sábado Santo, mientras los elegidos, dejando su trabajo, se entregan a la meditación, pueden hacerse varios ritos inmediatamente preparatorios: recitación del Símbolo (el Credo), rito del "Effetá," y la elección del nombre cristiano. (nn. 185-205). ⁵⁴

23   En la misma Vigilia Pascual (véase nn. 8 y 17) tendrá lugar la celebración de los sacramentos de la iniciación (nn. 206-243). Pero si los catecúmenos son muchos, la mayor parte de ellos recibirán los sacramentos esa misma noche, dejando los demás para los días de la infraoctava de Pascua, en las iglesias principales o en capillas secundarias. En este caso, se puede usar la Misa propia del día o la Misa ritual para la iniciación cristiana: Bautismo, y para las lecturas se escogen de las que se usan en la Vigilia Pascual. ⁵⁵

24   En algunos casos cuando hay una razón seria, la Confirmación puede posponerse hasta el fin del tiempo de la Mistagogia, v.gr., hasta el Domingo de Pentecostés (véase n. 249). ⁵⁶

25   En todos y cada uno de los domingos después del primero de Pascua deben tenerse las llamadas "Misas de neófitos," a las que se invita encarecidamente a toda la comunidad y a los recién bautizados con sus padrinos (véase nn. 247-248). ⁵⁷

Fuera del Tiempo Propio

26   Aunque el curso del rito de la iniciación cristiana debe disponerse ordinariamente de modo que los sacramentos se celebren en la Vigilia Pascual, sin embargo, a causa de circunstancias inesperadas y de necesidades pastorales, se permite que el rito de la elección y el tiempo de la purificación e iluminación se celebren fuera de Cuaresma, y los sacramentos de la iniciación sean celebrados fuera de la Vigilia Pascual o del día de Pascua. ⁵⁸

En circunstancias normales, pero sólo por graves necesidades pastorales, v.gr., donde haya un gran número de personas para recibir el Bautismo, se puede elegir otro día distinto al de la Vigilia Pascual o el Domingo de Pascua, pero preferentemente en día durante el tiempo Pascual, para celebrar los sacramentos de la iniciación; sin embargo, se debe mantener el programa de iniciación durante la Cuaresma.

Cuando se cambia el tiempo en cualquiera de los dos casos, aunque el rito de iniciación cristiana tenga lugar en un punto diferente del año litúrgico, la estructura del rito en su totalidad, con sus debidos intervalos, debe quedar intacta. Pero las adaptaciones se hacen del modo siguiente.

27   Los sacramentos de la iniciación, en cuanto sea posible, se celebrarán en domingo, siguiendo, según se juzgue oportuno, o la Misa del domingo o la Misa ritual propia (véase nn. 23, 208).   59

28   El Rito para Aceptación en el Catecumenado debe celebrarse en el tiempo conveniente (véase n. 18).   60

29   El Rito de la Elección se celebrará unas seis semanas antes de los sacramentos de la iniciación, de modo que quede tiempo suficiente para los escrutinios y entregas. Se debe tener cuidado de que la celebración de la elección no caiga en una solemnidad del año litúrgico.   61

30   Los escrutinios deben celebrarse en domingo, o también dentro de la semana, pero no en las solemnidades, guardando los intervalos acostumbrados.   62

LUGAR DE LA INICIACION

31   Los ritos deben hacerse en lugares idóneos, como se indica en el Ritual. Deben tenerse en cuenta las necesidades peculiares, que se presentan en los centros secundarios de los países de misión.   63

ADAPTACIONES QUE PUEDEN HACER LAS CONFERENCIAS DE OBISPOS QUE SIGUEN EL RITUAL ROMANO

32   Además de las adaptaciones previstas en las Observaciones Generales (nn. 30-33), el Rito de la Iniciación Cristiana de Adultos admite otras adaptaciones a juicio de las Conferencias de Obispos.   64

33   A juicio de estas Conferencias se puede establecer lo siguiente: 65

1.   Antes del catecumenado, donde sea oportuno, se puede establecer algún modo de recibir a los "simpatizantes" (véase n. 39).

2.   Si en alguna parte florecen los cultos paganos, se puede introducir un primer exorcismo y una primera renuncia al falso culto en el Rito para Aceptación en el Catecumenado (nn. 69-72). [La Conferencia Nacional de Obispos Católicos ha aprobado el dejar a la discreción del obispo diocesano esta inclusión de un primer exorcismo y de una renuncia al culto falso en el rito de entrada en el catecumenado].

3.   Se puede establecer que el gesto de signar la frente (nn. 54-55), se haga sin tocar la frente, donde ese tacto no parezca oportuno.[La Conferencia Nacional de Obispos Católicos ha establecido como norma en las diócesis de los Estados Unidos el signar en la frente. Deja a la discreción del obispo diocesano la sustitución de signar sin tocar la frente para aquellas personas en cuya cultura el acto de tocar pueda parecer indebido].

4.   Donde, según la práctica de las religiones no cristianas se acostumbre que a los iniciados se les dé en seguida un nuevo nombre, puede establecerse que se imponga

a los candidatos un nuevo nombre en el Rito para Aceptación en el Catecumenado (n. 73). [La Conferencia Nacional de Obispos Católicos establece como norma en las diócesis de los Estados Unidos que no es necesario dar un nombre nuevo. También aprueba el dejar a la discreción del obispo diocesano el dar un nombre nuevo a las personas de aquellas culturas en que las religiones no cristianas tienen como práctica el dar un nombre nuevo.]

5.   Según las costumbres locales pueden admitirse en el mismo Rito, n. 74, algunos ritos auxiliares para significar la recepción en la comunidad. [La Conferencia Nacional de Obispos Católicos ha aprobado la inclusión de una entrega opcional de la cruz (n. 74) pero al mismo tiempo deja a la discreción del obispo diocesano la inclusión de ritos adicionales que simbolicen la recepción dentro de la comunidad].

6.   En el tiempo del catecumenado, además de los ritos acostumbrados (nn. 81-97), se pueden establecer "Ritos de transición," como sería anticipar las entregas (nn. 157-163, 178-184), o el rito "Effetá," o la recitación del Símbolo o también la unción con el óleo de los catecúmenos (nn. 98-103). [La Conferencia Nacional de Obispos Católicos aprueba el uso de la unción con el óleo de los catecúmenos durante el período del catecumenado como una especie de "rito de transición" (véase n. 33.7). Además aprueba, cuando sea apropiado, el anticipar la celebración de las entregas (nn. 157-163, 178-184), el rito de "Effetá" (nn. 197-199), y la recitación por los catecúmenos del Símbolo (nn. 193-196)].

7.   Se puede decretar la omisión de la unción con el óleo de los catecúmenos o su traslado entre los ritos de preparación del Sábado Santo o su realización dentro del tiempo del catecumenado como "rito de transición" (nn. 98-103). [La Conferencia Nacional de Obispos Católicos aprueba la omisión de la unción con el óleo de los catecúmenos tanto en la celebración del Bautismo como en los ritos de preparación opcionales del Sábado Santo. Así, la unción con el óleo de los catecúmenos está reservada para usarse en el tiempo del catecumenado y en el tiempo de purificación e iluminación y no debe incluirse en los ritos preparatorios del Sábado Santo ni en la celebración de la iniciación en la Vigilia Pascual ni en ninguna otra ocasión].

8.   También pueden hacerse más específicas o detalladas las fórmulas de la renuncia para el Rito para Aceptación en el Catecumenado (nn. 70-72) y en la celebración del Bautismo (n. 224). [La Conferencia Nacional de Obispos Católicos ha establecido como norma en las diócesis de los Estados Unidos que las fórmulas de renunciación no deben ser adoptadas. Pero en aquellos casos en que ciertos catecúmenos sean de culturas en que un culto falso es muy común, la Conferencia ha aprobado el dejar a la discreción del obispo diocesano este asunto de redactar fórmulas de renuncia más específicas y detalladas en el rito de entrada en el catecumenado y en la celebración del Bautismo].

ADAPTACIONES QUE COMPETEN AL OBISPO

34   A cada Obispo en su diócesis incumbe: 66

1.   Establecer la institución del catecumenado y decidir las normas oportunas para cada necesidad (véase n. 12).

2.   Determinar, según las circunstancias, si se puede celebrar, y cuándo, el rito completo de la iniciación cristiana fuera de los tiempos propios (véase n. 26).

3.   Dispensar por impedimentos graves de un escrutinio o, en circunstancias extraordinarias, también de dos (véase n. 331).

4.   Permitir que parcial o totalmente se use el Ritual abreviado (véase n. 331).

5.   Confiar a los catequistas, que sean verdaderamente dignos y estén bien preparados, la misión de realizar los exorcismos y las bendiciones (véase nn. 12 y 16).

6.   Presidir el rito de la elección y dar por válida la admisión de los elegidos, por sí o por medio de un delegado (véase n. 12).

7.   Según las indicaciones del Derecho Canónico,[14] estipular la edad requerida para los padrinos (véase *Iniciación Cristiana*, Introducción General, n. 10.2).

ACOMODACIONES QUE PUEDE HACER EL MINISTRO

35   El celebrante puede servirse plenamente y con conocimiento de causa de la libertad que se le ortoga en las Observaciones Generales Previas, n. 34, o en las rúbricas del ritual. En muchos lugares del ritual no se determina a propósito el modo de actuar o de rezar, o se ofrecen dos alternativas, para que el celebrante, según su prudente juicio pastoral, pueda acomodarse a las condiciones de los candidatos y de los asistentes. Se ha dejado la máxima libertad en cuanto a las moniciones y a las súplicas, que según las circunstancias siempre se pueden abreviar o cambiar o enriquecer con otras intenciones, que respondan a la especial condición de los candidatos (v. gr., algún luto o gozo familiar ocurrido a alguno de ellos) o de los asistentes (v.gr., algún luto o gozo común de la parroquia o de la ciudad).

Será propio del celebrante adaptar el texto, variando el género y el número según las circunstancias de cada cual.

---

14   Véase *Codex Iuris Canonici*, can. 874, § 1, 2º.

PARTE I
LA INICIACION CRISTIANA
DE ADULTOS

Nuestro Salvador Jesucristo ha vencido la muerte
y nos ha dado la vida por su Evangelio

ESQUEMA PARA LA INICIACION CRISTIANA DE ADULTOS

ETAPA DE EVANGELIZACION Y PRECATECUMENADO

Este es un tiempo, sin duración ni estructura fijas, para interrogar y para introducir los valores evangélicos; una oportunidad para los comienzos de la fe.

PRIMER PASO: ACEPTACION EN EL CATECUMENADO

Este es el rito litúrgico, normalmente celebrado en alguna o varias fechas anuales, para marcar el principio del catecumenado propio, cuando los candidatos expresan su intención de responder al llamado de Dios siguiendo el camino de Cristo, y la Iglesia acepta esa intención.

ETAPA DEL CATECUMENADO

Este es el tiempo, de diferente duración según el progreso de cada individuo, para alimentar y dar crecimiento a la fe de los catecúmenos y su conversión hacia Dios; se usan las celebraciones de la Palabra y oraciones de exorcismo y bendición para ayudar el proceso.

SEGUNDO PASO: ELECCION O INSCRIPCION DE NOMBRES

Este es el rito litúrgico, normalmente celebrado el primer domingo de Cuaresma, por el cual la Iglesia formalmente ratifica que los catecúmenos están listos para los sacramentos de la iniciación; y los catecúmenos, ahora los elegidos, expresan su deseo de recibir estos sacramentos.

ETAPA DE PURIFICACION E ILUMINACION

Este es el tiempo que precede inmediatamente a la iniciacion de los electos, normalmente el tiempo de Cuaresma que precede a la celebración de esta iniciación en la Vigilia Pascual; es un tiempo de reflexión intensamente centrado en la conversión, y marcado por la celebración de los escrutinios y de las entregas y de los ritos preparatorios durante el Sábado Santo.

TERCER PASO: CELEBRACION DE LOS SACRAMENTOS DE LA INICIACION

Este es el rito litúrgico, normalmente integrado a la Vigilia Pascual, por el cual los elegidos son iniciados por medio del Bautismo, la Confirmación y la Eucaristía.

ETAPA DE CATEQUESIS POSTBAUTISMAL O MISTAGOGIA

Este es el tiempo, normalmente el tiempo pascual, que sigue a la celebración, durante el cual el neófito tiene la experiencia de ser plenamente parte de la comunidad cristiana por medio de la catequesis apropiada y particularmente por la participación en la celebración eucarística dominical con todos los fieles.

ETAPA DE EVANGELIZACION
Y PRECATECUMENADO

Yo soy la luz que he venido al mundo, para que cualquiera que crea en mí no permanezca nunca más en la oscuridad

36   Aunque el Ritual de la Iniciación comienza con la admisión o entrada en el catecumenado, sin embargo el tiempo precedente o "precatecumenado" tiene gran importancia y no se debe omitir ordinariamente. En ese período se hace la evangelización, o sea se anuncia abiertamente y con decisión al Dios vivo y a Jesucristo, enviado por El para salvar a todos, a fin de que los no cristianos, al disponerles el corazón el Espíritu Santo, crean, se conviertan libremente al Señor, y se unan con sinceridad a El, quien por ser el Camino, la Verdad y la Vida, satisface todas sus exigencias espirituales; más aún, las supera infinitamente.[1]

9

37   De la evangelización, llevada a cabo con el auxilio de Dios, brotan la fe y la conversión inicial, con las que cada uno se siente arrancar del pecado e inclinado al misterio del amor divino. A esta evangelización se dedica íntegramente el tiempo del precatecumenado, para que madure la verdadera voluntad de seguir a Cristo y de pedir el Bautismo.

10

38   En este tiempo se ha de hacer por los catequistas, diáconos y sacerdotes, y por otros laicos, una explicación del evangelio adecuada a los candidatos (véase n. 42); ha de prestárseles una ayuda atenta para que con más clara pureza de intención cooperen con la divina gracia y, por último para que resulten más fáciles las reuniones de los candidatos con las familias y con los grupos de los cristianos.

11

39   Toca a las Conferencias de Obispos, además de la evangelización propia de este período, determinar, dado el caso, y según las costumbres de la región, el modo preliminar de recibir a los que están interesados en el precatecumenado y que se podrían llamar "simpatizantes," es decir, a los que, aunque todavía no crean plenamente, muestran sin embargo, alguna inclinación a la fe cristiana.

12

> 1.   Si se lleva a cabo la recepción o admisión de éstos, se ha de hacer sin ningún rito; para manifestar su recta intención, pero todavía no la verdadera fe.

> 2.   La recepción se adaptará a las condiciones locales y a las circunstancias pastorales. A unos candidatos se les ha de mostrar principalmente el espíritu de los cristianos que ellos quieren conocer y experimentar, mientras que a otros cuyo catecumenado por diversas razones tiene que demorarse, convendrá más bien comenzar por algún acto externo de ellos mismos o de la comunidad que exprese que su recepción puede ser apropiada.

> 3.   La admisión se hará en una reunión de la comunidad local, con tiempo suficiente para que brote la amistad y el diálogo. Presentado por algún amigo, el

---

1   Véase Conc. Vat. II, Decree sobre la actividad misionera de la Iglesia, *Ad Gentes*, n. 13.

"simpatizante" será saludado y recibido con palabras amistosas por un sacerdote o por algún miembro representativo de la comunidad.

40 Durante el tiempo del precatecumenado es propio de los párrocos ayudar a los que toman parte de él, por medio de oraciones apropiadas, por ejemplo, celebrando para su bienestar espiritual las oraciones de exorcismo y las bendiciones que se dan en el Ritual (nn. 94, 97).

13
111
120

PRIMER PASO: ACEPTACION EN EL CATECUMENADO

Señor, que nos cubra tu misericordia al poner en Ti nuestra confianza

41   De gran importancia es el rito llamado "Rito para Aceptación en el Catecumenado," porque entonces los candidatos, habiendo terminado el tiempo del pre-catecumenado, se presentan públicamente por primera vez y manifiestan a la Iglesia su deseo, y ésta, cumpliendo su misión apostólica, admite a los que desean ser sus miembros. A estos candidatos Dios les otorga su gracia, ya que su deseo se muestra patente en esta celebración, que también marca su recepción y primera consagración por parte de la Iglesia.

14
15
68

42   Para dar este paso se requiere en los candidatos una vida espiritual inicial y los cono-cimientos fundamentales de la doctrina cristiana:[1] a saber, la primera fe concebida en el tiempo de la evangelización y pre-catecumenado, la conversión inicial y la voluntad de cambiar de vida y de empezar el trato con Dios en Cristo, y, por tanto, los primeros sentimientos de arrepentimiento y el uso incipiente de invocar a Dios y hacer oración, acompañados de las primeras experiencias en el trato y espiritualidad de los cristianos, por medio del contacto con un sacerdote o con miembros de la comunidad. También se debe instruir a los candidatos sobre la celebración del rito litúrgico de aceptación.

15
68

43   Antes de celebrar el rito, por lo tanto, se debe reservar todo el tiempo que sea necesario y suficiente, según cada caso, para evaluar y, si se necesita, purificar los motivos y disposiciones de los candidatos. De estas disposiciones deben juzgar los párrocos con la ayuda de los esponsores (véase n. 10), catequistas y diáconos, según los indicios externos.[2] Además es oficio de los párrocos, atentos a la virtud de los sacramentos ya recibidos válidamente (véase *Iniciación Cristiana*. Introducción General, n. 4), cuidar de que ninguno de los ya bautizados quiera por ninguna razón repetir el Bautismo.

16
69

44   Se celebrará el rito en días determinados durante el año (véase n. 18) que se ajusten a las condiciones locales. A este rito, que consiste en la admisión de los candidatos, la celebración de la Palabra de Dios, y en la despedida de aquéllos, puede seguir la celebración de la Eucaristía.

Por decisión de la Conferencia de Obispos, se puede incluir lo siguiente dentro de este rito: un primer exorcismo y renunciación a un culto falso (nn. 70-72), el dar un nombre nuevo (n. 73), y ritos adicionales que simbolicen la admisión en la comunidad (n. 74). [véase n. 33 para las decisiones tomadas por la Conferencia Nacional de Obispos Católicos en lo que toca a estos asuntos.]

65
69
72

45   Es de desear que toda la comunidad cristiana, o alguna parte de ella, compuesta por los amigos y familiares, por los catequistas y sacerdotes, tome parte activa en la ceremonia. El

70
71

---

1   Véase Conc. Vat. II, Decreto sobre la actividad misionera de la Iglesia, *Ad Gentes*, n. 14.

2   Ibid., n. 13.

celebrante que preside es un sacerdote o un diácono. Los esponsores deben asistir también para presentar a la Iglesia los candidatos avalados por ellos.

46   Después de la celebración del rito de aceptación los nombres de los catecúmenos se inscribirán debidamente en el libro destinado a este menester, añadiendo los nombres de los esponsores y del ministro así como la fecha y lugar de la admisión.   17

47   A partir de este momento los catecúmenos (a los que ya abraza como suyos la santa madre Iglesia con amor y cuidado maternales por estar vinculados a ella) forman parte de "la casa de Cristo,"[3] toda vez que ella los alimenta con la Palabra de Dios y los sostiene con las celebraciones litúrgicas. Por tanto, los catecúmenos han de desear vehementemente tomar parte de las celebraciones de la Palabra de Dios y recibir bendiciones y otros sacramentales. Cuando dos catecúmenos contraigan matrimonio, o cuando un catecúmeno contraiga matrimonio con una persona bautizada, se debe usar el rito apropiado.[4] La persona que muera durante el catecumenado recibirá exequias cristianas.   18

---

3   Véase Conc. Vat. II, Constitución dogmática sobre la Iglesia, *Lumen Gentium*, n. 14; Decreto sobre la actividad misionera de la Iglesia, *Ad Gentes*, n. 14.

4   Véase *Ritual del Matrimonio*, nn. 55-66.

ESQUEMA DEL RITO

RECEPCION DE LOS CANDIDATOS

Saludo
Diálogo de Apertura
Primera Aceptación del Evangelio por los Candidatos
Afirmación por los Esponsores y la Asamblea
Signación de los Candidatos con la Cruz
    Signación de la Frente
    [Signación de los Otros Sentidos]
Oración Conclusiva
Invitación a la Celebración de la Palabra de Dios

LITURGIA DE LA PALABRA

Instrucción
Lecturas
Homilía
[Entrega de una Biblia]
Súplicas por los Catecúmenos
Oración sobre los Catecúmenos
Despedida de los Catecúmenos

LITURGIA DE LA EUCARISTIA

RITO PARA ACEPTACION EN EL CATECUMENADO

RECEPCION DE LOS CANDIDATOS

48   Los candidatos, sus esponsores y un grupo de fieles se reúnen fuera de la Iglesia (o en el atrio o pórtico), o en alguna parte apropiada de la Iglesia, o bien, finalmente, en otro lugar idóneo. A este lugar acude el sacerdote o diácono, revestido con alba (o sobrepelliz) y estola, y si se desea, con capa pluvial de color festivo para encontrar a los que están esperando, mientras los fieles entonan un salmo o himno a propósito.

73

Saludo

49   El celebrante saluda amistosamente a los candidatos. Después les dirige la palabra a ellos, a sus esponsores y a todos los asistentes, señalando el gozo y satisfacción de la Iglesia, y evoca, si lo juzga oportuno para los esponsores y amistades, las experiencias particulares y la respuesta religiosa con las que cada candidato se enfrentó al comenzar su itinerario espiritual, hasta llegar a dar el paso actual.

74

Después invita a los esponsores y a los candidatos a que se adelanten. Mientras se acercan y ocupan un lugar ante el celebrante, se puede entonar algún canto apropiado, v.gr., el Salmo 62, 1-9.

Dialogo de Apertura

50   Excepto cuando los candidatos ya son conocidos por todos los presentes, el celebrante les interroga o les llama por sus nombres. Aunque el interrogatorio se haga una sola vez por el celebrante, a causa del gran número de candidatos, cada uno de éstos debe responder individualmente. Esto se puede hacer del modo siguiente, o de otro modo parecido:

75

A   El celebrante pregunta:

¿Cómo te llamas?

Candidato(a):

N.

B   El celebrante dice en voz alta el nombre de cada candidato.

El candidato(a) responde:

Presente.

El celebrante continúa con las siguientes preguntas a los candidatos individualmente, o cuando hay un gran número, las adapta para que los candidatos contesten como un grupo. También el celebrante puede hacer las preguntas con palabras distintas a las que se sugieren aquí, y admitir respuestas libres y espontáneas de los candidatos: v.gr., después de la primera pregunta: "¿Qué pides?" o "¿Qué quieres?" o "¿Para qué?", se puede responder: "La gracia de Cristo," "El ingreso en la Iglesia," o bien: "La vida eterna," u otras respuestas convenientes, a las cuales el celebrante acomodará sus preguntas sucesivas.

Celebrante:

¿Qué pides a la Iglesia de Dios?

Candidato(a):

La fe.

Celebrante:

¿Qué te otorga la fe?

Candidato(a):

La vida eterna.

USA

51   Se deja a la discreción del obispo diocesano, el que la primera aceptación del Evangelio por los candidatos (n. 52) sea reemplazada por el rito de exorcismo y renuncia a un culto falso (nn. 70-72) [véase n. 33.2].

Primera Aceptacion del Evangelio por los Candidatos

52   Después el celebrante, acomodando de nuevo sus palabras a las respuestas recibidas, se dirige otra vez a los candidatos con estas u otras palabras semejantes: 76

A   Dios ilumina a todo ser humano que viene a este mundo y aunque invisible se le   76
manifiesta por la creación de su mano para que todo el mundo aprenda a dar gracias a su Creador.

Para ustedes que han seguido su luz, he aquí que ahora se les abre el camino del Evangelio, para que sobre el fundamento de la fe, conozcan al Dios vivo, que habla en verdad a todos, y para que caminen en la luz de Cristo, confíen en su sabiduría, y pongan su vida en sus manos cada día, y puedan creer de todo corazón en El.

Este es el camino de la fe, por el cual Cristo los conducirá en la caridad, para que tengan la vida eterna, ¿están ustedes, pues, dispuestos a empezar hoy, guiados por El, este camino?

Estoy dispuesto(a).

B   Dios es nuestro creador, El hizo el mundo en el que todos los vivientes nos   370.1
movemos y existimos. El ilumina nuestras mentes para que le conozcamos y le
demos culto. El nos envió a su testigo fiel, Jesucristo, para que nos anunciara a
nosotros lo que El vió y oyó, los misterios del cielo y de la tierra.

Para ustedes, que se alegran de la venida de Cristo, ha llegado el tiempo de
escucharlo, para que lo conozcan con nosotros, para que amen a su prójimo, y así
obtengan la vida eterna. ¿Están ustedes dispuestos a abrazar esta vida, con la
ayuda de Dios?

Candidatos:

Sí, estoy dispuesto(a).

C   Esta es la vida eterna: que conozcan al Dios verdadero y a su enviado Jesucristo.   370.2
Porque El, resucitado de entre los muertos, ha sido constituído rey de la vida y
Señor de todas las cosas visibles e invisibles.

Por tanto, si desean hacerse discípulos y miembros de la Iglesia, es necesario que
sean introducidos en la verdad integral, que El nos reveló, para que tengan los
mismos sentimientos de Cristo Jesús, y procuren conformar su proceder a los
preceptos evangélicos, y así amen a Dios nuestro Señor y al prójimo, como Cristo
nos mandó y nos dio ejemplo.

¿Está cada uno de ustedes dispuesto a aceptar sus enseñanzas evangélicas?

Candidatos:

Sí, estoy dispuesto(a).

53   Después, vuelto hacia los esponsores y a toda la asamblea, les interroga con estas
o parecidas palabras.

Ustedes, que ahora como esponsores nos presentan a estos candidatos, y ustedes,
hermanos todos, presentes aquí, ¿están dispuestos a ayudarlos a buscar a Cristo
y a seguirle?

Todos:

Sí, estamos dispuestos.

El celebrante con las manos juntas dice:

Padre de bondad,
te damos gracias por estos hijos tuyos
que atendiendo a tu solicitud
y movidos por tu gracia
te buscan
y públicamente han respondido hoy a tu llamada.
Por eso todos nosotros te alabamos
y te bendecimos, Padre de bondad.

Todos cantan o dicen:

Te alabamos y te bendecimos,
Padre de bondad.

SIGNACION DE LOS CANDIDATOS CON LA CRUZ

54   Luego el celebrante hace la señal de la cruz en la frente de los candidatos [o bien
delante de la frente, si el obispo diocesano juzga que por las circunstancias no conviene
el tacto; es decir, se signa a los candidatos sin tocarles la frente ya que en su cultura no
es apropiado el tocar (véase n. 33.3)]; se deja a la discreción del celebrante el signar
después uno, varios, o todos los sentidos. El celebrante solo dice la fórmula que
acompaña cada signación.

SIGNACION DE LA FRENTE

55   Se puede usar una de las siguientes opciones, dependiendo del número de los
candidatos.

A   Si hay sólo unos cuantos candidatos, el celebrante los invita a ellos y a sus esponsores con estas o parecidas palabras:

Ahora, pues, queridos candidatos, acérquense con sus esponsores para recibir la señal de su nuevo modo de vida como catecúmenos.

Los candidatos con sus esponsores se van acercando uno a uno al celebrante. Este hace la señal de la cruz, con el pulgar, en la frente a cada uno de los catecúmenos; luego, si no se va a signar ninguno de los sentidos, los esponsores hacen lo mismo. El celebrante dice:

N., recibe la señal de la cruz en la frente:
Cristo mismo te fortalece
con este signo de su amor.
Aprende ahora a conocerle y a seguirle.

Todos cantan o dicen la siguiente aclamación u otra parecida:

¡Gloria y alabanza a ti, Señor Jesús!

B   Pero si el número de candidatos es muy grande, el celebrante les habla con estas o parecidas palabras.*

Queridos candidatos, sus respuestas significan que ustedes desean compartir nuestra vida y nuestra esperanza en Cristo. Ahora haré sobre ustedes la señal de la cruz de Cristo para indicar que van a llegar a ser catecúmenos, y exhorto a sus catequistas y esponsores a signar la frente de sus candidatos. Toda la comunidad los acoge con su amor y los ayudará con su auxilio.

Entonces el celebrante hace la señal de la cruz sobre todos juntos, al mismo tiempo que un padrino o catequista hace la señal de la cruz en la frente de cada candidato(a). El celebrante dice:

Reciban la señal de la cruz en la frente:
Cristo mismo los fortalece
con este signo de su amor.**
Aprendan ahora a conocerle y a seguirle.

Todos cantan o dicen la siguiente aclamación u otra apropiada.

¡Gloria y alabanza a ti, Señor Jesús!

---

*   En aquellos casos extraordinarios cuando, a discreción del obispo diocesano, se debe incluir en el rito de aceptación una renuncia a un culto falso (n. 72): "Queridos candidatos, sus respuestas significan que ustedes han renunciado a los cultos falsos y desean compartir nuestra vida y nuestra esperanza en Cristo...."

**   En aquellos casos extraordinarios cuando, según la discreción del obispo diocesano, debe haber una renuncia a cultos falsos: "con esta señal de su victoria."

SIGNACION DE LOS OTROS SENTIDOS

56   Las signaciones se hacen por los catequistas o esponsores (y si en circunstancias particulares se requiere, pueden hacerlas los sacerdotes auxiliares o los diáconos). Todas y cada una de estas signaciones pueden concluir, si parece oportuno alabando a Cristo, v.gr.: "¡Gloria y alabanza a ti, Señor Jesús!".

Mientras signan los oídos, el celebrante dice:

Reciban la señal de la cruz en los oídos,
para que oigan la voz del Señor.

Mientras signan los ojos:

Reciban la señal de la cruz en los ojos,
para que vean la claridad de Dios.

Mientras signan la boca:

Reciban la señal de la cruz en los labios,
para que respondan a la palabra de Dios.

Mientras signan el pecho:

Reciban la señal de la cruz en el pecho,
para que Cristo habite por la fe en sus corazones.

Mientras signan los hombros:

Reciban la señal de la cruz en los hombros,
para que lleven el suave yugo de Cristo.

[Mientras signan las manos:

Reciban la señal de la cruz en las manos,
para que Cristo sea conocido por el trabajo que hagan.

Mientras signan los pies:

Reciban la señal de la cruz en los pies,
para que puedan caminar siguiendo a Cristo.]

Después el celebrante solo signa colectivamente a todos los catecúmenos sin tocarlos, haciendo sobre ellos la señal de la cruz (o, si son pocos, sobre cada uno de ellos individualmente), mientras dice:

Los signo a todos ustedes con la señal de vida eterna
en el nombre del Padre y del Hijo, ✠
y del Espíritu Santo.

Catecúmenos:

Amén.

ORACION CONCLUSIVA

87

57   El celebrante concluye la signación de la frente (y de los sentidos) con una de las siguientes oraciones.

Oremos.

87

A   Escucha, Señor, con clemencia nuestras preces
por estos catecúmenos N. y N.,
que hemos signado con la señal de la cruz de Cristo,
y defiéndelos con su fuerza,
para que siguiendo las primeras enseñanzas
por las que pueden vislumbrar tu gloria y
mediante la observancia de tus mandatos,
lleguen a la gloria del nuevo nacimiento.

Por Jesucristo nuestro Señor.

R. Amén.

87

B   Oh, Dios todopoderoso,
que por la cruz y resurrección de tu Hijo
llenaste de vida a tu pueblo,
te rogamos nos concedas
que tus siervos, a los que hemos signado con la cruz,
siguiendo las huellas de Cristo,
tengan en su vida la fuerza salvadora de la cruz,
y la manifiesten en su conducta.

Por Jesucristo nuestro Señor.

R. Amén.

---

58   A discreción del obispo diocesano, se puede dar un nombre nuevo (n. 73) en este momento. USA

59   A discreción del obispo diocesano, la invitación a celebrar la palabra de Dios puede ser precedida o seguida de ritos adicionales que manifiesten la admisión en la comunidad, por ejemplo, la entrega de una cruz (n. 74) o alguna otra acción simbólica. USA

INVITACION A LA CELEBRACION DE LA PALABRA DE DIOS

90

60   Después el celebrante invita a los catecúmenos a entrar con sus esponsores en la iglesia (o en otro lugar donde se celebrará la liturgia de la palabra) con estas o parecidas palabras, acompañadas de un ademán de invitación.

N. y N., entren ustedes en el templo, para que tengan parte con nosotros en la mesa de la palabra de Dios.

Mientras tanto, se canta un himno apropiado o la siguiente antífona con el salmo 33:2, 3, 6, 9, 10, 11, 16.

Vengan, hijos míos, escúchenme:
yo les enseñaré el temor de Dios.

LITURGIA DE LA PALABRA

INSTRUCCION

61   Cuando los catecúmenos han vuelto a sus asientos, el celebrante les habla brevemente, ayudándoles a comprender la dignidad de la palabra de Dios, que se anuncia y se escucha en la Iglesia.

A continuación se lleva procesionalmente el libro de las sagradas Escrituras (Leccionario), se le coloca con todo honor en el ambón y, si se juzga oportuno, se le inciensa.

Entonces se tiene la celebración litúrgica de la palabra.

LECTURAS

62   Las lecturas pueden escogerse de entre las que aparecen en el Leccionario de la Misa que sean apropiadas para los nuevos catecúmenos. También pueden elegirse las siguientes:

PRIMERA LECTURA
Génesis 12: 1-4a—*Sal de tu tierra y ven a la tierra que te mostraré.*

SALMO RESPONSORIAL
Salmo 32:4-5, 12-13, 18-19, 20 y 22.
R. (v. 12b) Dichoso el pueblo que el Señor escogió como heredad.
o:
R. (v. 22) Que tu misericordia, Señor, venga sobre nosotros, como lo esperamos de ti.

VERSICULO ANTES DEL EVANGELIO
Juan 1:41,17b
Hemos hallado al Mesías: Jesucristo, que nos trae la verdad y la gracia.

EVANGELIO
Juan 1:35-42—*Este es el Cordero de Dios. Hemos encontrado al Mesías.*

Homilia

63   Después se tiene la homilía que explica las lecturas.

92

Entrega de una Biblia

64   El celebrante puede entregar a los catecúmenos una copia de los Evangelios. 93
También puede entregarles una cruz, a no ser que ya se haya dado como uno de los
ritos adicionales (véase n. 74). El celebrante puede usar alguna fórmula apropiada al
regalo que se da, v.gr.: "Recibe el Evangelio de Jesucristo, Hijo de Dios," y los
catecúmenos darán una respuesta apropiada.

Suplicas por los Catecumenos

65   Después los esponsores y toda la congregación se unen en estas súplicas por los 94
catecúmenos, u otras similares.

[Si de acuerdo con el n. 68, se decide que, después de la despedida de los catecúmenos,
se omitan las intercesiones generales normalmente ofrecidas durante la Misa y que la
liturgia de la Eucaristía comience inmediatamente, deben añadirse las intenciones por
la Iglesia y por todo el mundo a las siguientes súplicas por los catecúmenos.]

Celebrante:

Estos catecúmenos, que son nuestros hermanos y hermanas, ya han seguido un
largo recorrido. Nos regocijamos con ellos por la mansedumbre con que Dios los
ha conducido hasta este día. Pidamos que puedan recorrer el camino que aún les
queda para la plena participación en nuestra vida.

Ministro asistente:

Para que el Padre celestial les revele más cada día a Cristo, roguemos al Señor:

R. Escúchanos, Señor.

Ministro asistente:

Para que abracen con alma y corazón magnánimos la entera voluntad de Dios,
roguemos al Señor:

R. Escúchanos, Señor.

Ministro asistente:

Para que prosigan su camino sostenidos con nuestro auxilio constante y sincero, roguemos al Señor.

R. Escúchanos, Señor.

Ministro asistente:

Para que encuentren en nuestra comunidad la unión de los corazones y el amor desbordante, roguemos al Señor.

R. Escúchanos, Señor.

Ministro asistente:

Para que sus corazones y los nuestros se conmuevan más profundamente con las necesidades de los demás, roguemos al Señor.

R. Escúchanos, Señor.

Ministro asistente:

Para que a su debido tiempo sean hallados dignos de recibir el Bautismo de la regeneración y la renovación por el Espíritu Santo, roguemos al Señor.

R. Escúchanos, Señor.

ORACION SOBRE LOS CATECUMENOS

66   Al acabar las súplicas, el celebrante, extendiendo las manos hacia los catecúmenos, dice una de las siguientes oraciones.   95

Oremos.

A   Oh, [Dios de nuestros antepasados y,] Dios creador de todos los seres,   95
te rogamos con humilde súplica, que te dignes mirar propicio
a estos siervos tuyos N. y N.,
para que manteniendo siempre el favor del Espíritu
y el gozo de la esperanza,
sirvan sin cesar a tu nombre.

Llévalos, Señor, te pedimos, hasta el baño purificador
de la nueva regeneración,
para que, junto con tus fieles, tengan una vida fructífera
y consigan los premios eternos que tú prometes.

Por Jesucristo nuestro Señor.

R. Amén.

B   Oh, Dios omnipotente y eterno, 95
    Padre de todas las criaturas, y fuente de toda creación
    que nos creaste a tu imagen,
    recibe con amor a estos siervos queridos que vienen ante ti,
    y concédeles, pues oyeron entre nosotros la palabra de Cristo,
    que, renovados con su virtud,
    lleguen por tu gracia a la plena conformidad con tu Hijo,
    que vive y reina por los siglos de los siglos.

    R. Amén.

DESPEDIDA DE LOS CATECÚMENOS

67   Si se celebra la Eucaristía, normalmente se despide a los catecúmenos en este 96
momento usando las opciones A o B; si los catecúmenos tienen que permanecer durante
la celebración eucarística, se usa la opción C; si no se celebra la Eucaristía, se despide a
toda la asamblea usando la opción D.

A   El celebrante recuerda brevemente con cuánto gozo han sido recibidos los catecúmenos
y los exhorta a vivir según la palabra de Dios que han oído. Una vez despedidos, el
grupo de los catecúmenos sale, pero no se disuelve, sino que acompañados por algunos
fieles permanecen reunidos, para poder experimentar el gozo fraterno y para comunicar
mutuamente sus impresiones espirituales. Al despedirlos se usan las siguientes palabras u otras parecidas.

Catecúmenos, vayan en paz, y que el Señor los acompañe siempre.

Catecúmenos:

Demos gracias a Dios.

B   Como otra fórmula opcional para despedir a los catecúmenos, el celebrante puede usar USA
estas u otras palabras semejantes.

Mis queridos amigos, esta comunidad les envía a ustedes ahora a reflexionar más
profundamente sobre la palabra de Dios que han compartido con nosotros hoy.
Pueden estar seguros de nuestro afecto, apoyo y oraciones por ustedes. Con gusto
esperamos el día en que compartan plenamente de la Mesa del Señor.

C   Si por graves razones los catecúmenos no pudieran salir (véase n. 75.3) y debieran permanecer con los fieles bautizados, se les debe instruir que aunque asisten a la celebración eucarística, no pueden participar al modo de los bautizados. El celebrante puede recordarles esto con estas palabras u otras parecidas.

Aunque todavía no pueden ustedes participar plenamente de la Eucaristía del Señor, quédense con nosotros como un signo de nuestra esperanza de que todos los hijos de Dios comerán y beberán con el Señor y trabajarán con su Espíritu para renovar la faz de la tierra.

D   El celebrante despide a todos los presentes usando estas palabras u otras parecidas.

Vayan en paz, y que el Señor permanezca siempre con ustedes.

Todos:

Gracias a Dios.

Un canto apropiado puede concluir la celebración.

LITURGIA DE LA EUCARISTIA

68   Después de que los catecúmenos hayan salido del templo, si sigue inmediatamente la Eucaristía, se continúa con las acostumbradas intercesiones generales por la Iglesia y por todo el mundo; después si lo requiere la liturgia del día, se hace la profesión de fe. Sin embargo, por razones pastorales se pueden omitir la oración universal y la profesión de fe. En este caso la liturgia de la Eucaristía comienza como siempre con la preparación de las ofrendas.

RITOS OPCIONALES

69   Por decisión de la Conferencia Nacional de Obispos Católicos se puede incluir la entrega USA de una cruz (n. 74) como un símbolo de recepción en la comunidad. Se deja a la discreción del obispo diocesano, uno o más ritos adicionales que pueden incorporarse en el "Rito para Aceptación en el Catecumenado": un primer exorcismo y renuncia a cultos paganos, el dar un nuevo nombre, así como ritos adicionales que simbolicen la recepción de los individuos dentro de la comunidad. (Véase nn. 33.2, 33.4, 33.5, 33.8).

Exorcismo y Renuncia a los Falsos Cultos

70   Donde esté extendido el culto de adoración a las potestades de las tinieblas, o de 78 evocación de los espíritus de los muertos, o las prácticas para conseguir la protección de lo alto, el obispo diocesano puede permitir la introducción de un primer exorcismo y una renuncia a falsos cultos; esto reemplaza a la primera aceptación del Evangelio por los candidatos. (n. 52).

Exorcismo

71   Después de una breve introducción del rito, el celebrante volviéndose a cada uno 79 de los candidatos, sopla suavemente, y con un ademán simbólico, v.gr., con la mano derecha levantada, o sin ningún ademán, dice la fórmula de exorcismo.

[Si son muchos los candidatos el celebrante dice la fórmula una sola vez para todos, omitiendo el soplo; si en algún sitio este soplo pareciere inaceptable, se omite.]

Celebrante:

Rechaza, Señor, con el soplo de tu boca
a los espíritus malignos.
Mándales que se aparten,
porque se acerca tu reino.

Renuncia a los Falsos Cultos

72   Si el obispo diocesano juzgara oportuno que ya desde este punto de la iniciación 80 los candidatos renuncien abiertamente a los falsos cultos y al de los espíritus o de las artes mágicas, elaborará la fórmula del interrogatorio y de la renuncia, acomodada a las circunstancias locales. Con tal de que el texto no sea ofensivo para los miembros de otros grupos religiosos, esto puede expresarse con la fórmula siguiente o palabras parecidas.

A   Celebrante:

Queridos candidatos, ustedes han empezado a prepararse para el Bautismo. 80
Llamados y ayudados por Dios Padre, ustedes han decidido adorarle y servirle a
El sólo y a su enviado Cristo Jesús; pues bien, ha llegado el momento solemne de
que renuncien ustedes públicamente a esas potestades que no son Dios, y a esos
cultos con los que no se manifiesta la veneración a Dios. Por lo tanto, ¿están ustedes
resueltos a permanecer fieles a Dios y a su Cristo y a nunca servir a potestades
ajenas?

   Candidatos:

Sí, lo estamos.

   Celebrante:

¿Rechazan ustedes la veneración a N. y N.?

   Candidatos:

Sí, la rechazamos.

   *El celebrante continúa de la misma manera para cada forma de culto a la que debe
   renunciarse.*

B   Celebrante:

Queridos candidatos, ustedes han decidido dar culto al Dios verdadero, que los 371
ha llamado y los ha traído hasta aquí, y quieren servirle a El solo y a su Hijo
Jesucristo. Ahora, pues, en presencia de esta comunidad, renuncien a los ritos y
cultos con los que no se honra al Dios verdadero. ¿Están decididos a nunca
abandonarlo a El ni a su Hijo Jesucristo y nunca servir de nuevo a otros dueños?

   Candidatos:

Sí, lo estamos.

   Celebrante:

Cristo Jesús, Señor de los vivos y de los muertos impera sobre todos los espíritus
y sobre los demonios. ¿Están decididos a nunca abandonarle ni a venerar de nuevo
a N.* ?

   Candidatos:

Sí, lo estamos.

---

*   Aquí se hace mención de imágenes adoradas en ritos falsos, tales como "fetiches."

Celebrante:

Sólo Cristo Jesús tiene el poder de protegernos. ¿Están ustedes decididos a no abandonarle nunca, ni a buscar (llevar/usar) jamás a **N**.?[*]

Candidatos:

Sí, lo estamos.

Celebrante:

Cristo Jesús es la verdad única. ¿Están ustedes decididos a no abandonarle nunca ni jamás acudir de nuevo a hechiceros, adivinos ni magos?

Candidatos:

Sí, lo estamos.

Luego la celebración continúa con la afirmación de los esponsores y de la asamblea (n. 53).

IMPOSICION DEL NUEVO NOMBRE

73   A discreción del obispo diocesano, el dar un nombre nuevo a las personas de otras culturas donde es costumbre entre religiones no cristianas el imponer uno nuevo, se puede hacer después de signar a los candidatos con la cruz (nn. 54-56).[**] Puede ser un nombre cristiano o alguno de los nombres usados en esa cultura, con tal de que tal nombre no sea incompatible con las creencias cristianas. (En algunos casos será suficiente el explicar el significado cristiano de imponer nombres a los catecúmenos.) Si se impone un nombre nuevo, se puede usar una de las siguientes fórmulas.

A   Celebrante:

¿Cómo quieres llamarte?

Catecúmeno:

N.

---

[*]   Aquí se hace mención de los objetos que se usan por superstición, como amuletos.

[**]   Si se hace aquí, este rito no se repite el Sábado Santo, véase n. 200.

B   Celebrante:

N., en adelante te llamarás (también) N.

El catecúmeno da la siguiente respuesta o bien otra expresión más conveniente:

Amén.

La celebración continúa con la entrega de una cruz que es opcional (n. 74) y con un rito adicional determinado por el obispo diocesano para simbolizar la entrada de los catecúmenos en la comunidad (véase n. 33.5) o con este rito adicional solamente, o con la invitación a celebrar la palabra de Dios. (n. 60).

ENTREGA DE UNA CRUZ

74   La entrega de una cruz puede algunas veces introducirse en el rito antes o después de la invitación a celebrar la palabra de Dios. (n. 60).   USA

Celebrante:

Ustedes han sido signados con la cruz de Cristo. Reciban ahora el signo de su amor.

Catecúmenos:

Amén.

ETAPA DEL CATECUMENADO

Deja a tu país, y ven a la tierra que te mostraré

75 El catecumenado es un tiempo prolongado, en que los candidatos reciben formación y guía pastorales para entrenarlos en la vida cristiana,[1] y así se les ayuda para que lleguen a la madurez las disposiciones de ánimo manifestadas a la entrada. Esto se obtiene por cuatro caminos:

1. Por una catequesis apropiada, dirigida por sacerdotes, diáconos o catequistas y otros laicos, dispuesta por grados, pero presentada íntegramente, acomodada al año litúrgico y basada firmemente en las celebraciones de la palabra, se va conduciendo a los catecúmenos no sólo al conveniente conocimiento de los dogmas y de los preceptos, sino también al íntimo conocimiento del misterio de la salvación, en que desean participar.

2. Al ejercitarse familiarmente en la práctica de la vida cristiana, y ayudados por el ejemplo y auxilio de sus esponsores y padrinos de Bautismo, y aun de todos los fieles de la comunidad, los catecúmenos se acostumbran a orar a Dios con más facilidad, a dar testimonio de su fe, a poner su esperanza en Cristo para todo, a seguir en su actuación las inspiraciones de lo alto y a ejercitarse en la caridad al prójimo hasta la abnegación de sí mismos. Preparados así, "los neoconversos emprenden un camino espiritual, en el cual participan ya por la fe del misterio de la muerte y resurrección, y pasan de la vieja condición humana a la nueva de la persona perfecta en Cristo. Este tránsito que lleva consigo un cambio progresivo de sentimientos y costumbres, debe manifestarse con sus consecuencias sociales y desarrollarse paulatinamente durante el catecumenado. Siendo el Señor, al que confían, blanco de contradicción, los que se convierten experimentan con frecuencia rupturas y separaciones, pero también gozos que Dios concede sin medida."[2]

3. Con los ritos litúrgicos oportunos la santa madre Iglesia ayuda a los catecúmenos en su camino y son purificados paulatinamente y sostenidos con la bendición divina. Para ayudarles se promueven celebraciones de la palabra de Dios y hasta pueden asistir con los fieles a la liturgia de la palabra en la Misa para prepararse mejor, poco a poco, a la futura participación en la liturgia de la Eucaristía. Sin embargo, de ordinario, conviene que cuando asistan a las asambleas litúrgicas de los fieles, antes de comenzar la celebración eucarística se les despida cortésmente, a menos que su despedida presente problemas prácticos o pastorales; porque deben esperar a que, agregados por el Bautismo al pueblo sacerdotal, sean promovidos a participar en el nuevo culto de Cristo. (Véase n. 67 para las fórmulas de despedida).

4. Como la vida de la Iglesia es apostólica, los catecúmenos deben aprender también a cooperar activamente a la evangelización y a la edificación de la Iglesia con el testimonio de su vida y con la profesión de su fe.[3]

---

1 Véase Conc. Vat. II, Decreto sobre la actividad misionera de la Iglesia, *Ad Gentes*, n. 14.

2 Véase ibid, n. 13.

3 Ibid., n. 14.

---

76   La duración del período de catecumenado dependerá de la gracia de Dios y de varias 20
98
circunstancias, a saber: del programa de instrucción para el catecumenado, del número de catequistas, diáconos y sacerdotes, de la cooperación de cada catecúmeno, de los medios necesarios para acudir a la clase del catecumenado y permanecer en él, y finalmente, de la ayuda de la comunidad local. Por tanto, nada se puede determinar "a priori."

El tiempo en el catecumenado se alargará cuanto sea necesario—por años si fuera preciso—para que maduren la conversión y la fe de los catecúmenos. Porque, con la formación de la vida cristiana en su integridad y con el adiestramiento debidamente prolongado, los catecúmenos son iniciados convenientemente en los misterios de la salvación y en la práctica de las costumbres evangélicas. Por medio de sagrados ritos celebrados sucesivamente a sus debidos tiempos, los catecúmenos son introducidos en la vida de la fe, de la liturgia y de la caridad del pueblo de Dios.

77   Es responsabilidad del obispo el dirigir el programa del catecumenado y determinar su 20
98
duración. La Conferencia de Obispos, después de considerar las condiciones del pueblo y de la región,[4] puede dictar normas más concretas. En casos peculiares, atendida la preparación espiritual de los candidatos, a juicio del obispo local, puede abreviarse el tiempo del catecumenado (véase nn. 331-335); en circunstancias totalmente extraordinarias, se puede hacer de una sola vez (véase nn. 332, 336-369 y Estatutos Nacionales, n. 20).

78   La instrucción que los catecúmenos reciben durante este período debe ser tal que a la vez 99
que presente la doctrina católica en su totalidad también ilumine la fe, dirija el corazón a Dios, promueva la participación en la liturgia, inspire la actividad apostólica y nutra la vida en completo acuerdo con el Espíritu de Cristo.

79   La celebración de la palabra de Dios (nn. 81-89) tiene, pues, un lugar primordial entre los 103
ritos que pertenecen al período del catecumenado. Los exorcismos menores (nn. 90-94) y las bendiciones de los catecúmenos (nn. 95-97) se celebran regularmente dentro de una celebración de la palabra. Además, otros ritos pueden celebrarse para marcar los pasos de los catecúmenos de un nivel a otro de la catequesis; por ejemplo, se puede celebrar una unción de los catecúmenos (nn. 98-103) y se puede anticipar la entrega del Símbolo y de la Oración Dominical (véase nn. 104-105).

80   Durante este tiempo los catecúmenos deben preocuparse de buscar los padrinos que les 104
105
han de presentar a la Iglesia en el día de su elección (véase n. 11; también *Iniciación Cristiana*, Introducción General, nn. 8-10).

Se debe facilitar el que todos los de la comunidad que tienen alguna relación especial con la iniciación de los catecúmenos—sacerdotes, diáconos, catequistas, esponsores, padrinos, amigos y familiares—participen en algunas de las celebraciones del catecumenado, incluyendo algunos de los "ritos de transición" que son opcionales (nn. 98-105).

---

4   Véase Conc. Vat. II, Constitución sobre la sagrada liturgia, *Sacrosanctum Concilium*, num. 64.

RITOS QUE PERTENECEN A LA ETAPA DEL CATECUMENADO

CELEBRACIONES DE LA PALABRA DE DIOS

81 Durante la etapa del catecumenado deben tenerse celebraciones de la palabra de Dios según el tiempo litúrgico y que sirvan lo mismo para la formación de los catecúmenos como para las necesidades de la comunidad. Estas celebraciones de la palabra son: primero, celebraciones que se tienen especialmente para los catecúmenos; segundo, participación en la liturgia de la palabra en la Misa del domingo; tercero, celebraciones que se tienen junto con la instrucción catequética.

82 Las celebraciones especiales de la palabra de Dios preparadas para la utilidad de los catecúmenos tienen como objetivo:

1. que la doctrina recibida penetre en sus almas, v.gr., la ética propia del Nuevo Testamento, el perdón de las injurias y de las ofensas, el sentido del pecado y del arrepentimiento, la misión de los cristianos en el mundo;

2. que enseñen a saborear los diversos métodos y aspectos de la oración;

3. que expliquen a los catecúmenos los símbolos, celebraciones y tiempos del misterio litúrgico;

4. que les vayan introduciendo gradualmente en los actos de culto de la comunidad total.

83 Desde el mismo comienzo de la etapa del catecumenado, se debe instruir a los catecúmenos sobre la santificación del Día del Señor (el domingo).

1. Se debe cuidar de que algunas de las celebraciones de la palabra que se acaban de mencionar (n. 82) se tengan los domingos, para que los catecúmenos se acostumbren a participar activa y conscientemente en ellas.

2. Poco a poco los catecúmenos deben ser admitidos a la primera parte de la celebración de la misa dominical. Después de la liturgia de la palabra, si es posible, deben de ser despedidos, pero se añade en la oración universal una súplica por ellos (véase n. 67 para las fórmulas de despedida).

84 Las celebraciones de la palabra también pueden tenerse durante las reuniones de los catecúmenos para la catequesis o la instrucción, para que éstas se tengan en un contexto de oración.

85   Para las celebraciones de la palabra de Dios que se tienen especialmente en beneficio de los catecúmenos (véase n. 82), se puede usar como un modelo el siguiente formato (nn. 86-89).

86   HIMNO: Se puede cantar un himno apropiado para empezar la celebración.

87   LECTURAS Y SALMOS RESPONSORIALES: Un miembro bautizado de la comunidad proclama una o más lecturas de la Escritura, escogidas por su importancia para la formación de los catecúmenos. Un salmo responsorial, ordinariamente cantado, sigue a cada lectura.

88   HOMILIA: Se debe tener una breve homilía que explique y aplique las lecturas.

89   RITOS CONCLUSIVOS: La celebración de la palabra puede concluir con un exorcismo menor   USA
(n. 94) o con una bendición de los catecúmenos (n. 97). Cuando se usa el exorcismo menor, éste puede ser seguido por una de las bendiciones (n. 97) o, algunas veces, por el rito de la unción (nn. 102-103).*

---

*   Las celebraciones de la palabra que se tienen junto con las sesiones de instrucción pueden incluir, además de una lectura apropiada, un exorcismo menor (n. 94) o una bendición de los catecúmenos (n. 97). Cuando se usa el exorcismo menor, puede ser seguido por una de las bendiciones (n. 97) o, en algunas ocasiones, por el rito de unción (nn. 102-103).
Las reuniones de los catecúmenos después de la liturgia de la palabra en la Misa dominical también pueden incluir un exorcismo menor (n. 94) o una bendición (n. 97). Igualmente, cuando se usa el exorcismo menor, éste puede ser seguido de una de las bendiciones (n. 97) o, en alguna ocasión, por el rito de unción (nn. 102-103).

EXORCISMOS MENORES

90   Los exorcismos primeros o menores están compuestos en forma de peticiones dirigidas [101] directamente a Dios. Muestran ante los ojos de los catecúmenos la verdadera naturaleza de la vida cristiana, la lucha entre la carne y el espíritu, la importancia de la abnegación de sí mismo para conseguir las bienaventuranzas del Reino de Dios, y la necesidad constante del divino auxilio.

91   Los exorcismos menores se celebran por el sacerdote o por el diácono, o también por un [109] catequista digno y apto, designado por el obispo para este ministerio (véase n. 16).

92   Los exorcismos menores se tienen durante la celebración de la palabra en una iglesia, una [110] capilla, o en los locales del catecumenado. Un exorcismo menor también se puede celebrar al principio o al fin de la reunión para la catequesis. Por necesidades especiales, una de estas oraciones de exorcismo puede decirse en privado para cada catecúmeno.

93   Las fórmulas asignadas para los exorcismos menores pueden repetirse en diversas cir- [112] cunstancias, según lo sugieran las diferentes situaciones.

Oraciones de Exorcismo

94   Estando los catecúmenos inclinados o arrodillados, el celebrante, extiende las [109] manos sobre ellos y pronuncia una de las oraciones siguientes.

Oremos

A   Oh Dios omnipotente y eterno, [113]
que por tu Hijo Unigénito
nos prometiste el Espíritu Santo,
te rogamos humildemente
por estos catecúmenos, que se ofrecen a ti:
aparta de ellos todo espíritu maligno
y toda acción errónea y pecaminosa,
para que merezcan ser templos del Espíritu Santo.
Confirma nuestras palabras, llenas de fe,
y haz que no sean vanas,
sino llenas del poder y de la gracia
con que tu Unigénito libró al mundo del mal.

Por Jesucristo nuestro Señor.

R. Amén.

B   Señor, Dios nuestro,
    por quien se nos descubre la vida verdadera,
    se anula la corrupción,
    se fortalece la fe,
    se despierta la esperanzay se inculca la caridad,
    te rogamos en el nombre de tu Hijo,
    nuestro Señor Jesucristo,
    y por la virtud del Espíritu Santo,
    que alejes de estos siervos tuyos
    la incredulidad y la duda,
    [el culto de los ídolos y la magia,
    los encantamientos y el espiritismo],
    el ansia de dinero y los halagos de las pasiones desordenadas,
    las enemistades y las discordias
    y cualquier forma de maldad.
    Y puesto que les has llamado
    para que sean santos y sin pecado
    en tu presencia,
    renueva en ellos el espíritu de fe y de piedad,
    de paciencia y de esperanza,
    de moderación y de pureza,
    de caridad y de paz.

    Por Jesucristo nuestro Señor.

    R. Amén.

C   Señor, Dios Todopoderoso,
    nos creaste a tu imagen y semejanza
    y nos formaste en la santidad y en la justicia.
    Aun cuando pecamos contra ti
    no nos abandonaste,
    sino sabiamente preparaste nuestra salvación
    Salva a estos siervos tuyos
    y líbralos con tu poder de todos los males
    y de la esclavitud del enemigo;
    aleja de ellos el espíritu de la mentira,
    de la codicia y de la maldad.

    Recíbelos en tu reino,
    ábreles sus corazones para comprender tu Evangelio,
    para que, como hijos de la luz,
    sean miembros de tu Iglesia,
    den testimonio de la verdad
    y practiquen, según tus mandamientos,
    las obras de misericordia.

Por Jesucristo nuestro Señor.

R. Amén.

D   Señor Jesucristo,

D   Señor Jesucristo,
que en el sermón de la Montaña
quisiste apartar del pecado a tus discípulos
y revelarles las bienaventuranzas del reino de los cielos,
haz que estos siervos tuyos,
que oyen la palabra del Evangelio,
se conserven inmunes del espíritu de codicia y avaricia,
de sensualidad y de soberbia.
Como fieles discípulos tuyos,
se consideren dichosos
cuando sean pobres y hambrientos,
misericordiosos y limpios de corazón;
trabajen por la paz
y soporten con alegría las persecuciones,
para que se hagan partícipes de tu reino,
y así consigan la misericordia prometida,
y experimenten el gozo de ver a Dios en los cielos,
Tú que vives y reinas por los siglos de los siglos.

R. Amén.

E   Dios Padre,
creador y salvador de todos los seres humanos,
que has llamado a estos catecúmenos
a quienes creaste por amor
y acogiste con misericordia;
tú que sondeas sus corazones,
míralos hoy en espera de tu Hijo;
consérvalos con tu providencia
y realiza en ellos
tu amoroso designio de salvación;
para que, unidos firmemente a Cristo,
sean contados entre sus discípulos
aquí en la tierra
y puedan alegrarse de ser reconocidos
por El en el cielo.

Por Jesucristo nuestro Señor.

R. Amén.

F   Oh Dios que conoces los secretos de nuestros corazones
y recompensas las obras buenas que hacemos,
mira benigno los trabajos
y el aprovechamiento de tus siervos.
Asegura sus pasos,
auméntales la fe,
acepta su penitencia,
y, descubriendo abiertamente tu justicia y tu bondad,
concédeles que merezcan participar
de tus sacramentos en la tierra,
y gozar de tu compañía eterna en el cielo.

Por Jesucristo nuestro Señor.

R. Amén.

G   Señor, Jesucristo,
que amas y redimes a todos los seres humanos,
puesto que es necesario
que todos se salven en tu nombre,
ante el cual se dobla toda rodilla
en el cielo, en la tierra y en los abismos,
te rogamos humildemente
por estos siervos tuyos,
que te adoran como a Dios verdadero:
mira sus corazones e ilumínalos;
líbralos de las tentaciones y malicias de Satanás;
sánalos de sus debilidades y borra sus pecados
para que, sintiendo el beneplácito y santidad de tu voluntad,
obedezcan con perseverancia a tu Evangelio
y se hagan dignos templos del Espíritu Santo.
Tú que vives y reinas por los siglos de los siglos.

R. Amén.

H   Señor Jesucristo,
que, enviado por el Padre
y ungido por el Espíritu Santo,
quisiste cumplir en la Sinagoga
el oráculo del profeta Isaías,
proclamando la liberación a los cautivos
y anunciando el tiempo de perdón,
te rogamos humildemente por estos siervos tuyos,

que vuelven hacia ti sus oídos y su corazón:
concédeles que reciban
un tiempo oportuno de gracia.
Que no permanezca angustiada su alma,
ni, agitados por los deseos de la carne,
sean privados de la esperanza de las promesas,
ni escuchen el espíritu que siembra la duda,
sino que, creyendo en ti,
a quien el Padre sometió toda la creación
y constituyó sobre toda criatura,
se sometan al Espíritu de fe y de gracia,
a fin de que conservando la esperanza
a que fueron llamados,
consigan la dignidad del pueblo sacerdotal
y se alegren con el gozo incontenible de la nueva Jerusalén.
Tú que vives y reinas por los siglos de los siglos.

R. Amén.

I Señor Jesucristo,   373.3
   que además de apaciguar la tempestad
   y librar a los endemoniados,
   llamaste al publicano Mateo,
   para que se transformara
   en ejemplo de tu misericordia
   y recordara por los siglos tu mandamiento
   de enseñar a todas las naciones,
   te rogamos humildemente por estos siervos tuyos,
   que se reconocen pecadores.
   y concede a tus siervos que,
   al experimentar tu misericordia,
   sanen de las llagas del pecado
   y encuentren la paz del corazón,
   se alegren con la novedad del Evangelio
   y sigan con toda su alma tu llamado.
   Tú que vives y reinas por los siglos de los siglos.

   R. Amén.

J   Dios de infinita sabiduría,
     que llamaste al apóstol San Pablo,
     para que diera la buena noticia de tu Hijo a todas las naciones,
     te rogamos humildemente por estos siervos tuyos,
     que desean el santo Bautismo:
     concédeles que, imitando al Apóstol Pablo,
     no sigan las inclinaciones de la carne y de la sangre,
     sino las inspiraciones de la gracia.
     Visita, pues, y purifica sus corazones,
     para que, libres de todo engaño,
     abandonando el pasado y mirando al porvenir,
     juzguen que nada tiene valor
     en comparación con el conocimiento excelso de Cristo, tu Hijo,
     y así ganarlo como su eterna recompensa, porque El es Señor
     por los siglos de los siglos.

     R. Amén.

K   Oh Dios,
     creador y redentor de tu pueblo santo,
     que has atraído a ti a estos catecúmenos
     con un amor admirable,
     míralos hoy, y purifica sus corazones,
     completa en ellos el plan de tu gracia,
     para que, siguiendo a Cristo de todo corazón,
     merezcan beber el agua de la salvación.

     Por Jesucristo nuestro Señor.

     R. Amén.

BENDICIONES DE LOS CATECUMENOS

95   Las bendiciones, con las que se muestra la caridad de Dios y la solicitud de la Iglesia, deben ofrecerse también a los catecúmenos, para que, mientras todavía carecen de la gracia de los sacramentos, reciban al menos de la Iglesia ánimo, gozo y paz en la prosecución del difícil camino que han comenzado.   102

96   Las bendiciones pueden ser dadas por un sacerdote o por un diácono, o también por un catequista nombrado por el obispo (cfr. n. 16); y generalmente se imparten al final de la celebración de la palabra; también pueden impartirse al final de la reunión para la catequesis. Cuando hay una necesidad especial, se pueden dar las bendiciones en privado a cada catecúmeno individualmente.   119

ORACIONES DE BENDICION

97   El celebrante, con las manos extendidas sobre los catecúmenos, pronuncia alguna de las oraciones siguientes. Acabada la oración de bendición, los catecúmenos, si puede hacerse cómodamente, se acercan al celebrante, que impone la mano sobre cada uno. Después los catecúmenos se retiran.   119

Oremos.

A   Concede, Señor, a nuestros catecúmenos
que, iniciados en los santos misterios,
queden renovados en la fuente del Bautismo
y sean contados entre los miembros de tu Iglesia.   121

Por Jesucristo nuestro Señor.

R. Amén.

122

B   Oh Dios Padre, que por tus santos profetas
exhortaste a los que se acercan a ti:
"¡Lávense y purifíquense!,"
y por medio de Cristo nos concediste renacer en el Espíritu;
mira ahora a estos siervos tuyos,
que se disponen con diligencia al Bautismo:
bendíceles, y, fiel a tus promesas,
prepáralos y santifícalos,
para que, bien dispuestos a recibir tus dones,
merezcan la adopción de hijos
y la entrada en la comunión de tu Iglesia.

Por Jesucristo nuestro Señor.

R. Amén.

C   Señor, Dios omnipotente,
mira a tus siervos,
que están instruyéndose en el Evangelio de Cristo:
haz que te conozcan y te amen
para que de todo corazón
y con ánimo gozoso
cumplan siempre tu voluntad.
Dígnate guiarlos en su marcha hacia ti;
agrégalos a tu Iglesia,
para que participen de tus misterios
en esta vida y en la eterna.

Por Jesucristo nuestro Señor.

R. Amén.

D   Oh Dios Padre nuestro, que,
por la venida de tu Hijo Unigénito Jesucristo,
libraste providencialmente al mundo del error,
escúchanos y da a tus catecúmenos
claridad en la inteligencia,
firmeza en la fe
y conocimiento seguro de la verdad,
para que progresen día a día en toda virtud,
reciban en el momento oportuno la regeneración del Bautismo
para el perdón de los pecados
y glorifiquen tu nombre con nosotros.

Por Jesucristo nuestro Señor.

R. Amén.

E   Dios eterno y todopoderoso,
que habitas en las alturas
y no te olvidas de lo insignificante,
y que enviaste a tu Hijo,
nuestro Dios y Señor Jesucristo,
para la salvación del género humano,
mira benigno a los catecúmenos, siervos tuyos,
que se inclinan humildemente ante ti:
hazlos dignos por el Bautismo de la regeneración
por el perdón de los pecados
y por la vestidura de la incorrupción;

agrégalos a tu Iglesia santa, católica y apostólica,
para que glorifiquen tu nombre en nuestra compañía.

Por Jesucristo nuestro Señor.

R. Amén.

374.2

F   Oh Dios, Señor de todos,
que por tu Hijo Unigénito destruiste a Satanás
y, soltando las cadenas,
nos libraste a nosotros cautivos,
te damos gracias por estos catecúmenos, que has llamado:
que sean confirmados en la fe,
para que te conozcan a ti, único Dios verdadero,
y al que enviaste, Jesucristo,
que se conserven puros de corazón y aprovechen en la virtud,
para que se hagan dignos de recibir el Bautismo
y de participar en los santos misterios.

Por Jesucristo nuestro Señor.

R. Amén.

374.3

G   Oh Dios,
que quieres que todos los seres humanos se salven
y lleguen al conocimiento de la verdad,
infunde benignamente la fe en los corazones
de los que se preparan para el Bautismo
y agrégalos compadecido a tu Iglesia,
y allí reciban el don de la vida eterna.

Por Jesucristo nuestro Señor.

R. Amén.

374.4

H   Señor Dios todopoderoso,
Padre de nuestro Salvador Jesucristo,
mira con clemencia a estos siervos tuyos:
arroja de sus almas todo residuo de idolatría;
consolida en sus corazones tu ley y tus preceptos;
dirígelos hasta el pleno conocimiento de la verdad,
y prepáralos para que,
por la regeneración del Bautismo,
se hagan templos del Espíritu Santo.

Por Jesucristo nuestro Señor.

R. Amén.

I   Señor, mira benigno a tus siervos,
que se adhieren a tu santo nombre
e inclinan su cabeza ante ti:
ayúdalos en toda obra buena:
despierta sus corazones,
para que, acordándose de tus obras y mandamientos,
se apresuren gozosos a abrazar lo que es tuyo.

Por Jesucristo nuestro Señor.

R. Amén.

UNCION DE LOS CATECUMENOS

98   Durante el tiempo del catecumenado, se puede celebrar un rito de unción con el óleo de los catecúmenos donde esto se considere útil y deseable. El celebrante que preside durante esta primera unción de los catecúmenos es un sacerdote o un diácono. 103
127

99   Se debe cuidar de que los catecúmenos entiendan el significado de la unción con el óleo. La unción con el óleo simboliza la necesidad de la ayuda y fortaleza divinas, para que a pesar de las ataduras de la vida pasada, y superando la oposición del diablo, den con decisión el paso de profesar la fe, y la mantengan sin desmayo a lo largo de toda su vida. 212

100   La unción generalmente tiene lugar después de la homilía en una celebración de la palabra de Dios (véase n. 89), y se confiere a cada uno de los catecúmenos; este rito de unción puede celebrarse varias veces durante el curso del catecumenado. Además, por razones particulares, un sacerdote, o un diácono, puede conferir la unción a cada catecúmeno en privado. 128

101   El óleo que se usa en este rito es el óleo bendecido por el obispo en la Misa crismal, pero por razones pastorales el sacerdote que preside puede bendecir el óleo para el rito inmediatamente antes de la unción.[1] 129

Oracion de Exorcismo o Bendicion del Oleo

102   Si se usa el óleo bendecido antes por el obispo, el celebrante dice primero la fórmula de exorcismo que se da como opción A (o una de las otras fórmulas de exorcismo en el n. 94); cuando el sacerdote que preside, por razones pastorales, prefiere bendecir el óleo para el rito, usa la bendición dada como opción B. 130

A   Formula de Exorcismo

Oremos.

Señor Jesucristo
que, enviado por el Padre
y ungido por el Espíritu Santo,
quisiste cumplir en la Sinagoga de Nazaret
el oráculo del profeta Isaías,
proclamando la liberación de los cautivos
y anunciando el tiempo del perdón,
te rogamos humildemente por estos siervos tuyos,
que vuelven hacia ti sus oídos y su corazón:
concédeles que reciban
un tiempo oportuno de gracia. 373.2

---

1   Véase *Rito de la Bendición de los Oleos, Rito de la Consagración del Crisma*, Introducción, n. 7.

Que no permanezca angustiada su alma,
ni, agitados por los deseos de la carne,
sean privados de la esperanza de las promesas,
ni escuchen el espíritu que siembra la duda,
sino que, creyendo en ti,
a quien el Padre estableció como Señor del universo
y constituyó sobre toda criatura,
se sometan al Espíritu de fe y de gracia,
a fin de que conservando la esperanza
a que fueron llamados,
consigan la dignidad del pueblo sacerdotal
y se alegren con el gozo incontenible de la nueva Jerusalén.
Tú que vives y reinas por los siglos de los siglos.

R. Amén.

B   BENDICION DEL OLEO

Oremos.

131

Oh Dios,
fuerza y defensa de tu pueblo
que has escogido hacer de este óleo,
creado por tu mano,
un signo efectivo de tu poder.

Bendice ✠ este óleo
y fortalece a los catecúmenos que van a ser ungidos con él.
Concédeles tu sabiduría para conocer el Evangelio más profundamente
y tu fuerza para aceptar los combates de la vida cristiana.

Ayúdales a que se alegren en el Bautismo
y participen en una vida nueva en la Iglesia
como verdaderos hijos de tu familia.

Te lo pedimos por Jesucristo nuestro Señor.

R. Amén.

103   Después el celebrante, vuelto a los catecúmenos, dice:

Que los proteja a ustedes el poder de Cristo Salvador,
con cuya señal los ungimos con el óleo de la salvación
en el mismo Cristo, Señor nuestro,
que vive y reina por los siglos de los siglos.

Catecúmenos:

Amén.

El celebrante unge a cada uno de los catecúmenos con el óleo de los catecúmenos en el pecho, o en ambas manos, o también en otras partes del cuerpo, si parece oportuno.

[Si fueran muy numerosos los catecúmenos puede llamarse a otros sacerdotes o diáconos para que ayuden con la unción.]

La unción puede ser seguida por una bendición sobre los catecúmenos (n. 97).

ENTREGAS [OPCIONAL]

125

104 Las entregas generalmente tienen lugar durante la Cuaresma, el período de purificación e iluminación, después del primer y tercer escrutinios. Ya sea por ventajas pastorales o por razón de la brevedad del período de purificación e iluminación, se pueden anticipar las entregas durante el tiempo del catecumenado, en lugar de tenerlas en los tiempos normales. Pero se han de celebrar solamente cuando los catecúmenos parezcan maduros para estas celebraciones.

126

105 Tanto la entrega del Símbolo como la entrega de la Oración Dominical pueden anticiparse; hecha la entrega la ceremonia puede concluir con el rito del "Effetá."[1] Cuando se anticipan las entregas, debe tenerse cuidado de substituir el término "catecúmenos" por el término "elegidos" en todas las fórmulas.

Entregas

Entrega del Símbolo: véase nn. 157-162.

Entrega de la Oración Dominical: véase nn. 178-183.

Rito de Effetá: véase nn. 197-199.

---

1 Pero si el rito de la recitación del Símbolo (nn. 193-196) también se anticipa como uno de los "ritos de transición" (véase n. 33.6), el rito de Effetá se usa sólo para empezar este rito de recitación y no con las entregas.

ENVIO DE LOS CATECUMENOS PARA EL RITO DE ELECCION [OPCIONAL]

106   Al terminar el tiempo del catecumenado puede celebrarse, en aquellas parroquias donde parezca útil y deseable, un rito de envío de los catecúmenos para su elección por el obispo. Cuando la elección se lleva a cabo en la parroquia, no se usa este rito.

107   Con el fin de señalar la preocupación de la Iglesia por los catecúmenos, la celebración para admitir a los catecúmenos a la etapa de elección, debe ser presidida por el obispo. Sin embargo, es dentro de la comunidad parroquial donde se emite el juicio preliminar en cuanto al estado de formación y progreso de los catecúmenos.

Este rito ofrece a esa comunidad local la oportunidad de expresar su aprobación de los catecúmenos y de enviarlos a la celebración de la elección seguros del cariño y del apoyo de la parroquia.

108   El rito se celebra en la iglesia parroquial a una hora apropiada antes del rito de la elección.

109   El rito tiene lugar después de la homilía en una celebración de la palabra de Dios (véase n. 89) o en este momento dentro de la Misa.

110   Cuando el Rito de Envío de los Catecúmenos para la Elección se combina con el rito de envío de los candidatos adultos (ya bautizados) para ser reconocidos por el obispo, para los sacramentos de la Confirmación y la Eucaristía (o: para la recepción en la plena comunión de la Iglesia católica), se usa el rito alternativo que aparece en la página 299 (Apéndice I, 2).

PRESENTACION DE LOS CATECUMENOS

111   Después de la homilía, el sacerdote encargado de la iniciación de los catecúmenos, o un diácono, un catequista o un representante de la comunidad, presenta a los catecúmenos con las siguientes palabras u otras semejantes.

Reverendo Padre, estos catecúmenos, a quienes le presento ahora, van a empezar la etapa final de su preparación y purificación antes de su iniciación. Han encontrado su fuerza en la gracia de Dios y apoyo en las oraciones y ejemplo de la comunidad.

Ahora piden ser reconocidos por el progreso que han alcanzado en su formación espiritual y recibir la certidumbre de nuestras bendiciones y oraciones al presentarse para el rito de elección que el obispo N. celebrará esta tarde [o: el próximo domingo (o: dígase qué día)].

El celebrante contesta:

Acérquense los que van a ser enviados a la celebración de la elección en Cristo, junto con los que van a ser sus padrinos.

Se llama a los catecúmenos por su nombre, uno por uno. Cada catecúmeno, acompañado por un padrino o una madrina (o ambos), se acerca y permanece de pie ante el celebrante.

AFIRMACION POR LOS PADRINOS [Y LA ASAMBLEA]

112 Entonces el celebrante se dirige a la asamblea con estas u otras palabras semejantes:

Mis queridos amigos, estos catecúmenos que se han estado preparando para los sacramentos de la iniciación esperan estar listos para participar en el rito de la elección y ser escogidos en Cristo para los sacramentos pascuales. Es responsabilidad de esta comunidad el interrogarlos sobre su disposición antes de ser presentados al obispo.

Se dirige a los padrinos:

Me dirijo a ustedes, padrinos, para que den su testimonio acerca de estos candidatos. ¿Han tomado seriamente estos catecúmenos su formación en el Evangelio y en el modo de vivir la vida católica?

Padrinos:

Sí, así lo han hecho.

Celebrante:

¿Han dado señales de su conversión por el ejemplo de sus vidas?

Padrinos:

Sí, así lo han hecho.

Celebrante:

¿Juzgan ustedes que están listos para presentarlos al obispo para el rito de elección?

Padrinos:

Sí, lo están.

[Cuando sea apropiado, según las circunstancias, el celebrante puede pedir a toda la asamblea que exprese su aprobación de los candidatos.]

El celebrante concluye la afirmación con las siguientes palabras:

Mis queridos catecúmenos, esta comunidad los recomienda con alegría al obispo, quien, en nombre de Cristo, los invitará a los sacramentos pascuales. Que Dios lleve a término la buena obra que ha empezado en ustedes.

113 Si se va a firmar el Libro de los Elegidos en la presencia del obispo, se omite aquí. Sin embargo, si durante el rito de la elección se le va a presentar al obispo el Libro de los Elegidos ya firmado, los catecúmenos pueden acercarse en este momento a firmarlo, o deberán hacerlo después de la celebración o en algún otro momento antes del rito de la elección.

Suplicas por los Catecumenos

114 Entonces la comunidad ora por los catecúmenos usando la siguiente fórmula u otra parecida. El celebrante puede adaptar la introducción y las intenciones de acuerdo con las diferentes circunstancias.

[Si se ha decidido, según el n. 117, que después de la despedida de los catecúmenos se omitan las acostumbradas intenciones generales de la Misa y que la liturgia de la Eucaristía empiece inmediatamente, a las siguientes intenciones por los catecúmenos se añaden las intenciones por la Iglesia y por todo el mundo.]

Celebrante:

Mis hermanos y hermanas, esperamos celebrar en la Pascua los misterios de la pasión, muerte y resurrección del Señor que nos da vida. Al seguir nuestra peregrinación juntos hacia los sacramentos pascuales, estos catecúmenos esperan de nosotros un ejemplo de renovación cristiana. Pidámosle al Señor por ellos y por nosotros, para que podamos renovarnos por los esfuerzos de unos y otros y juntos llegar a compartir las alegrías de la Pascua.

Ministro asistente:

Para que estos catecúmenos sean liberados de todo egoísmo y aprendan a pensar primero en los demás, roguemos al Señor:

R. Señor, escucha nuestra oración.

Ministro asistente:

Para que sus padrinos sean ejemplos vivos del Evangelio, roguemos al Señor:

R. Señor, escucha nuestra oración.

Ministro asistente:

Para que sus maestros siempre les comuniquen la belleza de la palabra de Dios, roguemos al Señor:

R. Señor, escucha nuestra oración.

Ministro asistente:

Para que estos catecúmenos compartan con los demás la alegría que han encontrado en su amistad con Jesús, roguemos al Señor:

R. Señor, escucha nuestra oración.

Ministro asistente:

Para que nuestra comunidad, durante esta [o: la próxima] Cuaresma, crezca en la caridad y sea constante en la oración, roguemos al Señor:

R. Señor, escucha nuestra oración.

ORACION SOBRE LOS CATECUMENOS

115 Después de las súplicas, el celebrante, con las manos extendidas sobre los catecúmenos, dice la siguiente oración.

Padre todopoderoso y rico en misericordia,
tú deseas restaurar todo en Cristo
y atraernos a su amor que abraza a todos los seres humanos.
Guía a estos catecúmenos en los próximos días y semanas:
fortalécelos en su vocación,
intégralos en el reino de tu Hijo,
y séllalos con el Espíritu que nos prometiste.

Te lo pedimos por Cristo nuestro Señor.

R. Amén.

DESPEDIDA

116 Si inmediatamente se va a celebrar la Eucaristía, generalmente se despide a los catecúmenos en este momento usando las opciones A o B; si los catecúmenos se van a quedar para la celebración de la eucaristía, se usa la opción C; si no se va a celebrar la Eucaristía, se despide a toda la asamblea usando la opción D.

A   El celebrante despide a los catecúmenos con estas u otras palabras parecidas.

Mis queridos amigos, ustedes van a empezar el camino que los lleva a la gloria pascual. Cristo será su camino, su verdad y su vida. En su nombre los envío de esta comunidad para celebrar con el obispo la voluntad del Señor de que ustedes sean contados entre sus elegidos. Hasta que nos veamos de nuevo para los escrutinios, vayan siempre en Su paz.

Catecúmenos:

Amén.

B   Como una fórmula opcional para despedir a los catecúmenos, el celebrante puede usar estas u otras palabras parecidas.

Mis queridos amigos, esta comunidad ahora los envía a reflexionar más profundamente sobre la palabra de Dios que ustedes han compartido hoy con nosotros. Pueden estar seguros de nuestro afecto y apoyo y de nuestras oraciones por ustedes. Esperamos con gozo el día en que ustedes compartan plenamente de la Mesa del Señor.

C   Si por graves razones los catecúmenos no pudieran salir en este momento (véase n. 75.3) y debieran permanecer con el resto de la asamblea litúrgica, se les debe instruir que aunque asisten a la celebración eucarística, no pueden participar en ella al modo de los fieles católicos bautizados. El celebrante puede recordarles esto con estas palabras u otras parecidas.

Aunque ustedes todavía no pueden participar plenamente en la Eucaristía del Señor, quédense aquí con nosotros como un signo de nuestra esperanza de que todos los hijos de Dios coman y beban con el Señor y trabajen con su Espíritu para renovar la faz de la tierra.

D   El celebrante despide a todos los presentes, usando estas u otras palabras parecidas.

Vayan en paz, y que el Señor permanezca siempre con ustedes.

Todos:

Gracias a Dios.

Se puede concluir la celebración con un canto apropiado.

LITURGIA DE LA EUCARISTIA

117 Después de que los catecúmenos hayan salido del templo, si sigue inmediatamente la Eucaristía, se continúa con las acostumbradas intercesiones generales por la Iglesia y por todo el mundo; después, si lo requiere la liturgia del día se hace la profesión de fe. Sin embargo, por razones pastorales se pueden omitir la oración universal y la profesión de fe. En este caso la liturgia de la Eucaristía comienza como siempre con la preparación de las ofrendas.

SEGUNDO PASO: ELECCION O INSCRIPCION DE LOS NOMBRES

Tus caminos, Oh Señor, son de amor y verdad para aquellos que guardan tus mandamientos

118 El segundo paso en la iniciación cristiana es el rito litúrgico llamado tanto elección como inscripcción de nombres, que da fin al período del catecumenado mismo, esto es, el prolongado período de formación de la mente y del corazón de los catecúmenos. La celebración del rito de la elección, que generalmente coincide con el principio de la Cuaresma, también marca el comienzo del período final, una preparación más intensa para los sacramentos de la iniciación, durante el cual se anima a los elegidos a seguir a Cristo con mayor generosidad.   134

119 En este segundo paso, oído el testimonio de los esponsores y de los catequistas, y confirmando su voluntad los catecúmenos, la Iglesia juzga de su preparación y decide si pueden acercarse a los sacramentos de la iniciación. Así la Iglesia hace su "elección," esto es, escoge y admite a aquellos catecúmenos que tienen las disposiciones necesarias para participar, en la siguiente celebración principal, en los sacramentos de la iniciación.   22 133

Este paso se llama elección porque la aceptación que hace la Iglesia está fundada en la elección de Dios, en cuyo nombre actúa la Iglesia. El paso también se llama la inscripción de nombres porque es como una promesa de fidelidad que los candidatos hacen al inscribir sus nombres en el libro que contiene los nombres de aquellos que han sido elegidos para la iniciación.

120 Antes de que se celebre el rito de elección, se requiere que los catecúmenos hayan pasado por una conversión de mente y de costumbres y que tengan suficiente conocimiento de la doctrina cristiana y sentimientos de fe y caridad. Con una voluntad deliberada y una fe iluminada deben tener la intención de recibir los sacramentos de la Iglesia, una decisión que expresarán públicamente en la celebración misma del rito.   23

121 La elección, celebrada con un rito de tal solemnidad, es como una expresión de la solicitud de la Iglesia hacia los catecúmenos. Por lo tanto, la admisión a la elección pertenece al obispo, y el celebrante que preside el rito de elección es el obispo mismo o un sacerdote o un diácono que oficia como delegado del obispo (véase n. 12).   135

Antes del rito de la elección el obispo, los sacerdotes, diáconos, catequistas, esponsores, y la comunidad toda, de acuerdo con sus respectivas responsabilidades y a su modo, después de considerar el asunto cuidadosamente, llegan a una decisión sobre el estado de formación y progreso de los catecúmenos. Después de la elección, todos deben acoger con la oración a los elegidos, para que toda la Iglesia los conduzca consigo al encuentro de Cristo.

122 Durante la celebración del rito de elección el obispo celebrante, o su delegado, declara en nombre de la Iglesia y en presencia de la comunidad, la aprobación de los candidatos.   23 137

Para evitar una celebración rutinaria del rito litúrgico, conviene que se tenga alguna deliberación previa a la celebración para decidir sobre la prepación de los catecúmenos. En esta deliberación participan los sacerdotes, diáconos y catequistas que dirigieron la formación de los catecúmenos, más los esponsores y delegados de la comunidad local; incluso, si es preciso, participa el grupo de los catecúmenos. Esta deliberación puede adoptar diversas formas, según las condiciones y los principios pastorales de cada región. El resultado de la deliberación aprobando a los catecúmenos se dará a conocer a la asamblea durante la celebración del rito litúrgico.

123   Entonces los padrinos, escogidos antes por los catecúmenos con el consentimiento del sacerdote y, en cuanto sea posible, aceptados por la comunidad local (véase n. 11), comienzan a ejercer públicamente su oficio: se les llama por su nombre al principio del rito y se acercan con los catecúmenos (n. 13); en favor de éstos pronuncian su testimonio ante la comunidad (n. 131); y, según la oportunidad, inscriben su nombre con ellos en el libro de los elegidos (n. 132).

136

124   Desde el día de la elección y de su admisión, los catecúmenos reciben el nombre de *elegidos*. También, se les denomina *competentes* ("co-solicitantes"), porque todos juntos piden y aspiran a recibir los tres sacramentos de Cristo y el don del Espíritu Santo. Se llaman, también *iluminandos* ("los que serán iluminados"), ya que el Bautismo mismo recibe, también, el nombre de *"iluminación,"* y por él los neófitos son inundados con la luz de la fe. En nuestros días se pueden utilizar otras denominaciones, que según la diversidad de las regiones y cultura, se adapten mejor a la comprensión de todos y al genio de cada lengua.

24

125   Es responsabilidad del obispo celebrante, o de su delegado, sin importar si intervino poco o mucho en la deliberación anterior al rito, manifestar en la homilía o en otra parte de la celebración el significado religioso y eclesiástico de la elección. El es, pues, quien debe declarar ante los presentes la decisión de la Iglesia, y, si las circunstancias lo requieren, pedir a la comunidad que exprese su aprobación de los candidatos, y a los catecúmenos que den una expresión personal de su intención, y, por último, efectuar en nombre de la Iglesia su admisión como elegidos. Además debe presentar a todos el divino misterio, que se contiene en la vocación a la Iglesia y en la celebración litúrgica de este misterio, y exhortar a los fieles a dar buen ejemplo a los elegidos y a que junto con ellos se preparen para las solemnidades pascuales.

138

126   Puesto que los sacramentos de la iniciación se celebran en las solemnidades pascuales y su preparación pertenece a la índole propia de la Cuaresma, de ordinario el rito de la elección debe hacerse en el primer domingo de Cuaresma; y el tiempo de la última preparación de los elegidos debe coincidir con el tiempo de Cuaresma, cuyo ciclo, ya sea por su estructura litúrgica, ya sea por la participación de la comunidad, aprovechará mucho a los elegidos. Sin embargo, por causas pastorales urgentes, principalmente en estaciones secundarias de las misiones, el rito se puede celebrar la semana que precede o la que sigue al primer domingo de Cuaresma.

139

Cuando, debido a circunstancias especiales y a necesidades pastorales, el rito de elección se tiene fuera de la Cuaresma, debe celebrarse cerca de seis semanas antes de los sacramentos de la iniciación, a fin de dar suficiente tiempo para los escrutinios y las entregas. El rito no se debe celebrar en ninguna solemnidad del año litúrgico (véase n. 29).

127   El rito tendrá lugar en la catedral, o en una iglesia parroquial o, de ser necesario, en otro lugar conveniente y apropiado.

140
USA

128   El rito se celebra durante la Misa, después de la homilía, y debe celebrarse durante la Misa del primer domingo de Cuaresma. Si, por razones pastorales, el rito se celebra en un día diferente, se deben usar siempre los textos y las lecturas del ritual para la Misa "Iniciación cristiana: Elección o Inscripción de nombres." Cuando se celebra la misa del día y sus lecturas no son apropiadas, se escogen de las lecturas asignadas al primer domingo de Cuaresma o bien otras lecturas del Leccionario que sean apropiadas.

140
141

Cuando se celebra fuera de la Misa, el rito tiene lugar después de las lecturas y de la homilía y se concluye con la despedida tanto de los elegidos como de los fieles.

[Un rito parroquial opcional para enviar a los catecúmenos para la elección por el obispo precede al rito de elección y aparece en el n. 106.]

ESQUEMA DEL RITO

LITURGIA DE LA PALABRA

Homilía
Presentación de los Catecúmenos
Afirmación por los Padrinos [y la Asamblea]
Invitación e inscripción de los nombres
Acto de Admisión o Elección
Súplicas por los Elegidos
Oración sobre los Elegidos
Despedida de los Elegidos

LITURGIA DE LA EUCARISTIA

RITO DE ELECCION O INSCRIPCION DE NOMBRES

LITURGIA DE LA PALABRA

Homilia

129 Depués de las lecturas (véase n. 128), el obispo, o el celebrante que preside como delegado del obispo, presenta la homilía que debe ser acomodada a las circunstancias del momento y debe dirigirse no sólo a los catecúmenos sino también a toda la comunidad de los fieles, de modo que todos, procurando dar buen ejemplo, emprendan el camino del misterio pascual en compañía de los elegidos.

142

Presentacion de los Catecumenos

130 Acabada la homilía, el sacerdote que esté a cargo de la iniciación de los catecúmenos, o un diácono o catequista o el delegado de la comunidad, presenta a los que han de ser elegidos, con estas o parecidas palabras.

143

Reverendo Padre, próximas ya las solemnidades pascuales, los catecúmenos que ahora le presento, están terminando su período de preparación. Han encontrado fuerza en la gracia divina y ayuda en las oraciones y el ejemplo de la comunidad.

Ahora piden, que después de la celebración de los escrutinios, les sea permitido participar en los sacramentos del Bautismo, Confirmación y Eucaristía.

El celebrante responde:

Acérquense los que han de ser elegidos en Cristo, acompañados por sus padrinos (madrinas).

Entonces se les va llamando a todos por su nombre, y cada uno de los candidatos con su padrino (madrina)(o padrinos) se adelanta y se queda de pie ante el celebrante.

[Si los candidatos fueran muy numerosos, la presentación se hace en grupos, v.gr., cada catequista presenta a su grupo. Pero en este caso, es de aconsejar que los catequistas tengan alguna celebración previa en la que llamen por su nombre a cada uno de sus candidatos].

131 Entonces el celebrante se dirige a la asamblea. Si ha tomado parte en la deliberación previa sobre la disposición de los candidatos (véase n. 122), el celebrante puede usar la opción A o la B o palabras similares; si no ha tomado parte en la deliberación previa, usa la opción B o palabras semejantes. 144 145

A   Queridos hermanos y hermanas, estos catecúmenos han pedido ser iniciados en la vida sacramental de la Iglesia durante las próximas fiestas pascuales. Los que los conocen, han juzgado que es sincero su deseo. Durante el período de su preparación han escuchado la palabra de Cristo y se han esforzado en vivir según sus mandamientos; han compartido la compañía cristiana de sus hermanos y hermanas y se han unido a ellos en la oración. 145

Ahora quiero informar a toda la asamblea que la deliberación de la comunidad ha decidido llamarlos a los sacramentos. Al comunicarles ahora esta decisión, pido a sus padrinos que ratifiquen, ante ustedes, su opinión una vez más para que todos ustedes puedan escucharla.

Se dirige a los padrinos:

¿Juzgan ustedes, en presencia de Dios, que estos candidatos son dignos de que se les admita a los sacramentos de la iniciación cristiana?

Padrinos:

Sí, los juzgamos dignos.

Cuando sea apropiado, el celebrante puede también pedir a toda la asamblea que exprese su aprobación de los candidatos con estas u otras palabras semejantes.

Ahora, les pregunto a ustedes, los miembros de esta comunidad: USA

¿Están ustedes dispuestos a afirmar el testimonio expresado sobre estos catecúmenos y a apoyarlos con la fe, la oración y el ejemplo ahora que nos preparamos a celebrar los sacramentos pascuales?

Todos:

Sí, lo estamos.

B   La Iglesia de Dios desea ahora saber si estos candidatos han sido suficientemente preparados para entrar en el grado de los elegidos en las próximas solemnidades de la Pascua. Y por eso me dirijo primero a ustedes, sus padrinos y madrinas. 144

Se dirige a los padrinos:

¿Han escuchado estos catecúmenos fielmente la palabra de Dios proclamada por la Iglesia?

Padrinos:

Sí, la han escuchado.

Celebrante:

¿Han comenzado ellos a caminar ante Dios, guardando la palabra recibida?

Padrinos:

Sí, han comenzado.

Celebrante:

¿Han compartido ellos la compañía cristiana de sus hermanos y hermanas?

Padrinos:

Sí, la han compartido.

Cuando sea apropiado según las circunstancias, el celebrante puede también pedir a toda la asamblea que exprese su aprobación de los candidatos en estas u otras palabras semejantes.

Y ahora me dirijo a ustedes, mis hermanos y hermanas en esta asamblea: USA

¿Están ustedes dispuestos a apoyar el testimonio que hemos escuchado sobre la disposición de estos catecúmenos y a incluir a cada uno de ellos en sus oraciones y afecto al acercarnos a la Pascua?

Todos:

Sí, lo estamos.

132   Entonces el celebrante se dirige a los catecúmenos en las siguientes palabras u otras semejantes, avisándoles que han sido aceptados y les pide que declaren su propia intención.

Ahora les hablo a ustedes, queridos catecúmenos. Sus padrinos y catequistas [y toda esta comunidad] han dado buen testimonio de ustedes. La Iglesia, en nombre de Cristo, acepta el testimonio de ellos y los llama a ustedes a los sacramentos pascuales.

Ahora, pues, les toca a ustedes, que ya han escuchado desde hace tiempo la palabra de Cristo, dar su respuesta claramente a ese llamado en presencia de toda la Iglesia.

Por lo tanto, ¿quieren ustedes iniciarse plenamente en la vida de la Iglesia por medio de los sacramentos de Bautismo, Confirmación y Eucaristía?

Catecúmenos:

Sí, queremos.

Celebrante:

Digan, pues, sus nombres para inscribirlos.

Los candidatos, acercándose al celebrante con sus padrinos o permaneciendo en su puesto, dicen su nombre; su inscripción se puede hacer de diversos modos. Puede escribirlo cada candidato, o una vez pronunciado con claridad, lo puede escribir el padrino o el ministro que lo presentó (cfr. n. 130). Mientras se inscriben los nombres se puede cantar algo apropiado, por ejemplo, el Salmo 15 o el Salmo 32 con un refrán como, "Feliz el pueblo que el Señor ha escogido para sí."

[Si los candidatos son muy numerosos, la inscripción puede consistir simplemente en la presentación al celebrante de una lista de los nombres, con palabras tales como éstas: "Estos son los nombres de los candidatos" o, cuando el obispo es el celebrante y le han presentado a candidatos de diversas parroquias: "Estos son los nombres de los candidatos de la parroquia N."]

ACTO DE ADMISION O ELECCION

133   Acabada la inscripción de los nombres, el celebrante, después de explicar brevemente a los asistentes el significado del rito celebrado, se vuelve a los candidatos con estas o parecidas palabras.

N. y N., ahora los declaro miembros de los elegidos, para ser iniciados en los sagrados misterios durante la próxima Vigilia Pascual.

Candidatos:

Demos gracias a Dios.

El celebrante prosigue:

Dios es siempre fiel a aquellos que El llama: ahora es el deber de ustedes, como es el nuestro, el ser fieles a su llamamiento y esforzarse con todo entusiasmo en llegar a la plena verdad que su elección pone frente a ustedes.

Entonces el celebrante se vuelve a los padrinos y los exhorta con estas o parecidas palabras.

Padrinos, ustedes han hablado en favor de estos catecúmenos: acéptenlos ahora como elegidos en el Señor y continúen apoyándolos por medio de su amoroso cuidado y ejemplo, hasta que reciban los sacramentos de la vida divina.

Los invita a que pongan la mano sobre el hombro de los candidatos, a los que adoptan bajo su cuidado, o a que hagan otro gesto del mismo significado.

Súplicas por los Elegidos

134   La comunidad puede usar una de las siguientes fórmulas: opciones A o B, o una fórmula parecida para orar por los elegidos. El celebrante puede adaptar la introducción y las súplicas apropiadas a las diferentes circunstancias. [148]

[Si se ha decidido, según el n. 137, que después de la despedida de los elegidos se omitan las acostumbradas oraciones de los fieles en la Misa, y que la liturgia de la Eucaristía empiece inmediatamente, se añaden algunas intenciones por la Iglesia y por todo el mundo a las siguientes súplicas por los elegidos].

Celebrante:

Mis queridos hermanos y hermanas, al empezar este tiempo cuaresmal, nos preparamos para celebrar en la Pascua los misterios salvíficos del sufrimiento, muerte y resurrección de nuestro Señor. Estos elegidos, que conducimos a los sacramentos pascuales, pondrán en nosotros su mirada para ver un ejemplo de renovación cristiana. Roguemos, pues, por ellos y por nosotros al Señor, para que seamos renovados por nuestros mutuos esfuerzos y vayamos juntos a compartir los gozos de la Pascua.

Para que, empleando bien este tiempo de gracia, llevemos con buen ánimo las dificultades de la renuncia y prosigamos juntos las obras de la santificación, roguemos al Señor:

R. Escúchanos, Señor.

Ministro asistente:

Por nuestros catecúmenos, para que recordando el día de su elección, permanezcan siempre agradecidos a la bendición celestial, roguemos al Señor:

R. Escúchanos, Señor.

Ministro asistente:

Por sus maestros, para que siempre muestren la belleza de la palabra de Dios a aquellos que la buscan, roguemos al Señor:

R. Escúchanos, Señor.

Ministro asistente:

Por sus padrinos, para que sean ejemplo de la práctica continua del Evangelio en su vida, roguemos al Señor:

R. Escúchanos, Señor.

Ministro asistente:

Por sus familias, para que no poniéndoles ningún impedimento, les ayuden más bien a seguir la inspiración del Espíritu Santo, roguemos al Señor.

R. Escúchanos, Señor.

Ministro asistente:

Por nuestra comunidad, para que en este tiempo cuaresmal crezca en la caridad y sea perseverante en la oración, roguemos al Señor.

R. Escúchanos, Señor.

Ministro asistente:

Por todos los que todavía dudan, para que fiándose de Cristo lleguen con decisión a unirse a nuestra comunidad como hermanos y hermanas, roguemos al Señor.

R. Escúchanos, Señor.

B   Ministro asistente:

Para que estos elegidos encuentren su consuelo en la oración diaria, oremos:

R. Te rogamos, óyenos.

Ministro asistente:

Para que, al acudir a ti con frecuencia en la oración, vivan cada vez más unidos a tu vida, oremos:

R. Te rogamos, óyenos.

Ministro asistente:

Para que lean tu palabra y con alegría la guarden en sus corazones; oremos:

R. Te rogamos, óyenos.

Ministro asistente:

Para que, reconociendo humildemente sus defectos, comiencen esforzadamente a enmendarlos, oremos:

R. Te rogamos, óyenos.

Ministro asistente:

Para que conviertan el quehacer cotidiano en una oblación grata a ti, oremos:

R. Te rogamos, óyenos.

Ministro asistente:

Para que todos los días de Cuaresma puedan hacer algo en tu servicio y tu honor, oremos:

R. Te rogamos, óyenos.

Ministro asistente:

Para que con ánimo esforzado puedan mantener la pureza del corazón libre de toda mancha, oremos:

R. Te rogamos, óyenos.

Ministro asistente:

Para que crezcan en el amor y conserven la virtud y la santidad de vida, oremos:

R. Te rogamos, óyenos.

Ministro asistente:

Para que al renunciar a sí mismos puedan atender primero a los demás, oremos:

R. Te rogamos, óyenos.

Ministro asistente:

Para que guardes y bendigas benignamente a sus familias, oremos:

R. Te rogamos, óyenos.

Ministro asistente:

Para que transmitan a los demás la alegría que han conseguido con la fe, oremos:

R. Te rogamos, óyenos.

ORACION SOBRE LOS ELEGIDOS

135 El celebrante, extendiendo las manos sobre los elegidos, concluye las súplicas con una de las siguientes oraciones. 149

A   Oh Dios, que creaste y restauraste el género humano, 149
mira propicio a estos hijos de adopción,
y como nuevos retoños inclúyelos en la nueva alianza,
para que, hechos herederos de la promesa,
se alegren de recibir por la gracia
lo que no se consigue por la naturaleza.

Por Jesucristo nuestro Señor.

R. Amén.

B   Padre amantísimo y todopoderoso 149
que quieres instaurar todo en Cristo
y nos llamas a tu amoroso abrazo,
dígnate guiar a estos elegidos de la Iglesia
y concédeles que, fieles a la vocación recibida,
merezcan ser trasladados al reino de tu Hijo
y sellados con el Espíritu Santo prometido.

Por Jesucristo nuestro Señor.

R. Amén.

136   Si se va a celebrar la Eucaristía, generalmente se despide a los elegidos en este momento usando la opción A o la B; si los elegidos se van a quedar para la celebración de la Eucaristía, se usa la opción C; si no se va a celebrar la Eucaristía, se despide a toda la asamblea usando la opción D.   150

A   El celebrante despide a los elegidos con estas palabras u otras semejantes.   150

Queridos elegidos, ustedes han entrado con nosotros en el camino que lleva a la gloria de la Pascua. Cristo será su camino, su verdad y su vida. Hasta que nos veamos de nuevo para los escrutinios, vayan siempre en su paz.

Elegidos:

Amén.

B   Como una fórmula opcional para la despedida de los elegidos, el celebrante puede usar estas u otras palabras parecidas.   USA

Mis queridos amigos, esta comunidad ahora los envía a reflexionar más profundamente sobre la palabra de Dios que ustedes han compartido hoy con nosotros. Estén seguros de nuestro afecto y apoyo como también de nuestras oraciones por ustedes. Esperamos con gozo el día en que ustedes compartan plenamente de la Mesa del Señor.

C   Si por graves razones los elegidos no pudieran salir (véase n. 75.3) y debieran permanecer con el resto de la asamblea litúrgica, se les debe instruir que aunque asisten a la celebración eucarística, no pueden participar en ella al modo de los fieles católicos bautizados. El celebrante puede recordarles esto con las siguientes palabras u otras parecidas.   150

Aunque ustedes todavía no pueden participar plenamente en la Eucaristía del Señor, quédense con nosotros como un signo de nuestra esperanza de que todos los hijos de Dios coman y beban con el Señor y trabajen con su Espíritu para renovar la faz de la tierra.

D   El celebrante despide a todos los presentes, usando estas u otras palabras semejantes.

Vayan en paz, y que el Señor permanezca siempre con ustedes.

Todos:

Gracias a Dios.

Se puede concluir la celebración con un canto apropiado.

137 Cuando sigue la Eucaristía inmediatamente, se comienza con las oraciones de los fieles mencionando las intenciones generales normales por las necesidades de la Iglesia y de todo el mundo; después se hace, si se requiere, la profesión de fe. Pero por razones pastorales estas intercesiones generales y la profesión de fe se pueden omitir. La liturgia de la Eucaristía empieza entonces de la manera normal con la preparación de las ofrendas.

ETAPA DE PURIFICACION E ILUMINACION

El agua que yo les daré se volverá una fuente de vida eterna

138 El tiempo de purificación e iluminación, que comienza con el rito de elección, de ordinario coincide con la Cuaresma. En la liturgia y en la catequesis litúrgica de Cuaresma, el recuerdo del Bautismo ya recibido o la preparación para su recepción así como el tema del arrepentimiento, renuevan a toda la comunidad junto con todos aquellos que se preparan para celebrar el misterio pascual, en el cual cada uno de los elegidos participará por medio de los sacramentos de la inciación.[1] Tanto para los elegidos como para la comunidad local, la Cuaresma es un tiempo de recogimiento espiritual como preparación para celebrar el misterio pascual. 21 152

139 Este es un tiempo de preparación espiritual más intensa, y consiste más de reflexión interior que de instrucción catequética, e intenta la purificación de las mentes y de los corazones de los elegidos al tiempo que ellos mismos examinan sus propias conciencias y hacen penitencia. Este tiempo está dispuesto para iluminar las mentes y los corazones de los elegidos con un conocimiento más profundo de Cristo, nuestro Salvador. La celebración de ciertos ritos, particularmente de los escrutinios (véase nn. 141-146) y de las entregas (véase nn. 147-149), lleva a cabo el proceso de purificación e iluminación y se extiende durante toda la Cuaresma. 22 153

140 El Sábado Santo es el día de la preparación próxima para la celebración de los sacramentos de la iniciación y en ese día se pueden celebrar los ritos de preparación (véase nn. 185-192). 26

---

1   Véase Conc. Vat. II, Decreto sobre la actividad misionera de la Iglesia, *Ad Gentes*, n. 14.

RITOS QUE PERTENECEN AL TIEMPO DE PURIFICACION E ILUMINACION

ESCRUTINIOS

141 Los escrutinios, que se celebran solemnemente los domingos y son reforzados por un exorcismo, son ritos para el autoexamen y para mover al arrepentimiento y tienen primordialmente una finalidad espiritual. Los escrutinios tienen por objeto el descubrir y posteriormente el sanar todo aquello que es débil, defectuoso o pecaminoso en los corazones de los elegidos; y resaltar y luego fortalecer todo lo que es recto, fuerte y bueno. Los escrutinios se celebran a fin de librar a los elegidos del poder del pecado y de Satanás, de protegerlos contra la tentación, y de darles fuerza en Cristo, quien es el camino, la verdad, y la vida. Estos ritos, por lo tanto deben ayudar a la conversión total de los elegidos y a profundizar su resolución de mantenerse estrechamente unidos a Cristo y de proseguir con mayor decisión en su esfuerzo por amar a Dios sobre todas las cosas. [25] [154]

142 Puesto que están pidiendo los tres sacramentos de iniciación, se espera que los elegidos tengan la intención de adquirir un conocimiento íntimo de Cristo y de su Iglesia, y muy en especial que progresen en el sincero conocimiento de sí mismos por medio del examen reflexivo de sus vidas y el verdadero arrepentimiento. [155]

143 A fin de inspirar en los elegidos el deseo de la purificación y de la redención de Cristo, se celebran tres escrutinios. Por este medio, los elegidos primeramente conocen gradualmente el misterio del pecado, del cual todo el universo y cada individuo anhela redimirse para verse libre de sus consecuencias actuales y futuras. En segundo lugar, su espíritu es impregnado del sentido de Cristo Redentor, que es agua viva (evangelio de la Samaritana en el primer escrutinio), la luz del mundo (evangelio del ciego de nacimiento en el segundo escrutinio), la resurrección y la vida (evangelio de Lázaro en el tercer escrutinio). Del primero al último de los escrutinios, los elegidos deben progresar en su percepción del pecado y en su deseo de la salvación. [157]

144 En el rito de exorcismo (véase nn. 154, 168, 175), celebrado por un sacerdote o un diácono, los elegidos, que ya han sido instruídos por la santa madre Iglesia sobre el misterio de Cristo que nos libra del pecado, se desprenden de las consecuencias del pecado y de la influencia del diablo. Consiguen fuerzas nuevas para su peregrinar espiritual, y se les abre el corazón para recibir los dones del Salvador. [156]

145 El sacerdote o diácono que preside la celebración debe hacerlo de tal manera que los fieles en la asamblea también se aprovechen de la liturgia de los escrutinios y se unan en las súplicas por los elegidos. [158]

146 Los escrutinios se hacen dentro de las misas rituales tituladas "Iniciación cristiana: Los escrutinios," que se celebran los domingos tercero, cuarto y quinto de Cuaresma; las lecturas con sus cantos son las que se han asignado en el leccionario de la Misa para el Ciclo A. Cuando, por razones pastorales, estas Misas rituales no se pueden celebrar en sus domingos propios, se celebran en otros domingos de Cuaresma o aun en días de la semana que sean más convenientes.

Cuando, debido a circunstancias especiales y necesidades pastorales, el período de purificación e iluminación tiene lugar fuera de la Cuaresma, los escrutinios se celebran los domingos o aun en días de la semana, con los intervalos acostumbrados entre las celebraciones. No se celebran en solemnidades del año litúrgico (véase n. 30).

En todo caso se celebran las Misas rituales "Iniciación Cristiana: Los Escrutinios" y en este orden: para el primer escrutinio, la Misa con el evangelio de la mujer samaritana; para el segundo, la Misa con el evangelio del ciego de nacimiento; y para el tercero, la Misa con el evangelio de Lázaro.

ENTREGAS

147 Las entregas se hacen después de la celebración de los escrutinios, a no ser que, por razones pastorales, se hayan anticipado durante el período del catecumenado (véase nn. 79, 104-105). Así, una vez completada la preparación doctrinal de los elegidos, la Iglesia les entrega con amor el Símbolo y la Oración Dominical, documentos que desde la antigüedad constituyen un compendio de la fe de la Iglesia y de su oración. Estos textos se entregan para iluminar a los elegidos. El Símbolo, al recordar las maravillas de Dios por la salvación del género humano, llena la visión de los elegidos con la luz segura de la fe. La Oración Dominical los llena con una realización más profunda del nuevo espíritu de adopción por el cual ellos llamarán a Dios su Padre, especialmente en medio de la asamblea eucarística.

148 La primera entrega que se hace a los elegidos es la entrega del Símbolo, durante la semana posterior al primer escrutinio. Los elegidos lo aprenderán de memoria y lo recitarán públicamente (nn. 193-196) antes de que según ese Símbolo proclamen su fe en el día de su Bautismo.

149 La segunda entrega a los elegidos es la entrega de la Oración Dominical, durante la semana que sigue al tercer escrutinio (pero, si es necesario, esta entrega puede dejarse para incluirla en los ritos de preparación del Sábado Santo; cfr. n. 185). Desde la antigüedad la Oración Dominical ha sido la oración propia de aquellos que, en el Bautismo, han recibido el espíritu de adopción. Cuando los elegidos sean bautizados y participen en su primera celebración de la Eucaristía, se unirán al resto de los fieles para recitar la Oración Dominical.

ESQUEMA DEL RITO

LITURGIA DE LA PALABRA

Lecturas
Homilía
Invitación a Orar en Silencio
Súplicas por los Elegidos
Exorcismo
Despedida de los Elegidos

LITURGIA DE LA EUCARISTIA

PRIMER ESCRUTINIO
(Tercer Domingo de Cuaresma)

LITURGIA DE LA PALABRA

LECTURAS

150 Los textos y las lecturas para la Misa son siempre las que se dan para el primer escrutinio en el Misal y en el Leccionario para la Misa entre las Misas rituales, "Iniciación Cristiana: Los Escrutinios."

HOMILIA

151 Después de las lecturas y basándose en ellas, el celebrante explica en la homilía el significado del primer escrutinio a la luz de la liturgia cuaresmal y del itinerario espiritual de los elegidos.

INVITACION A ORAR EN SILENCIO

152 Después de la homilía, los elegidos con sus padrinos y madrinas van hacia el celebrante y se mantienen de pie delante de él.

El celebrante se dirige primero a la asamblea de los fieles, invitándolos a orar en silencio y a pedir para los elegidos el espíritu de arrepentimiento, el sentido del pecado, y la verdadera libertad de los hijos de Dios.

El celebrante luego se dirige a los elegidos, invitándolos igualmente a orar en silencio y los exhorta a mostrar su disposición interna al arrepentimiento aun con su postura corporal inclinando la cabeza o arrodillándose; finalmente concluye con estas o parecidas palabras.

Elegidos de Dios, inclinen la cabeza (o arrodíllense) y oren.

Entonces los elegidos inclinan la cabeza o se arrodillan, y todos oran en silencio durante unos momentos. Después de este tiempo de oración en silencio, la comunidad y los elegidos se ponen de pie para las súplicas.

153   Cualquiera de las dos fórmulas, la opción A o la B, puede usarse para las súplicas por los elegidos y ambas, la introducción y las súplicas, pueden adaptarse a las diferentes circunstancias. Durante las súplicas los padrinos y las madrinas están de pie apoyando la mano derecha sobre el hombro de su elegido(a). — 163

[Si se decide, de acuerdo con el n. 156 que después de la despedida de los elegidos se omitan las intercesiones generales normalmente ofrecidas durante la Misa y que la liturgia de la Eucaristía comience inmediatamente, las intenciones por la Iglesia y por todo el mundo deben añadir se a las siguientes intenciones por los elegidos.]

Celebrante:

Oremos por estos elegidos, a los que la Iglesia llamó confiadamente. Para que terminen con éxito su larga preparación, y en las fiestas pascuales encuentren a Cristo en sus sacramentos.

A   Ministro asistente: — 163

Para que mediten en su corazón las palabras divinas y las saboreen más profundamente cada día, roguemos al Señor.

R. Escúchanos, Señor.

Ministro asistente:

Para que aprendan a conocer a Cristo, que vino a salvar lo que había perecido, roguemos al Señor.

R. Escúchanos, Señor.

Ministro asistente:

Para que confiesen con humildad de corazón que son pecadores, roguemos al Señor.

R. Escúchanos, Señor.

Ministro asistente:

Para que rechacen sinceramente en sus costumbres de vida todo lo que desagrada a Cristo y es contrario a su amor, roguemos al Señor.

R. Escúchanos, Señor.

Ministro asistente:

Para que el Espíritu Santo, que conoce todos los corazones, fortalezca su debilidad con Su poder, roguemos al Señor.

R. Escúchanos, Señor.

Ministro asistente:

Para que enseñados por el mismo Espíritu Santo aprendan lo que es de Dios y lo que le agrada, roguemos al Señor.

R. Escúchanos, Señor.

Ministro asistente:

Para que también sus familias pongan en Cristo su esperanza, y encuentren en El la paz y la santidad, roguemos al Señor.

R. Escúchanos, Señor.

Ministro asistente:

Para que nosotros mismos al prepararnos para las fiestas pascuales, busquemos un cambio de corazón, nos entreguemos a la oración y perseveremos en obras de misericordia, roguemos al Señor.

R. Escúchanos, Señor.

Ministro asistente:

Para que en el mundo entero el débil encuentre fortaleza, se sane lo quebrantado, se recupere lo que se ha perdido y se rescate en la fe todo lo que hoy somos y tenemos, roguemos al Señor.

R. Escúchanos, Señor.

B — Ministro asistente: — 378

Para que nuestros elegidos, como la Samaritana, examinen su vida en presencia de Cristo, y reconozcan sus propios pecados, roguemos al Señor.

R. Escúchanos, Señor.

Ministro asistente:

Para que se vean libres del espíritu de desconfianza, que separa los pasos de los seres humanos del seguimiento de Cristo nuestro Señor, roguemos al Señor.

R. Escúchanos, Señor.

Ministro asistente:

Para que esperando el don de Dios, anhelen de todo corazón el agua viva que brota para la vida eterna, roguemos al Señor.

R. Escúchanos, Señor.

Ministro asistente:

Para que al recibir como maestro al Hijo de Dios, se transformen en verdaderos adoradores del Padre en espíritu y en verdad, roguemos al Señor.

R. Escúchanos, Señor.

Ministro asistente:

Para que al experimentar el admirable encuentro con Cristo, lleven también a sus amigos y a su prójimo esta feliz noticia de Cristo, roguemos al Señor.

R. Escúchanos, Señor.

Ministro asistente:

Para que puedan acercarse al Evangelio de Cristo todos los que están vacíos porque carecen de la palabra de Dios, roguemos al Señor.

R. Escúchanos, Señor.

Ministro asistente:

Para que todos seamos enseñados por Cristo a llevar a cabo con amor la voluntad del Padre, roguemos al Señor.

R. Escúchanos, Señor.

EXORCISMO

154   Después de las súplicas, el rito continúa con uno de los siguientes exorcismos.   164

A   El celebrante, vuelto hacia los elegidos, dice con las manos juntas: 164

Oh Dios todopoderoso,
que nos enviaste como Salvador a tu Hijo,
concede que estos catecúmenos,
que están sedientos de agua viva como la Samaritana,
se conviertan al Señor como ella al oir la palabra del Señor,
y confiesen los pecados y debilidades que les son una carga.

Protégelos de una vana confianza en sí mismos,
y defiéndelos del poder de Satanás.

Líbralos del espíritu engañoso,
para que, reconociendo el mal que han hecho,
alcancen la pureza del corazón
y avancen en el camino de la salvación.

Por Jesucristo nuestro Señor.

R. Amén.

> Aquí, si se puede hacer con comodidad, el celebrante impone las manos en silencio a cada uno de los elegidos.

> Después, con las manos extendidas sobre los elegidos, continúa:

Señor Jesús,
que eres la fuente a la que acuden estos sedientos
y el maestro al que buscan.
Ante tí, que eres el Unico Santo de Dios,
no se atreven a proclamarse sin pecado.

Confiadamente te abren sus corazones,
confiesan sus faltas, y
descubren sus llagas ocultas.
Líbrales, pues, bondadosamente de sus flaquezas,
cura su enfermedad,
apaga su sed, y otórgales la paz.

Por la virtud de tu nombre,
que invocamos con fe,
acompáñalos ahora y sánalos.
Domina al espíritu maligno,
derrotado cuando resucitaste.

Por el Espíritu Santo
muestra el camino de salvación a tus elegidos
Tú que vives y reinas por los siglos de los siglos.

R. Amén.

B   El celebrante, vuelto hacia los elegidos, dice con las manos juntas:

Oh Padre de las misericordias,
que por medio de tu Hijo revelaste tu compasión
a la Samaritana,
y movido por la misma solicitud
ofreciste la salvación a todos los pecadores,

Mira con tu amor extraordinario a estos elegidos,
que desean recibir la adopción de hijos
por el poder de tus sacramentos:

Líbralos de la esclavitud del pecado
y del pesado yugo de Satanás,
para que tomen la suave carga de Jesús;

Protégelos en todos los peligros,
para que sirviéndote fielmente a ti,
llenos de paz y de alegría,
puedan ofrendarte también su gratitud
durante toda la eternidad.

Por Jesucristo nuestro Señor.

R. Amén.

> Aquí, si se puede hacer con comodidad, el celebrante impone las manos en silencio a cada uno de los elegidos.

> Después, con las manos extendidas sobre los elegidos, continúa:

Señor Jesús,
que por admirable designio de tu misericordia
tocaste el corazón a una mujer pecadora,
y le enseñaste a adorar al Padre
en espíritu y en verdad,

Libra ahora con tu poder a estos elegidos
de los dañinos engaños de Satanás,
pues se acercan al manantial del agua viva;
convierte sus corazones con la fuerza del Espíritu Santo,
para que con la fe sincera, que actúa por la caridad,
conozcan a tu Padre.

Tú que vives y reinas por los siglos de los siglos.

R. Amén.

> Si parece oportuno, se puede entonar algún canto a propósito, elegido, v.gr.,
> entre los salmos 6, 25, 31, 37, 38, 39, 50, 114:1-9, 129, 138, o 141.

155   Si se va a celebrar la Eucaristía, generalmente se despide a los elegidos en este momento usando la opción A o la B; si los elegidos se van a quedar para la celebración de la Eucaristía, se usa la opción C; si no se va a celebrar la Eucaristía, se despide a toda la asamblea usando la opción D.

A   El celebrante despide a los elegidos con estas u otras palabras parecidas.   165

Queridos elegidos, vayan en paz, y reúnanse con nosotros nuevamente para el siguiente escrutinio. Que el Señor permanezca siempre con ustedes.

Los elegidos:

Amén.

B   Como fórmula opcional para la despedida de los elegidos, el celebrante puede usar estas   USA
             u otras palabras semejantes.

Mis queridos amigos, esta comunidad los envía ahora a reflexionar más profundamente en la palabra de Dios, que han compartido hoy con nosotros. Estén seguros de nuestro afecto y apoyo así como de nuestras oraciones por ustedes. Esperamos con gusto el día en que puedan compartir plenamente con nosotros en la Mesa del Señor.

C   Si por graves razones los elegidos no pudieran salir (véase n. 75.3), y debieran quedarse   165
             con el resto de la asamblea, se les instruye que aunque están presentes en la Eucaristía,
             no pueden participar en ella como los bautizados. El celebrante les puede recordar esto
             con las siguientes palabras u otras parecidas.

Aunque ustedes todavía no pueden participar plenamente en la Eucaristía del Señor, quédense con nosotros como un signo de nuestra esperanza de que todos los hijos de Dios coman y beban con el Señor y trabajen con su Espíritu para renovar la faz de la tierra.

D   El celebrante despide a todos los presentes, usando estas u otras palabras semejantes.

Vayan en paz, y que el Señor permanezca siempre con ustedes.

Todos:

Gracias a Dios.

La celebración puede concluir con un canto apropiado.

LITURGIA DE LA EUCARISTIA

156   Después de que los elegidos hayan salido del templo, si sigue inmediatamente la Eucaristía, se continúa con las acostumbradas intercesiones generales por la Iglesia y por todo el mundo; después, si lo requiere la liturgia del día, se hace la profesión de fe. Sin embargo, por razones pastorales se pueden omitir la oración universal y la profesión de fe. En este caso la liturgia de la Eucaristía comienza como siempre con la preparación de las ofrendas. En la plegaria eucarística se debe hacer mención de los elegidos y de sus padrinos (cfr. Misa Ritual: "Iniciación Cristiana: Los Escrutinios").

ESQUEMA DEL RITO

LITURGIA DE LA PALABRA

Lecturas
Homilía
Entrega del Símbolo
Oración sobre los Elegidos
Despedida de los Elegidos

LITURGIA DE LA EUCARISTIA

ENTREGA DEL SÍMBOLO (EL CREDO)
(Tercera Semana de Cuaresma)

182
184

157   La entrega del Símbolo, que tiene lugar durante la semana posterior al primer escrutinio, se celebra preferentemente en presencia de una comunidad de los fieles, dentro de la Misa después de la homilía.

LITURGIA DE LA PALABRA

LECTURAS

185

158   En lugar de las lecturas asignadas a la feria, se pueden usar las siguientes lecturas, según se indica en el Leccionario de la Misa, Misas rituales: "Iniciación Cristiana: Entrega del Símbolo."

PRIMERA LECTURA:
Deuteronomio 6:1-7—*Escucha, Israel: Amarás al Señor con todo el corazón.*

SALMO RESPONSORIAL:
Salmo 19: 8, 9, 10, 11
R. (Juan 6:68c) Señor, tú tienes palabras de vida eterna.

SEGUNDA LECTURA:
Romanos 10: 8-13—*La confesión de fe de los elegidos.*
o:
1 Corintios 15:1-8a (larga) o 1-4 (breve)—*Ustedes se salvarán por el Evangelio sólo si lo guardan, creyendo lo que les anuncié.*

VERSICULO ANTES DEL EVANGELIO:
Juan 3:16
Tanto amó Dios al mundo que dio a su Hijo único para que todos los que creen en El tengan vida eterna.

EVANGELIO:
Mateo 16:13-18—*Sobre esta piedra edificaré mi Iglesia.*
o:
Juan 12:44-50—*Yo, la luz, he venido al mundo para que todo el que cree en mí no quede a oscuras jamás.*

HOMILIA

185

159   Después de las lecturas y basándose en ellas el celebrante explica en la homilía el significado y la importancia del Símbolo, ya respecto de la catequesis recibida, ya para la profesión de fe que han de pronunciar en el Bautismo, y que han de observar durante toda la vida.

160   Después de la homilía un diácono, u otro ministro, dice:

Acérquense ahora los elegidos, para recibir de la Iglesia el Símbolo de la fe.

Antes de empezar el Símbolo de los Apóstoles (opción A) o el Símbolo de Nicea (opción B), el celebrante se dirige a los elegidos en estas u otras palabras parecidas.

Queridos amigos, escuchen con cuidado las palabras de la fe, por la cual recibirán la santificación. Las palabras son pocas, pero contienen grandes misterios. Recíbanlas con sencillez de corazón y sean fieles a ellas.

A   SIMBOLO DE LOS APOSTOLES

El celebrante solo, comienza el Símbolo, diciendo:

Creo en Dios Padre todopoderoso,

Mientras los elegidos escuchan, él prosigue juntamente con la comunidad de los fieles.

Creador del cielo y de la tierra.

Creo en Jesucristo,
    su único Hijo, nuestro Señor;
    que fue concebido por obra y gracia del Espíritu Santo,
        nació de Santa María Virgen,
    padeció bajo el poder de Poncio Pilato,
        fue crucificado, muerto y sepultado;
    descendió a los infiernos,
    al tercer día resucitó de entre los muertos;
    subió a los cielos,
        y está sentado a la derecha de Dios, Padre todopoderoso.
    Desde allí ha de venir a juzgar a los vivos y a los muertos.

Creo en el Espíritu Santo,
    la comunión de los santos,
    el perdón de los pecados,
    la resurrección de la carne
    y la vida eterna. Amén.

El celebrante solo, comienza el Símbolo, diciendo:

Creo en un solo Dios,

Mientras los elegidos escuchan, él prosigue juntamente con la comunidad de los fieles.

Padre todopoderoso
Creador de cielo y tierra,
de todo lo visible y lo invisible.

Creo en un solo Señor, Jesucristo,
Hijo único de Dios,
nacido del Padre antes de todos los siglos:
Dios de Dios, Luz de Luz,
Dios verdadero de Dios verdadero,
engendrado, no creado,
por quien todo fue hecho;
que por nosotros los hombres
y por nuestra salvación
bajó del cielo,
y por obra del Espíritu Santo
se encarnó de María, la Virgen,
y se hizo hombre;
y por nuestra causa fue crucificado
en tiempos de Poncio Pilato;
padeció y fue sepultado,
y resucitó al tercer día, según las Escrituras,
y subió al cielo,
y está sentado a la derecha del Padre;
y de nuevo vendrá con gloria
para juzgar a vivos y muertos,
y su reino no tendrá fin.

Creo en el Espíritu Santo,
Señor y dador de vida,
que procede del Padre y del Hijo,
que con el Padre y el Hijo
recibe una misma adoración y gloria,
y que habló por los profetas.
Creo en la Iglesia, que es una, santa, católica y apostólica.
Confieso que hay un solo bautismo para el perdón de los pecados.
Espero la resurrección de los muertos
y la vida del mundo futuro. Amén.

ORACION SOBRE LOS ELEGIDOS

161 Después el celebrante invita a los fieles a orar con estas u otras palabras semejantes.

Oremos por estos elegidos, para que Dios nuestro Señor en su misericordia los ayude a responder a su amor, y para que por las aguas de la regeneración reciban el perdón de todos sus pecados y tengan vida en Jesucristo nuestro Señor.

Todos oran en silencio.

Seguidamente el celebrante, con las manos extendidas sobre los elegidos, dice:

Te suplicamos, Señor,
fuente de luz, de justicia y de verdad,
recibas en tu amoroso cuidado a estos siervos tuyos N. y N.

Purifícalos y santifícalos;
dales la verdadera ciencia,
la firme esperanza y el conocimiento profundo,
para que sean dignos de recibir
la gracia del Bautismo.

Por Jesucristo nuestro Señor.

R. Amén.

DESPEDIDA DE LOS ELEGIDOS

162 Si se va a celebrar la Eucaristía, generalmente se despide a los elegidos en este momento usando la opción A o la B; si los elegidos se van a quedar para la celebración de la Eucaristía, se usa la opción C; si no se va a celebrar inmediatamente la Eucaristía, se despide a toda la asamblea usando la opción D.

A   El celebrante despide a los elegidos con estas u otras palabras parecidas.

Queridos elegidos, vayan en paz, y que el Señor permanezca siempre con ustedes.

Elegidos:

Amén.

B   Como una fórmula opcional para despedir a los elegidos, el celebrante puede usar estas u otras palabras semejantes.

Mis queridos amigos, esta comunidad ahora los envía a reflexionar más profundamente sobre la palabra de Dios que ustedes han compartido con nosotros hoy. Estén seguros de nuestro afecto y apoyo junto con nuestras oraciones por ustedes. Esperamos con gozo el día en que ustedes compartan plenamente en la Mesa del Señor.

C   Si por razones serias los elegidos no pudieran salir (véase n. 75.3) y debieran permanecer con el resto de la asamblea litúrgica, se les instruye que aunque están presentes a la Eucaristía, no pueden participar en ella como los bautizados. El celebrante les puede recordar esto con las siguientes palabras u otras parecidas.

Aunque ustedes todavía no pueden participar plenamente en la Eucaristía del Señor, quédense con nosotros como un signo de nuestra esperanza de que todos los hijos de Dios coman y beban con el Señor y trabajen con su Espíritu para renovar la faz de la tierra.

D   El celebrante despide a todos los presentes, con estas u otras palabras semejantes.

Vayan en paz, y que el Señor permanezca siempre con ustedes.

Todos:

Gracias a Dios.

La celebración puede concluir con un canto apropiado.

LITURGIA DE LA EUCARISTIA

163   Después de que los elegidos salen, la celebración de la Misa continúa de la manera acostumbrada.

ESQUEMA DEL RITO

LITURGIA DE LA PALABRA

Lecturas
Homilía
Invitación a Orar en Silencio
Súplicas por los Elegidos
Exorcismo
Despedida de los Elegidos

LITURGIA DE LA EUCARISTIA

SEGUNDO ESCRUTINIO
(Cuarto Domingo de Cuaresma)

LITURGIA DE LA PALABRA

LECTURAS

164 Los textos y lecturas para la Misa son siempre los que se dan para el segundo escrutinio en el Misal y el Leccionario para la Misa entre las Misas rituales, "Iniciación Cristiana: Los Escrutinios."

HOMILIAS

165 Después de las lecturas y basándose en ellas, el celebrante explica en la homilía el significado del segundo escrutinio a la luz de la liturgia cuaresmal y del itinerario espiritual de los elegidos.

INVITACION A ORAR EN SILENCIO

166 Después de la homilía, los elegidos con sus padrinos y madrinas se ponen de pie delante del celebrante.

El celebrante se dirige primero a la asamblea de los fieles, invitándolos a orar en silencio y a pedir para los elegidos el espíritu de arrepentimiento, el sentido del pecado, y la verdadera libertad de los hijos de Dios.

El celebrante luego se dirige a los elegidos, invitándolos igualmente a orar en silencio y los exhorta a mostrar su disposición interna al arrepentimiento aun con su postura corporal inclinando la cabeza o arrodillándose; finalmente concluye con estas u otras palabras parecidas.

Elegidos de Dios, inclinen la cabeza (o arrodíllense) y oren.

Entonces los elegidos inclinan la cabeza o se arrodillan, y todos oran en silencio durante unos momentos. Después de este tiempo de oración en silencio, la comunidad y los elegidos se ponen de pie para las súplicas.

170

167 Puede usarse cualquiera de las dos fórmulas, la opción A o la B, para las súplicas por los elegidos y ambas, la introducción y las súplicas, pueden adaptarse a las diferentes circunstancias. Durante las súplicas los padrinos y las madrinas están de pie con la mano derecha sobre el hombro de su elegido(a).

[Si se decide, según el n. 170, que después de la despedida de los elegidos se omitan las súplicas usuales de la Misa y que la liturgia de la Eucaristía empiece inmediatamente, las intenciones por la Iglesia y por todo el mundo deben añadirse a las siguientes intenciones por los elegidos.]

Celebrante:

Oremos por estos elegidos, a los que llamó el Señor para que permanezcan fieles a El y den testimonio vigoroso de las palabras de vida eterna.

A   Ministro asistente: 170

Para que ellos, fiándose de la verdad de Cristo, consigan la libertad de la mente y del corazón y la conserven para siempre, roguemos al Señor.

R. Escúchanos, Señor.

Ministro asistente:

Para que prefiriendo la sabiduría de la cruz, a la sabiduría de este mundo puedan gloriarse sólo en Dios, roguemos al Señor.

R. Escúchanos, Señor.

Ministro asistente:

Para que, liberados por el poder del Espíritu Santo, dejen todo temor y sigan con confianza, roguemos al Señor.

R. Escúchanos, Señor.

Ministro asistente:

Para que, transformados en el Espíritu, busquen lo que es santo y justo, roguemos al Señor.

R. Escúchanos, Señor.

Ministro asistente:

Para que todos los que sufren persecución por el nombre del Señor, encuentren su fuerza en el mismo Cristo, roguemos al Señor.

R. Escúchanos, Señor.

Ministro asistente:

Para que las familias y los pueblos que encuentran trabas para abrazar la fe, alcancen la libertad de creer en el Evangelio, roguemos al Señor.

R. Escúchanos, Señor.

Ministro asistente:

Para que nosotros, enfrentados a los valores del mundo, permanezcamos fieles al espíritu evangélico, roguemos al Señor.

R. Escúchanos, Señor.

Ministro asistente:

Para que el mundo entero, amado por el Padre, pueda alcanzar en la Iglesia la plena libertad espiritual, roguemos al Señor.

R. Escúchanos, Señor.

B   Ministro asistente: 382

Para que Dios disipe las tinieblas, y sea la luz que ilumine los corazones de nuestros elegidos, roguemos al Señor.

R. Escúchanos, Señor.

Ministro asistente:

Para que Dios mismo los conduzca benigno a Cristo, luz del mundo, roguemos al Señor.

R. Escúchanos, Señor.

Ministro asistente:

Para que al abrir sus corazones a Dios nuestros elegidos confiesen que El es el Señor de la luz y el testigo de la verdad, roguemos al Señor.

R. Escúchanos, Señor.

Ministro asistente:

Para que sanados por Dios se guarden de la incredulidad de este mundo, roguemos al Señor.

R. Escúchanos, Señor.

Ministro asistente:

Para que salvados por el que quita el pecado del mundo, se vean libres del contagio y de la opresión de este pecado, roguemos al Señor.

R. Escúchanos, Señor.

Ministro asistente:

Para que iluminados por el Espíritu Santo profesen sin cesar el Evangelio de la salvación y lo comuniquen a los demás, roguemos al Señor.

R. Escúchanos, Señor.

Ministro asistente:

Para que todos nosotros por el ejemplo de nuestras costumbres de vida nos convirtamos, junto con Cristo, en la luz del mundo, roguemos al Señor.

R. Escúchanos, Señor.

Ministro asistente:

Para que todos los habitantes de la tierra conozcan al Dios verdadero, creador de todas las cosas y que nos da el don del Espíritu y de la vida, roguemos al Señor.

R. Escúchanos, Señor.

EXORCISMO

168 Después de las súplicas, el rito continúa con uno de los siguientes exorcismos. 171

A   El celebrante, vuelto hacia los elegidos, dice con las manos juntas: 171

Padre clementísimo,
que concediste al ciego de nacimiento
la fe en tu Hijo,
y que por ella pudiera alcanzar la luz de tu reino,
haz que tus elegidos, aquí presentes,
se vean libres de los valores falsos que los rodean y los ciegan,
y concédeles que, firmemente arraigados en la verdad,
se transformen en hijos de la luz,
para vivir contigo por los siglos de los siglos.

Por Jesucristo nuestro Señor.

R. Amén.

Aquí, si se puede hacer con comodidad, el celebrante impone la mano en silencio a cada uno de los elegidos.

Después, con las manos extendidas sobre los elegidos, continúa:

Señor Jesús, luz verdadera
que iluminas a todo el mundo,
libra por el Espíritu de la verdad
a todos los tiranizados bajo el yugo del padre de la mentira,
para recibir tus sacramentos,
llénalos de buena voluntad,
a fin de que disfrutando con el gozo de tu luz,

puedan ver, como el ciego que recobró de tu mano la claridad, y
lleguen a ser testigos firmes y valientes de la fe.
Tú que vives y reinas por los siglos de los siglos.

R. Amén.

B   El celebrante, vuelto hacia los elegidos, dice con las manos juntas: 383

Oh Dios, fuente de luz que no se apaga
que por la muerte y resurrección de Cristo
disipaste las tinieblas de la mentira y del odio
y derramaste la luz de la verdad y del amor
sobre la familia humana,

te rogamos que tus elegidos,
a los que llamaste para formar parte

puedan pasar de las tinieblas a la claridad,
y, liberados del poder del príncipe de las tinieblas,
permanezcan sin cesar como hijos de la luz.

Por Jesucristo nuestro Señor.

R. Amén.

Aquí, si se puede hacer con comodidad, el celebrante impone las manos a cada uno de los elegidos.

Después, con las manos extendidas sobre los elegidos, continúa

Señor Jesús, que bautizado tú también,
recibiste de los cielos abiertos el Espíritu Santo,
para que evangelizaras a los pobres en el mismo Espíritu,
y restituyeras la vista a los ciegos,

derrama este mismo Espíritu sobre estos elegidos
que desean tus sacramentos
a fin de que, preservados del contagio del error,
de la duda y de la incredulidad
y guiados por la fe recta,
con ojos limpios y penetrantes
puedan contemplarte cara a cara.
Tú que vives y reinas por los siglos de los siglos.

R. Amén.

Si parece oportuno se puede entonar algún canto a propósito, elegido, v.gr., entre los Salmos 6, 25, 31, 37, 38, 39, 50, 114:1-9, 129, 138, o 141.

DESPEDIDA DE LOS ELEGIDOS

169   Si se va a celebrar inmediatamente la Eucaristía, generalmente se despide en este momento a los elegidos con una de las opciones A o B; si lo elegidos se van a quedar para la celebración de la Eucaristía, se usa la opción C; si no se va a celebrar la Eucaristía, se despide a toda la asamblea usando la opción D.   172

A   El celebrante despide a los elegidos con estas u otras palabras parecidas.

Queridos elegidos, vayan en paz, y reúnanse otra vez con nosotros para el siguiente escrutinio. Que el Señor permanezca siempre con ustedes.

Elegidos:

Amén.

B   Como una fórmula opcional para despedir a los elegidos, el celebrante puede usar estas u otras palabras semejantes.   USA

Mis queridos amigos, esta comunidad ahora los envía a reflexionar más profundamente sobre la palabra de Dios que ustedes han compartido con nosotros hoy. Estén seguros de nuestro afecto y apoyo junto con nuestras oraciones por ustedes. Esperamos con gozo el día en que ustedes compartan plenamente en la Mesa del Señor.

C   Si por razones serias los elegidos no pudieran salir (véase n. 75.3) y debieran permanecer con el resto de la asamblea litúrgica, se les instruye que aunque están presentes en la Eucaristía, no pueden participar en ella como los bautizados. El celebrante les puede recordar esto con las siguientes palabras u otras parecidas.

Aunque ustedes todavía no pueden participar plenamente en la Eucaristía del Señor, quédense con nosotros como un signo de nuestra esperanza de que todos los hijos de Dios coman y beban con el Señor y trabajen con su Espíritu para renovar la faz de la tierra.

D   El celebrante despide a todos los presentes, con estas u otras palabras semejantes.

Vayan en paz, y que el Señor permanezca siempre con ustedes.

Todos:

Gracias a Dios.

La celebración puede concluir con un canto apropiado.

LITURGIA DE LA EUCARISTIA

170   Cuando sigue inmediatamente la Eucaristía, se comienza con las oraciones de los fieles mencionando las intenciones generales por las necesidades de la Iglesia y de todo el mundo; después se hace, si se requiere, la profesión de fe. Pero por razones pastorales se pueden omitir tanto las intercesiones generales como la profesión de fe. La liturgia de la Eucaristía empieza entonces de la manera normal con la preparación de las ofrendas. En la plegaria eucarística se debe hacer mención de los elegidos y de sus padrinos (cfr. Misa ritual: "Iniciación cristiana: Los Escrutinios").

ESQUEMA DEL RITO

LITURGIA DE LA PALABRA

Lecturas
Homilía
Invitación a Orar en Silencio
Súplicas por los Elegidos
Exorcismo
Despedida de los Elegidos

LITURGIA DE LA EUCARISTIA

TERCER ESCRUTINIO
(Quinto Domingo de Cuaresma)

LITURGIA DE LA PALABRA

LECTURAS

171   Los textos y lecturas para la Misa son siempre los que se dan para el tercer escrutinio en el Misal y en el Leccionario para la Misa entre las Misas rituales, "Iniciación cristiana: Los Escrutinios."

174

HOMILIA

172   Después de las lecturas y basándose en ellas, el celebrante explica en la homilía el significado del tercer escrutinio a la luz de la liturgia cuaresmal y del itinerario espiritual de los elegidos.

175

INVITACION A ORAR EN SILENCIO

173   Después de la homilía, los elegidos con sus padrinos y madrinas se ponen de pie delante del celebrante.

176

El celebrante se dirige primero a la asamblea de los fieles, invitándolos a orar en silencio y a pedir para los elegidos el espíritu de arrepentimiento, el sentido del pecado, y la verdadera libertad de los hijos de Dios.

El celebrante luego se dirige a los elegidos, invitándolos igualmente a orar en silencio y los exhorta a mostrar su disposición al arrepentimiento aun con su postura corporal inclinando la cabeza o arrodillándose; finalmente concluye con estas u otras palabras semejantes.

Elegidos de Dios, inclinen la cabeza (o arrodíllense) y oren.

Entonces los elegidos inclinan la cabeza o se arrodillan, y todos oran en silencio durante unos momentos. Después de este tiempo de oración en silencio, la comunidad y los elegidos se ponen de pie para las súplicas.

174 Puede usarse cualquiera de las dos fórmulas, la opción A o la B, para las súplicas por los elegidos y ambas, la introducción y las súplicas, pueden adaptarse a las diferentes circunstancias. Durante las súplicas los padrinos y las madrinas están de pie con la mano derecha sobre el hombro de su elegido(a). 177

[Si se decide, según el n. 177, que después de la despedida de los elegidos se omitan las súplicas usuales de la Misa y que la liturgia de la Eucaristía empiece inmediatamente, las intenciones por la Iglesia y por todo el mundo deben añadirse a las siguientes intenciones por los elegidos.]

Celebrante:

Oremos por estos elegidos a los que Dios ha escogido, para que, unidos a la muerte y resurrección de Cristo, puedan superar con la gracia de los sacramentos la amarga condición mortal.

A Ministro asistente: 177

Para que se fortalezcan por la fe contra cualquier clase de engaños del mundo, roguemos al Señor.

R. Escúchanos, Señor.

Ministro asistente:

Para que se muestren agradecidos a la elección divina por la que pasaron de ignorar la esperanza de la vida eterna a emprender el camino de la salvación, roguemos al Señor.

R. Escúchanos, Señor.

Ministro asistente:

Para que con el ejemplo y la intercesión de los catecúmenos que derramaron su sangre por Cristo, se animen, estos elegidos, a esperar la vida eterna, roguemos al Señor.

R. Escúchanos, Señor.

Ministro asistente:

Para que todos se aparten con aversión del pecado, que despoja de la vida, roguemos al Señor.

R. Escúchanos, Señor.

Ministro asistente:

Para que los que se afligen con la muerte de los suyos, encuentren en Cristo el consuelo, roguemos al Señor.

R. Escúchanos, Señor.

Ministro asistente:

Para que nosotros mismos, al celebrar una vez más las solemnidades pascuales, nos afirmemos por la esperanza del resucitar con Cristo, roguemos al Señor.

R. Escúchanos, Señor.

Ministro asistente:

Para que el mundo entero, creado por designio amoroso de Dios, alcance nueva vida con el progreso en la fe y en la caridad, roguemos al Señor.

R. Escúchanos, Señor.

B   Ministro asistente: 386

Para que estos elegidos reciban la fe con la que han de confesar que Cristo es la resurrección y la vida, roguemos al Señor.

R. Escúchanos, Señor.

Ministro asistente:

Para que liberados del pecado crezcan en la santidad que lleva a la vida eterna, roguemos al Señor.

R. Escúchanos, Señor.

Ministro asistente:

Para que, desatados por el arrepentimiento de los vínculos del pecado, se hagan conformes a Cristo por el Bautismo, y, muertos al pecado, vivan siempre para Dios, roguemos al Señor.

R. Escúchanos, Señor.

Ministro asistente:

Para que, llenos con la esperanza del Espíritu que vivifica, se dispongan con ánimo decidido a renacer a una nueva vida, roguemos al Señor.

R. Escúchanos, Señor.

Para que con el manjar eucarístico, que pronto gustarán, se unan a Cristo, la fuente de vida y resurrección, roguemos al Señor.

R. Escúchanos, Señor.

Ministro asistente:

Para que todos nosotros, caminando en la vida renovada, mostremos al mundo el poder de la resurrección de Cristo, roguemos al Señor.

R. Escúchanos, Señor.

Ministro asistente:

El las promesas de la vida eterna, roguemos al Señor.

R. Escúchanos, Señor.

EXORCISMO

175   Después de las súplicas, el rito continúa con uno de los exorcismos siguientes.   178

A   El celebrante, vuelto hacia los elegidos, dice con las manos juntas: 178

Oh Padre de la vida,
que no eres Dios de muertos sino de vivos,
y que enviaste a tu Hijo como mensajero de la vida,

para arrancarnos del reino de la muerte
y conducirnos a la resurrección,

te rogamos que libres a estos elegidos
de la potestad del espíritu maligno,
que arrastra a la muerte,
para que puedan dar testimonio de su nueva vida en Cristo resucitado
porque él vive y reina por los siglos de los siglos.

R. Amén.

Aquí, si puede hacerse con comodidad, el celebrante impone las manos en silencio a cada uno de los elegidos.

Después, con las manos extendidas sobre los elegidos, continúa:

Señor Jesús,
que, resucitando a Lázaro de la muerte,
significaste que viniste para que tuviéramos vida abundante,
libra de la muerte a éstos, que anhelan la vida de tus sacramentos,
arráncalos del espíritu de la corrupción

y comunícales por tu Espíritu vivificante
la fe, la esperanza y la caridad,
para que viviendo siempre contigo,
participen de la gloria de tu resurrección.
Tú, que vives y reinas por los siglos de los siglos.

R. Amén.

B   El celebrante, vuelto hacia los elegidos, dice con las manos juntas: 387

Oh Padre, fuente de toda vida,
que al dar vida a los vivientes buscas la imagen de tu gloria
y en la resurrección de los muertos descubres tu omnipotencia,
dígnate sacar del imperio de la muerte a estos elegidos tuyos,
que por el Bautismo anhelan acercarse a la vida.

Líbralos de la esclavitud de Satanás,
la fuente del pecado y de la muerte
y que se esfuerza en corromper al mundo,
que tú creaste bueno.

Somételos a la potestad de tu amado Hijo,
para que reciban de él la fuerza de la resurrección
y ante todos los seres humanos den testimonio de tu gloria.

Por Jesucristo nuestro Señor.

R. Amén.

Aquí si se puede hacer con comodidad, el celebrante impone las manos en silencio a cada uno de los elegidos.

Después, con las manos extendidas sobre los elegidos, continúa:

Señor Jesucristo,
que mandaste a Lázaro salir vivo del sepulcro,
y que con tu resurrección libraste de la muerte
a todos los seres humanos,

te rogamos humildemente por tus siervos,
que se apresuran al agua de la regeneración
y al banquete de la vida.

No permitas que queden detenidos
por el imperio de la muerte,
los que por su fe
han de tener parte en la victoria de tu resurrección.
Tú que vives y reinas por los siglos de los siglos.

R. Amén.

Si parece oportuno se puede entonar algún canto a propósito, elegido v.gr., entre los Salmos 6, 25, 31, 37, 38, 39, 501, 114:1-9, 129, 138, o 141.

DESPEDIDA DE LOS ELEGIDOS

176   Si se va a celebrar inmediatamente la Eucaristía, generalmente se despide en este momento a los elegidos usando una de las opciones A o B; si los elegidos se van a quedar para la celebración de la Eucaristía, se usa la opción C; si no se va a celebrar inmediatamente la Eucaristía se despide, a toda la asamblea usando la opción D.

A   El celebrante despide a los elegidos con estas u otras palabras parecidas.   179

Queridos elegidos, vayan en paz, y que el Señor permanezca siempre con ustedes.

Elegidos:

Amén.

B   Como una fórmula opcional para despedir a los elegidos, el celebrante puede usar estas   USA
u otras palabras semejantes.

Mis queridos amigos, esta comunidad ahora los envía a reflexionar más profundamente sobre la palabra de Dios que ustedes han compartido con nosotros hoy. Estén seguros de nuestro afecto y apoyo junto con nuestras oraciones por ustedes. Esperamos con gozo el día en que ustedes compartan plenamente en la Mesa del Señor.

C   Si por razones serias los elegidos no pudieran salir (véase n. 75.3) y debieran permanecer con el resto de la asamblea litúrgica, se les instruye que aunque están presentes en la Eucaristía, no pueden participar en ella como los bautizados. El celebrante les puede recordar esto con las siguientes palabras u otras parecidas.

Aunque ustedes todavía no pueden participar plenamente en la Eucaristía del Señor, quédense con nosotros como un signo de nuestra esperanza de que todos los hijos de Dios coman y beban con el Señor y trabajen con su Espíritu para renovar la faz de la tierra.

D   El celebrante despide a todos los presentes, con estas u otras palabras semejantes.

Vayan en paz, y que el Señor permanezca siempre con ustedes.

Todos:

Gracias a Dios.

La celebración puede concluir con un canto apropiado.

LITURGIA DE LA EUCARISTIA

177 Cuando sigue inmediatamente la Eucaristía, se comienza con las oraciones de los fieles mencionando las intenciones generales por las necesidades de la Iglesia y de todo el mundo; después se hace, si se requiere, la profesión de fe. Pero por razones pastorales se pueden omitir tanto las intercesiones generales como la profesión de fe. La liturgia de la Eucaristía empieza entonces de la manera normal con la preparación de las ofrendas. En la plegaria eucarística se debe hacer mención de los elegidos y de sus padrinos (cfr. Misa ritual: "Iniciación cristiana: Los Escrutinios").

ESQUEMA DEL RITO

LITURGIA DE LA PALABRA

Lecturas
Lectura del Evangelio (Entrega de la Oración Dominical)
Homilía
Oración sobre los Elegidos
Despedida de los Elegidos

LITURGIA DE LA EUCARISTIA

ENTREGA DE LA ORACION DOMINICAL (EL PADRENUESTRO)
(Quinta Semana de Cuaresma)

182
189

178 La entrega de la Oración Dominical, que tiene lugar durante la semana después del tercer escrutinio, se celebra preferentemente en presencia de una comunidad de los fieles, durante la Misa.

LITURGIA DE LA PALABRA

LECTURAS

190

179 En lugar de la primera lectura asignada a la Misa de la feria, o día de la semana, se usan las siguientes dos lecturas como se indica en el Leccionario para la Misa, Misas rituales, "Iniciación Cristiana: Entrega de la Oración Dominical."

PRIMERA LECTURA
Osea 11:1b, 3-4, 8c-9—*Con correas de amor les atraía.*

SALMO RESPONSORIAL
Salmo 22:1-3a, 3b-4, 5, 6.
R. (v. 1) El Señor es mi pastor, nada me falta.
o:
Salmo 102:1-2, 8 y 10, 11-12, 13 y 18.
R. (v. 3) Como un padre siente cariño por sus hijos, siente el Señor cariño por los que le temen.

SEGUNDA LECTURA
Romanos 8:14-17, 26-27—*Ustedes han recibido mi Espíritu que los hace hijos de Dios y que nos permite gritar: "¡Abba!, ¡Padre!"*
o:
Gálatas 4:4-7—*Dios envió a nuestros corazones el Espíritu de su Hijo, que grita: "Abba!, ¡Padre!"*

VERSICULO ANTES DEL EVANGELIO
Romanos 8:15—Ustedes han recibido mi Espíritu que nos hace hijos de Dios y que nos permite gritar "¡Abba!, ¡Padre!"

LECTURA DEL EVANGELIO (ENTREGA DE LA ORACION DOMINICAL)

180 Después de la primera y segunda lecturas, el diácono u otro ministro dice:
Acérquense ahora los que van a recibir la Oración Dominical.

El celebrante se dirige primero a los elegidos con estas u otras palabras semejantes:

Ahora escuchen ustedes cómo el Señor enseñó a orar a sus discípulos.

Sigue la lectura del Evangelio.

Lectura del santo Evangelio según San Mateo.

En aquel tiempo, dijo Jesús a sus discípulos:

"Cuando recen, háganlo así:
'Padre nuestro, que estás en el cielo,
santificado sea tu Nombre;
venga a nosotros tu reino;
hágase tu voluntad en la tierra como en el cielo.
Danos hoy nuestro pan de cada día;
perdona nuestras ofensas,
como también nosotros perdonamos
a los que nos ofenden;
no nos dejes caer en la tentación
y líbranos del mal.'"

HOMILIA

181 Después de la presentación del Evangelio sigue la homilía, en la que el celebrante
explica el significado y la importancia de la Oración Dominical.

ORACION SOBRE LOS ELEGIDOS

182 Después de la homilía el celebrante, con estas o parecidas palabras, invita a los
fieles a orar.

Oremos por estos elegidos, para que Dios en su misericordia los haga responder
a su amor, a fin de que por medio de las aguas de la regeneración reciban el perdón
de sus pecados y tengan vida en Jesucristo, Señor nuestro.

Todos oran en silencio.

Seguidamente el celebrante, con las manos extendidas sobre los elegidos, dice:

Oh Dios eterno y todopoderoso,
que haces siempre fecunda a tu Iglesia
con nueva descendencia,
aumenta la fe y el entendimiento
a estos elegidos, escogidos para el Bautismo.

Concédeles renacer en las aguas de la vida,
para que sean contados entre tus hijos de adopción.

Te lo pedimos por Jesucristo nuestro Señor.

R. Amén.

Despedida de los Elegidos

183 Si se va a celebrar inmediatamente la Eucaristía, generalmente se despide a los elegidos en este momento con una de las opciones A o B; si los elegidos se van a quedar para la celebración de la Eucaristía, se usa la opción C; si no se va a celebrar la Eucaristía, se despide a toda la asamblea usando la opción D.

A   El celebrante despide a los elegidos con estas u otras palabras parecidas.

Queridos elegidos, vayan en paz, que el Señor permanezca siempre con ustedes.

Elegidos:

Amén.

B   Como una fórmula opcional para despedir a los elegidos, el celebrante puede usar estas   USA
u otras palabras semejantes.

Mis queridos amigos, esta comunidad ahora los envía a reflexionar más profundamente sobre la palabra de Dios que ustedes han compartido con nosotros hoy. Estén seguros de nuestro afecto y apoyo junto con nuestras oraciones por ustedes. Esperamos con gozo el día en que ustedes compartan plenamente en la Mesa del Señor.

C   Si por razones serias los elegidos no pudieran salir (véase n. 75.3) y debieran permanecer con el resto de la asamblea litúrgica, se les instruye que aunque están presentes en la Eucaristía, no pueden participar en ella como los bautizados. El celebrante les puede recordar esto con las siguientes palabras u otras parecidas.

Aunque ustedes todavía no pueden participar plenamente en la Eucaristía del Señor, quédense con nosotros como un signo de nuestra esperanza de que todos los hijos de Dios coman y beban con el Señor y trabajen con su Espíritu para renovar la faz de la tierra.

D   El celebrante despide a todos los presentes, usando estas u otras palabras semejantes:

Vayan en paz, y que el Señor permanezca siempre con ustedes.

Todos:

Gracias a Dios.

La celebración puede concluir con un canto apropiado.

LITURGIA DE LA EUCARISTIA

184   Después de que los elegidos hayan salido, la liturgia de la Eucaristía continúa de la manera usual.

RITOS DE PREPARACION
EN EL SABADO SANTO

185 En la preparación próxima para la celebración de los sacramentos de la iniciación: 26
193

1. Se exhorta a los elegidos para que el Sábado Santo, dejando a un lado las actividades acostumbradas, dediquen su tiempo a la oración y al recogimiento espiritual y, en cuanto les sea posible, guarden el ayuno según sus fuerzas.

2. Cuando el Sábado Santo sea posible congregar a los elegidos para el recogimiento espiritual y la oración, algunos de los siguientes ritos, o todos, se pueden celebrar como preparación inmediata para los sacramentos: la entrega de la Oración Dominical, si ésta ha sido diferida (véase nn. 149, 178-180), la recitación del Símbolo (nn. 193-196), el rito del Effetá (nn. 197-199), y la elección del nombre bautismal (nn. 200-202).

186 El escoger y arreglar estos ritos se debe ajustar a lo que mejor se adapte a las circunstancias 195
197 particulares de los elegidos, pero se debe observar lo siguiente en lo que toca a la celebración de los mismos:

1. En los casos en que la celebración de la entrega del Símbolo no es posible, se omitirá el rito de la recitación del mismo.

2. Cuando se celebran tanto la recitación del Símbolo como el rito del Effetá, éste precede inmediatamente a la "Oración antes de la Recitación" (n. 194).

187 CANTO: Cuando los elegidos se han congregado, la celebración empieza con un canto apropiado.

188 SALUDO: Después del canto, el celebrante saluda a los elegidos y a los otros fieles presentes, con uno de los saludos para la Misa u otras palabras apropiadas.

189 LECTURA DE LA PALABRA DE DIOS: Donde se indique en los ritos particulares, sigue la lectura de la palabra de Dios; las lecturas pueden tomarse de las sugeridas para cada rito; y si se usa más de una lectura, se puede cantar un salmo o himno apropiado entre las lecturas.

190 HOMILIA: Donde se indique en los ritos particulares, una breve homilía o una explicación del texto sigue a la lectura de la palabra de Dios.

191 CELEBRACION DE LOS RITOS ESCOGIDOS: Véase nn. 193-202.

192 RITOS CONCLUSIVOS: La celebración puede concluir con la bendición y la despedida que se citan en los nn. 204-205.

RECITACION DEL SIMBOLO

193   El rito de la recitación del Símbolo prepara a los elegidos para la profesión de fe que harán 194 inmediatamente antes de ser bautizados (n. 225); el rito también los instruye en su deber de proclamar la palabra del Evangelio.

LECTURA Y HOMILIA

194   Se lee una de las lecturas siguientes, o bien puede escogerse otra apropiada: 196

Mateo 16:13-17—*Tú eres el Mesías, el Hijo de Dios vivo.*
o:
Juan 6:35, 63-71—*¿A quién vamos a acudir? Tú tienes palabras de vida eterna.*

Sigue una breve homilía.

[Si se incluye el rito del Effetá (nn. 197-199) como un rito de preparación, se celebra antes de la siguiente oración.]

ORACION ANTES DE LA RECITACION

198

195   Con las manos extendidas, el celebrante dice la oración siguiente.

Oremos.

Te rogamos, Señor,
por estos elegidos,
que han recibido ahora la fórmula que resume
el designio de tu caridad
y los misterios de la vida de Cristo;
concédeles que sea una misma la fe que confiesan los labios
y profesa el corazón,
para que puedan cumplir así con las obras tu voluntad.

Por Jesucristo nuestro Señor.

R. Amén.

RECITACION DEL SIMBOLO

196 Los elegidos recitan entonces el Símbolo. Según la versión que se les dio en la entrega, recitan bien sea el Símbolo de los Apóstoles (opción A), o el Símbolo de Nicea, (opción B).

A   SIMBOLO DE LOS APOSTOLES

Elegidos:

Creo en Dios,
    Padre todopoderoso,
    Creador del cielo y de la tierra.

Creo en Jesucristo,
    su único Hijo, nuestro Señor,
    que fue concebido por obra y gracia del Espíritu Santo,
        nació de Santa María Virgen,
    padeció bajo el poder de Poncio Pilato,
        fue crucificado, muerto y sepultado;
    descendió a los infiernos,
    al tercer día resucitó de entre los muertos,
    subió a los cielos,
        y está sentado a la derecha de Dios, Padre todopoderoso.
    Desde allí ha de venir a juzgar a los vivos y a los muertos.

Creo en el Espíritu Santo,
    la santa Iglesia católica,
    la comunión de los santos,
    el perdón de los pecados,
    la resurrección de la carne
        y la vida eterna. Amén.

Elegidos:

Creo en un solo Dios,
    Padre todopoderoso,
    Creador de cielo y tierra,
    de todo lo visible y lo invisible.

Creo en un solo Señor, Jesucristo,
    Hijo único de Dios,
    nacido del Padre antes de todos los siglos:
    Dios de Dios, Luz de Luz,
    Dios verdadero de Dios verdadero,
    engendrado, no creado, de la misma naturaleza del Padre,
    por quien todo fue hecho;
    que por nosotros los hombres, y por nuestra salvación,
      bajó del cielo,
      y por obra del Espíritu Santo
    se encarnó de María, la Virgen, y se hizo hombre;
    y por nuestra causa fue crucificado en tiempos de Poncio Pilato;
      padeció y fue sepultado,
      y resucitó al tercer día, según las Escrituras,
      y subió al cielo,
      y está sentado a la derecha del Padre;
      y de nuevo vendrá con gloria para juzgar a vivos y muertos,

Creo en el Espíritu Santo, Señor y dador de vida,
    que procede del Padre y del Hijo,
    que con el Padre y el Hijo recibe una misma adoración y gloria,
    y que habló por los profetas.
    Creo en la Iglesia, que es una, santa, católica y apostólica.
    Confieso que hay un solo bautismo para el perdón de los pecados.
    Espero la resurrección de los muertos
      y la vida del mundo futuro. Amén.

Rito del Effeta

197 En virtud del propio simbolismo, el Rito del Effetá, o rito de abrir los oídos y la boca, 200 inculca en los elegidos la necesidad de la gracia para que puedan escuchar la palabra de Dios y profesarla para su salvación.

Lectura e Instruccion

198 La lectura es la indicada para este rito en el Leccionario para la Misa; el celebrante 201 da una breve explicación del texto.

Marcos 7:31-37—*Effetá: esto es, ábrete.*

Effeta

199 Los elegidos se sitúan delante del celebrante. Se puede cantar un himno apropiado 202 mientras el celebrante toca con el pulgar los oídos derecho e izquierdo y la boca, sobre los labios cerrados, de cada uno de los elegidos, mientras dice la siguiente fórmula.

[Si hay un gran número de elegidos, otros sacerdotes o diáconos pueden ayudar en este rito.]

Effetá, que significa: ábrete,
para que profeses la fe, que has escuchado,
para alabanza y gloria de Dios.

ELECCION DEL NOMBRE BAUTISMAL

200 El rito de elegir un nombre bautismal puede ser celebrado el Sábado Santo, a no ser que se haya incluído en el rito de aceptación en el catecumenado (véase nn. 33.4, 73). Los elegidos pueden escoger un nombre nuevo, ya sea un nombre cristiano tradicional o un nombre de uso regional que no sea incompatible con las creencias cristianas. A veces, si las circunstancias lo permiten y los elegidos son pocos, bastará con que se le explique a cada elegido la significación cristiana del nombre recibido anteriormente. 203

LECTURA E INSTRUCCION

201 Se puede tener una lectura—escogida, por ejemplo de la siguiente lista—que el celebrante explicará brevemente. 204

1 Génesis 17:1-7—*Te llamarás Abrahán.*
2 Isaías 62:1-5—*Te pondrán un nombre nuevo.*
3 Apocalipsis 3:11-13—*Grabaré en él mi nombre nuevo.*
4 Mateo 16:13-18—*Tú eres Pedro.*
5 Juan 1:40-42—*Te llamarás Cefas.*

NOMBRAMIENTO DE LOS ELEGIDOS

202 Si los elegidos han escogido nuevos nombres como nombres bautismales, se usa la opción A; si van a usar los nombres que ya tienen, se usa la opción B. 205

A El celebrante pide a cada elegido que diga el nombre que ha escogido; luego dice estas u otras palabras semejantes.

N., en adelante [también] te llamarás N.

El elegido responde diciendo "Amén" o da otra respuesta apropiada.

B El celebrante aplica alguna interpretación cristiana al nombre dado a cada elegido.

RITOS CONCLUSIVOS

203 La celebración de los ritos de preparación puede concluírse con una bendición sobre los elegidos y una despedida.

BENDICION

204 El celebrante invita a los presentes a orar.

Oremos.

Luego, con las manos extendidas sobre los elegidos, el celebrante dice la siguiente oración.

Oh Dios, que por tus santos profetas
exhortaste a los que se acercan a ti:
"¡Lávense y purifíquense!",
y dispusiste por medio de Cristo
la regeneración espiritual;
mira ahora a estos siervos tuyos,
que se disponen con diligencia al Bautismo:
bendíceles, y, fiel a tus promesas,
prepáralos y santifícalos,
para que, bien dispuestos a recibir tus dones,
merezcan la adopción de hijos
y la entrada en la comunión de la Iglesia.

Por Jesucristo nuestro Señor.

R. Amén.

DESPEDIDA

205 El celebrante puede informar a los elegidos la hora y el lugar en que se van a reunir para la Vigilia Pascual; luego el celebrante los despide, con las siguiente fórmula u otra apropiada.

Que Dios esté con ustedes hasta que nos reunamos de nuevo para celebrar el misterio pascual.

Elegidos:

Amén.

122

TERCER PASO: CELEBRACION DE LOS SACRAMENTOS DE INICIACION

*Cuando fuimos bautizados nos unimos a Jesús en su muerte
para que podamos caminar en la novedad de su vida*

206 La tercera etapa en la iniciación cristiana de adultos es la celebración de los sacramentos de Bautismo, Confirmación y Eucaristía. Por medio de esta etapa final, los elegidos, perdonados de sus pecados, son admitidos al pueblo de Dios. Reciben la adopción de los hijos de Dios, y son conducidos por el Espíritu Santo a la plenitud de los tiempos comenzada en Cristo,[1] y aún más, a pregustar el reino de Dios al compartir en el sacrificio y en el banquete eucarístico.

27

207 Como de ordinario, la celebración de los sacramentos de iniciación tiene lugar en la Vigilia Pascual (véase n. 23), en la cual preferentemente el obispo mismo preside como celebrante, por lo menos para la iniciación de los que tienen catorce años o más (véase n. 12). Como está indicado en el Misal Romano, "la Vigilia Pascual" (n. 44), los sacramentos se confieren después de la bendición del agua.

208

208 Cuando la iniciación se celebra fuera de los tiempos acostumbrados (véase nn. 26-27), debe procurarse que la celebración revista un marcado carácter pascual (véase *Iniciación Cristiana*, Introducción General, n. 6). Así, se usan los textos para una de las Misas rituales, "Iniciación Cristiana: Bautismo" que vienen en el Misal Romano, y las lecturas se escogen de las que se asignan en el Leccionario para la Misa, "Celebración de los Sacramentos de Iniciación fuera de la Vigilia Pascual."

209

CELEBRACION DEL BAUTISMO

209 La celebración del Bautismo tiene su centro y culminación en la ablución con el agua y en la invocación a la Santísima Trinidad. De antemano hay ritos que tienen una relación inherente con el agua bautismal: primero, la bendición del agua, luego la renuncia al pecado por los elegidos, y su profesión de fe. Después del baño bautismal, los efectos recibidos por medio de este sacramento tienen expresión en los ritos explicativos: la unción con el crisma (cuando la Confirmación no sigue inmediatamente al Bautismo), la imposición de una vestidura blanca, y la entrega de una vela encendida.

28
35

210 ORACION SOBRE EL AGUA: La celebración del Bautismo empieza con la bendición del agua, aun cuando los sacramentos de iniciación se reciban fuera del tiempo pascual. Si los sacramentos se celebran fuera de la Vigilia Pascual pero dentro del tiempo pascual (véase n. 26), se usa el agua bendecida en la Vigilia, pero se incluye una oración de acción de gracias que tenga los mismos temas que la bendición. La bendición declara el significado religioso del agua

29
210

---

1 Véase Concilio Vaticano II, Constitución dogmática sobre la iglesia, *Lumen Gentium*, n. 48; también Efesios 1:10.

como creación de Dios y el uso sacramental del agua en el desarrollo del misterio pascual, y la bendición es también un recuerdo de las obras maravillosas de Dios en la historia de la salvación.

Así la bendición introduce una invocación a la Trinidad al principio de la celebración del Bautismo. Ya que trae a la memoria el misterio del amor de Dios desde el principio del mundo y de la creación del linaje humano; por la invocación del Espíritu Santo y la proclamación de la muerte y resurrección de Cristo, se inculca en la mente el renacer en el Bautismo cristiano, por el cual compartimos en su propia muerte y resurrección y recibimos la santidad de Dios mismo.

211 RENUNCIA AL PECADO Y PROFESION DE FE: En su renuncia al pecado y en su profesión de fe los que van a ser bautizados expresan su fe explícita en el misterio pascual conmemorado al bendecir el agua y evocado por el celebrante en las palabras del Bautismo. Porque los adultos no se salvan sino acercándose por propia voluntad al Bautismo y queriendo recibir el don de Dios mediante su fe. Pues la fe de los que se van a bautizar no es sólo la fe de la Iglesia, sino la fe personal de cada uno de ellos y se espera que sea activa y operante en cada uno de ellos.

Por lo tanto, la renuncia al pecado y la profesión de fe son un buen preludio para el Bautismo, el sacramento de esa fe por la cual los elegidos se unen a Dios y renacen nuevamente de El. Debido a la renuncia al pecado y a la profesión de fe, que son un único rito, los elegidos no son bautizados de una manera pasiva sino que reciben este gran sacramento con la resolución activa de renunciar al error y de unirse firmemente a Dios. Por su propia acción personal en el rito de renuncia al pecado y profesión de fe, los elegidos, así como en la primera alianza fue prefigurado por los patriarcas, renuncian al pecado y a Satanás a fin de comprometerse para siempre con la promesa del Salvador y con el misterio de la Trinidad. Por la profesión de su fe hecha ante el celebrante y la comunidad entera, los elegidos manifiestan la intención, madurada durante las precedentes etapas de la iniciación, de entablar una alianza nueva con Cristo. Así estos adultos abrazan la fe transmitida por la Iglesia según el designio divino, y son bautizados en esa fe.

212 BAUTISMO: Inmediatamente después de confesar con fe viva el misterio pascual de Cristo, los elegidos se acercan y reciben aquel misterio significado por la ablución del agua y después de confesar al Padre, al Hijo y al Espíritu Santo, la divina Trinidad invocada por el celebrante, actúa para que los elegidos reciban la adopción divina y se conviertan en miembros del pueblo de Dios.

213 Por esto, en la celebración del Bautismo la ablución con agua adquiere toda su importancia como el signo de la mística participación en la muerte y resurrección de Cristo, por la que aquellos que creen en su nombre mueren al pecado y resucitan para la vida eterna. Se puede elegir el rito de la inmersión o el de infusión (derramando agua sobre la cabeza), el que sirva en cada caso concreto y en las diversas tradiciones y circunstancias para asegurar la clara comprensión de que este baño no es un mero rito de purificación sino el sacramento de la unión con Cristo.

32

214 RITOS COMPLEMENTARIOS: Al baño bautismal siguen los ritos que expresan los efectos del sacramento que se acaba de recibir. La unción con el Crisma es un signo del sacerdocio real de los bautizados y de que ahora son contados entre la comunidad del pueblo de Dios. La vestidura blanca significa la nueva dignidad que han adquirido. El cirio encendido es símbolo de su vocación a caminar como conviene a los hijos de la luz.

Celebracion de la Confirmacion

215 Según la antigua práctica seguida en la Liturgia Romana, no se bautizará a ningún adulto, sin que reciba a continuación del Bautismo la Confirmación, a no ser que haya graves razones en contra (véase n. 44). Al enlazar ambos sacramentos se expresa la unidad del misterio pascual, y el vínculo entre la misión del Hijo y la efusión del Espíritu Santo, y la conexión de ambos sacramentos, en los que ambas personas divinas descienden juntamente con el Padre sobre los bautizados.

216 Por tanto, después de los ritos complementarios del Bautismo, omitida la unción postbautismal (n. 228), se confiere la Confirmación.

La Primera Participacion de los Neofitos en la Celebracion de la Eucaristia

217 Finalmente se tiene la celebración de la Eucaristía, en la que por primera vez este día y con pleno derecho los neófitos toman parte, y en la cual encuentran la consumación de su iniciación cristiana. Porque en esta Eucaristía los neófitos, llegados a la dignidad del sacerdocio real, toman parte activa en la oración de los fieles, y en cuanto sea posible en el rito de llevar las ofrendas al altar; participan con toda la comunidad en la acción del sacrificio y recitan la Oración Dominical, en la cual hacen patente el espíritu de adopción filial, recibido en el Bautismo. Por último, al comulgar el Cuerpo entregado por nosotros y la Sangre derramada también por nosotros, ratifican los dones recibidos y pregustan del banquete eterno.

ESQUEMA DEL RITO

CEREMONIA DE LA LUZ

LITURGIA DE LA PALABRA

CELEBRACION DEL BAUTISMO

Presentación de los Candidatos
Invitación a Orar
Letanía de los Santos
Bendición del Agua
Profesión de Fe
   Renuncia al Pecado
   Profesión de Fe
Bautismo
Ritos Complementarios
   [Unción después del Bautismo]
   [Imposición de la Vestidura Bautismal]
   Entrega de un Cirio Encendido

CELEBRACION DE LA CONFIRMACION

Invitación
Imposición de las Manos
Unción con el Crisma

[RENOVACION DE LAS PROMESAS BAUTISMALES
(EN LA VIGILIA PASCUAL)]

Invitación
Renovación de las Promesas Bautismales
   Renuncia al Pecado
   Profesión de Fe
Aspersión con el Agua Bautismal

LITURGIA DE LA EUCARISTIA

CELEBRACION DE LOS SACRAMENTOS DE INICIACION
(Vigilia Pascual)

CELEBRACION DEL BAUTISMO

218 La celebración del Bautismo comienza después de la homilía. Tiene lugar cerca de la fuente bautismal, si esto no impide la visión a los fieles; de otro modo, en el santuario, donde se prepara de antemano un recipiente con agua para el rito.

213

Presentacion de los Candidatos

213

219 Luego, uno de los siguientes procedimientos, opciones A, B, o C, se usa para la presentación de los candidatos.

A *Cuando el Bautismo se celebra inmediatamente cerca de la Fuente Bautismal*
El celebrante acompañado por los ministros va directamente a la fuente. Un diácono u otro ministro llama a los candidatos para que se acerquen y sus padrinos los presentan. Luego los candidatos y sus padrinos ocupan sus sitios alrededor de la fuente de tal manera que no impidan la visión a la asamblea. Siguen la invitación a orar (n. 220) y la Letanía de los Santos (n. 221).

[Si hay un gran número de candidatos, sencillamente ellos y sus padrinos ocupan sus sitios alrededor de la fuente bautismal durante el canto de la Letanía de los Santos.]

B *Cuando el Bautismo se celebra después de una Procesión a la Fuente*
Puede haber una procesión completa a la fuente bautismal. En este caso, un diácono, u otro ministro, llama a los candidatos para que se acerquen y sus padrinos los presentan.

[Si hay un gran número de candidatos, éstos y sus padrinos simplemente ocupan sus sitios en la procesión.]

La procesión se forma en este orden: el ministro que lleva el cirio pascual encabeza la procesión (a no ser que, fuera de la Vigilia Pascual, ya esté el cirio cerca de la fuente bautismal), siguen los candidatos con sus padrinos, luego el celebrante con sus ayudantes. Se canta la Letanía de los Santos (n. 221) durante la procesión. Cuando ésta ha llegado a la fuente, los candidatos y sus padrinos ocupan sus sitios alrededor de la fuente de tal manera que no impidan la visión a la asamblea. La invitación a orar (n. 220) precede a la bendición del agua.

C   *Cuando el Bautismo se celebra en el santuario*
Un diácono, u otro ministro, llama a los candidatos para que se acerquen y sus padrinos los presentan. Los candidatos y los padrinos ocupan sus sitios ante el celebrante en el santuario pero de tal manera que no impidan la visión a la asamblea. Sigue la invitación a orar (n. 220) y la Letanía de los Santos (n. 221).

[Si hay un número grande de candidatos, éstos y sus padrinos simplemente ocupan sus sitios en el santuario durante el canto de la Letanía de los Santos.]

INVITACION A ORAR

220   El celebrante se dirige a la asamblea, con estas u otras palabras parecidas, invitándola a orar por los candidatos.   213

Queridos hermanos y hermanas, pidamos a Dios Padre omnipotente por nuestros hermanos y hermanas, N. y N., que piden el santo Bautismo, por aquellos que llamó y ha conducido hasta este momento, para que se les conceda con abundancia luz y vigor para abrazarse a Cristo con fortaleza de corazón y para profesar la fe de la Iglesia. Pidamos también que les conceda la renovación del Espíritu Santo, a quien vamos a invocar sobre esta agua.

LETANIA DE LOS SANTOS

221   El canto de la Letanía de los Santos es dirigido por cantores y puede incluír, en lugar apropiado, los nombres de otros santos (por ejemplo, el titular de la iglesia, los santos patrones del lugar o de aquellos que se bautizan) o peticiones apropiadas a la ocasión.   214

Señor, ten piedad	Señor, ten piedad
Cristo, ten piedad	Cristo, ten piedad
Señor, ten piedad	Señor, ten piedad
Santa María, Madre de Dios	ruega por nosotros
San Miguel	ruega por nosotros
Santos Angeles de Dios	rueguen por nosotros
San Juan Bautista	ruega por nosotros
San José	ruega por nosotros
Santos Pedro y Pablo	rueguen por nosotros

San Andrés	ruega por nosotros
San Juan	ruega por nosotros
Santa María Magdalena	ruega por nosotros
San Esteban	ruega por nosotros
San Ignacio de Antioquía	ruega por nosotros
San Lorenzo	ruega por nosotros
Santas Perpetua y Felicidad	rueguen por nosotros
Santa Inés	ruega por nosotros
San Gregorio	ruega por nosotros.
San Agustín	ruega por nosotros.
San Atanasio	ruega por nosotros.
San Basilio	ruega por nosotros
San Martín	ruega por nosotros.
San Benito	ruega por nosotros
Santos Francisco y Domingo	rueguen por nosotros
San Francisco Javier	ruega por nosotros
San Juan María Vianney	ruega por nosotros
Santa Catalina de Siena	ruega por nosotros
Santa Teresa de Avila	ruega por nosotros
Santos y Santas de Dios	rueguen por nosotros
Muéstrate propicio	Te rogamos, óyenos
De todo mal	líbranos, Señor
De todo pecado	líbranos, Señor
De la muerte eterna	líbranos, Señor
Por tu encarnación	líbranos, Señor
Por tu muerte y resurrección	líbranos, Señor.
Por el envío del Espíritu Santo	líbranos, Señor
Nosotros, que somos pecadores te rogamos	óyenos
Para que regeneres a estos elegidos con la gracia del Bautismo te rogamos	óyenos
Jesús, Hijo de Dios vivo, te rogamos	óyenos
Cristo, óyenos	Cristo, óyenos
Cristo, escúchanos	Cristo, escúchanos

222 Después de la Letanía de los Santos, el celebrante bendice el agua, usando la fórmula de bendición que se da en la opción A. Cuando se celebra el Bautismo fuera de la Vigilia Pascual (véase n.26), el celebrante puede usar una de las fórmulas de bendición que se dan en las opciones A, B, y C.

Pero cuando se celebra el Bautismo durante el tiempo pascual (véase n. 26) y se tiene el agua bendecida en la Vigilia Pascual, el celebrante usa bien sea la opción D o la opción E, para que esta parte de la celebración mantenga los temas de acción de gracias y de súplica.

A   BENDICION DEL AGUA: Frente a la fuente (o al recipiente) que contiene el agua, el celebrante canta lo siguiente (el texto sin música sigue en la p. 132).

Oh Dios, que realizas en tus sa - cra - men-tos obras admirables con tu po-der in - vi - si - ble, y de diversos modos te has servido de tu cria-tu - ra el a - gua para santificar la gra - cia del Bau - tis - mo.

Oh Dios, cuyo Espíritu, en los orí - ge - nes del mun - do, se cer - ní - a so - bre las a - guas, para que ya desde enton-ces con - ci - bie - ran el po - der de san - ti - fi - car.

Oh Dios, que incluso en las aguas torrencia - les del di - lu - vio

pre - fi - gu - raste el nacimiento de la nueva hu - ma - ni - dad,

de modo que una misma agua pusiera fin al pe - ca - do

y diera origen a la san - ti - dad. Oh Dios, que hiciste pasar a

pie enjuto por el Mar Ro - jo a los hi - jos de A - bra - hán,

para que el pueblo liberado de la esclavitud del Fa - ra - ón

fuera imagen de la familia de los bau - ti - za - dos.

Oh Dios, cuyo Hijo, al ser bautizado por Juan en el a-gua del Jor - dán

fue ungido por el Es - pí - ri - tu San - to.

Col - gado en la cruz, vertió de su costa - do a - gua,

junto con la sangre; y después de su resurrección mandó a sus apóstoles: "Id y haced discípulos de todos los pueblos, bautizándoles en el nombre del Padre, y del Hijo, y del Espíritu Santo."

Padre, mira ahora a tu Iglesia en oración y abre para ella la fuente del Bautismo: Que esta agua reciba, por el Espíritu Santo, la gracia de tu unigénito, para que todos los que fueron creados a tu imagen sean limpios del pecado y renazcan a nueva vida de inocencia por el agua y el Espíritu Santo.

Aquí, si se puede hacer cómodamente, el celebrante antes de continuar sumerge el cirio pascual en el agua una o tres veces, luego lo mantiene allí hasta la aclamación al final de la bendición.

[Fuera de la Vigilia Pascual, el celebrante antes de continuar simplemente toca el agua con la mano derecha.]

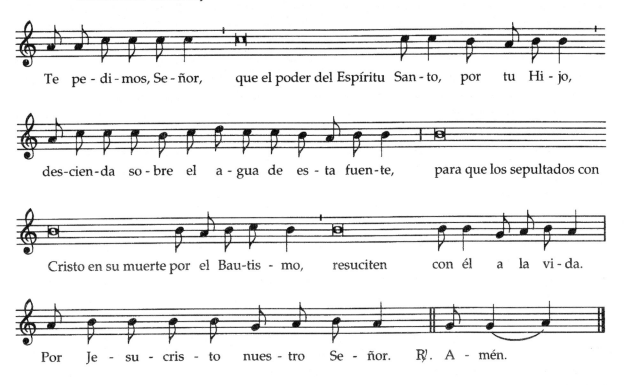

Te pe-di-mos, Se-ñor, que el poder del Espíritu San-to, por tu Hi-jo,

des-cien-da so-bre el a-gua de es-ta fuen-te, para que los sepultados con

Cristo en su muerte por el Bau-tis-mo, resuciten con él a la vi-da.

Por Je-su-cris-to nues-tro Se-ñor. ℟. A-mén.

La asamblea canta la siguiente aclamación o alguna otra apropiada.

Fuen-tes de a-gua vi-va, ben-di-gan al Se-ñor.

Glo-ri-fí-quen-lo y a-lá-ben-lo por siem-pre.

Oh Dios, que realizas en tus sacramentos
obras admirables con tu poder invisible,
y de diversos modos te has servido de tu criatura el agua
para santificar la gracia del Bautismo.

Oh Dios, cuyo Espíritu,
en los orígenes del mundo, se cernía sobre las aguas,
para que ya desde entonces
concibieran el poder de santificar.

Oh Dios, que incluso en las aguas torrenciales del diluvio
prefiguraste el nacimiento de la nueva humanidad,
de modo que una misma agua
pusiera fin al pecado y diera origen a la santidad.

Oh Dios, que hiciste pasar a pie enjuto
por el Mar Rojo a los hijos de Abrahán,
para que el pueblo liberado de la esclavitud del Faraón
fuera imagen de la familia de los bautizados.

Oh Dios, cuyo Hijo, al ser bautizado por Juan en el agua del Jordán
fue ungido por el Espíritu Santo.

Colgado en la cruz, vertió de su costado agua, junto con la sangre;
y después de su resurrección mandó a sus apóstoles:
"Id y haced discípulos de todos los pueblos,
bautizándoles en el nombre del Padre, y del Hijo, y del Espíritu Santo."

Padre, mira ahora a tu Iglesia en oración
y abre para ella la fuente del Bautismo:
Que esta agua reciba, por el Espíritu Santo,
la gracia de tu unigénito,
para que todos los fueron creados a tu imagen
sean limpios del pecado
y renazcan a nueva vida de inocencia
por el agua y el Espíritu Santo.

Aquí, si se puede hacer cómodamente, el celebrante antes de continuar sumerge el cirio pascual en el agua una o tres veces, luego lo mantiene allí hasta la aclamación al final de la bendición.

[Fuera de la Vigilia Pascual, el celebrante antes de continuar simplemente toca el agua con la mano derecha.]

Te pedimos, Señor, que el poder del Espíritu Santo,
por tu Hijo, descienda sobre el agua de esta fuente,
para que los sepultados con Cristo en su muerte por el Bautismo,
resuciten con él a la vida.

Por Jesucristo nuestro Señor.

Todos:

Amén.

La asamblea canta la siguiente aclamación o alguna otra apropiada.

Fuentes de agua viva, bendigan al Señor.
Glorifíquenlo y alábenlo por siempre.

B BENDICION DEL AGUA: De frente a la fuente (o recipiente) que contiene el agua, el celebrante dice lo siguiente.

Bendito seas, oh Dios, Padre todopoderoso,   389
que creaste el agua para lavar y para vivificar.

Todos cantan o dicen la siguiente aclamación u otra apropiada.

Bendito seas, oh Dios.

Celebrante:

Bendito seas, oh Dios, Hijo unigénito, Jesucristo
porque te ofreciste en la cruz
y derramaste del costado sangre y agua,
para que por tu muerte y resurrección naciera la Iglesia.

Todos:

Bendito seas, oh Dios.

Celebrante:

Bendito seas, oh Dios, Espíritu Santo,
que ungiste a Cristo, bautizado en las aguas del Jordán,
para que todos seamos bautizados en ti.

Todos:

Bendito seas, oh Dios.

Celebrante:

Asístenos, Señor, nuestro único Padre,
y santifica esta agua, criatura tuya,
para que todos los que sean bautizados en ella,
se laven del pecado y renazcan a la vida de tus hijos de adopción.

Todos cantan o dicen la siguiente invocación u otra apropiada.

Escúchanos, Señor.

Celebrante:

Santifica esta agua, criatura tuya,
para que los bautizados con ella en la muerte y resurrección de Cristo,
se hagan conformes en Cristo a la imagen de tu Hijo.

Todos:

Escúchanos, Señor.

El celebrante toca el agua con la mano derecha, y prosigue.

Oh Señor,
santifica esta agua, tu criatura,
para que con el Espíritu Santo sean regenerados los que elegiste, y tengan parte
con tu pueblo santo.

Todos:

Escúchanos, Señor.

C   BENDICION DEL AGUA: De frente a la fuente (o recipiente) que contiene el agua, el
celebrante dice lo siguiente.

Oh Padre clementísimo,   389
que de la fuente del Bautismo
hiciste brotar entre nosotros la nueva vida de tus hijos.

Todos cantan o dicen lo siguiente u otra aclamación apropiada.

Bendito seas, oh Dios.

Celebrante:

Tú que te dignaste unir
a todos los bautizados en tu Hijo Jesucristo
con el agua y el Espíritu Santo
para que formaran un solo pueblo.

Todos:

Bendito seas, oh Dios.

Celebrante:

Tú que nos liberas por el Espíritu
que procede de tu caridad,
el cual derramas en nuestros corazones
para que gocemos de tu paz.

Todos:

Bendito seas, oh Dios.

Celebrante:

Tú que eliges a los bautizados
para que anuncien con alegría
en todos los pueblos el Evangelio de Cristo.

Todos:

Bendito seas, oh Dios.

El celebrante concluye con lo siguiente.

Tú has llamado a tus hijos, N. y N.,
al baño de la regeneración,
para que compartiendo la fe de tu Iglesia puedan obtener la vida eterna.
Bendice ✠ esta agua con la cual van a ser bautizados.

Te lo pedimos en el nombre de Jesucristo nuestro Señor.

Todos:

Amén.

D DURANTE EL TIEMPO PASCUAL, ACCION DE GRACIAS SOBRE EL AGUA YA BENDECIDA: De
frente a la fuente (o recipiente) que contiene el agua bendita, el celebrante dice lo
siguiente.

Bendito seas, oh Dios, Padre todopoderoso,   389
que creaste el agua para lavar y para vivificar.

Todos cantan o dicen la siguiente aclamación o alguna otra apropiada.

Bendito seas, oh Dios.

Celebrante:

Bendito seas, oh Dios, Hijo unigénito, Jesucristo
porque te ofreciste en la cruz y derramaste del costado agua y sangre,
para que por tu muerte y resurrección naciera la Iglesia.

Todos:

Bendito seas, oh Dios.

Celebrante:

Bendito seas, oh Dios, Espíritu Santo,
que ungiste a Cristo, bautizado en las aguas del Jordán,
para que todos seamos bautizados en ti.

Todos:

Bendito seas, oh Dios.

El celebrante concluye con la siguiente oración.

Tú has llamado a tus hijos, N. y N.,
al baño de la regeneración,
para que compartiendo la fe de tu Iglesia puedan obtener la vida eterna.
Por el misterio de esta agua consagrada guíalos a la regeneración espiritual.

Te lo pedimos por Cristo Señor Nuestro.

Todos:

Amén.

E   DURANTE EL TIEMPO PASCUAL, ACCION DE GRACIAS POR EL AGUA YA BENDECIDA: De frente a la fuente (o recipiente) que contiene el agua bendita, el celebrante dice lo siguiente.

Oh Padre clementísimo,
que de la fuente del Bautismo
hiciste brotar entre nosotros la nueva vida de tus hijos.

389

Todos cantan o dicen la siguiente aclamación u otra apropiada.

Bendito seas, oh Dios.

Celebrante:

Tú que te dignaste unir a todos los bautizados en tu Hijo Jesucristo
con el agua y el Espíritu Santo
para que formaran un solo pueblo.

Todos:

Bendito seas, oh Dios.

Celebrante:

Tú que nos liberas por el Espíritu
que procede de tu caridad,
el cual derramas en nuestros corazones
para que gocemos de tu paz.

Todos:

Bendito seas, oh Dios.

Celebrante:

Tú que eliges a los bautizados
para que anuncien con alegría en todos los pueblos el Evangelio de Cristo.

Todos:

Bendito seas, oh Dios.

El celebrante concluye con lo siguiente.

Tú has llamado a tus hijos, N. y N.,
al baño de la regeneración
para que compartiendo la fe de tu Iglesia puedan obtener la vida eterna.
Por el misterio de esta agua consagrada guíalos a la regeneración espiritual.

Te lo pedimos por Cristo Señor Nuestro.

Todos:

Amén.

PROFESION DE FE

223 Después de la bendición del agua (o de la oración de acción de gracias), el
celebrante continúa con la profesión de fe, la cual incluye la renuncia al pecado y la
profesión misma.

217

RENUNCIA AL PECADO

224 Usando una de las siguientes fórmulas, el celebrante pregunta a todos los elegidos a la vez; o, después de ser informado por los padrinos del nombre de cada uno de los candidatos, puede usar las mismas fórmulas para interrogar individualmente a los candidatos.

[Se deja al juicio del obispo diocesano, el hacer más específicas y con más detalle las fórmulas para la renuncia al pecado según las circunstancias lo requieran (véase n. 33.8).]

A   Celebrante:

¿Renuncian ustedes al pecado, para vivir en la libertad de los hijos de Dios?

Candidatos:

Sí, renuncio.

Celebrante:

¿Renuncian ustedes a las seducciones de la iniquidad para que no les domine el pecado?

Candidatos:

Sí, renuncio.

Celebrante:

¿Renuncian ustedes a Satanás, que es padre y autor del pecado?

Candidatos:

Sí, renuncio.

B   Celebrante:

¿Renuncian ustedes a Satanás,
y a todas sus obras,
y todas sus seducciones?

Candidatos:

Sí, renuncio.

C   Celebrante:

¿Renuncian ustedes a Satanás?

Candidatos:

Sí, renuncio.

Celebrante:

¿Y a todas sus obras?

Candidatos:

Sí, renuncio.

Celebrante:

¿Y a todas sus seducciones?

Candidatos:

Sí, renuncio.

PROFESION DE FE

²¹⁹

225 Después el celebrante, informado de nuevo por medio del padrino (o de la madrina) del nombre de cada candidato que va a ser bautizado, interroga a cada uno de ellos. Inmediatamente cada candidato es bautizado después de su profesión personal de fe.

[Cuando los que van a bautizarse son muy numerosos puede hacerse la profesión de fe por todos a la vez, o por grupos. Luego sigue el Bautismo de cada candidato.]

Celebrante:

N., ¿crees en Dios, Padre todopoderoso, creador del cielo y de la tierra?

Candidato:

Sí, creo.

Celebrante:

¿Crees en Jesucristo, su único Hijo, nuestro Señor, que nació de santa María, la Virgen, fue crucificado, muerto y sepultado, resucitó de entre los muertos y está sentado a la derecha del Padre?

Candidato:

Sí, creo.

Celebrante:

¿Crees en el Espíritu Santo, en la santa Iglesia católica, en la comunión de los Santos, en el perdón de los pecados, en la resurrección de los muertos, y en la vida eterna?

Candidato:

Sí, creo.

226 El celebrante bautiza a cada candidato bien sea por inmersión (opción A), o vertiendo el agua sobre él (opción B). Cada bautismo puede ser seguido por una aclamación corta (véase Apéndice II, n. 595), cantada o dicha por la asamblea. 219 222

[Cuando son muchos los elegidos que van a bautizarse, pueden dividirse en grupos y ser bautizados por distintos sacerdotes o diáconos. Al bautizar, bien sea por inmersión (Opción A), o infusión, es decir derramando el agua sobre la cabeza (Opción B), estos ministros dicen la fórmula sacramental para cada candidato. Durante los bautismos es de desear que el pueblo entone algún canto o que se haga alguna lectura bíblica o que simplemente se ore en silencio.]

A Si el Bautismo es por inmersión, de todo el cuerpo o de la cabeza nada más, se debe guardar la decencia y el decoro. El padrino o la madrina o ambos tocan al candidato. El celebrante, le sumerge del todo o sólo la cabeza por tres veces sucesivas, y le bautiza invocando una sola vez a la Santísima Trinidad: 220

N., yo te bautizo en el nombre del Padre,

Le sumerge por primera vez.

y del Hijo,

Le sumerge por segunda vez.

y del Espíritu Santo.

Le sumerge por tercera vez.

B Si el Bautismo se hace por infusión, uno de los padrinos o los dos ponen la mano derecha en el hombro del candidato y el celebrante saca el agua bautismal de la fuente, y derramándola tres veces sobre la cabeza inclinada del elegido, le bautiza en el nombre de la Santísima Trinidad: 221

N., yo te bautizo en el nombre del Padre,

Derrama el agua por primera vez.

y del Hijo,

Derrama el agua por segunda vez.

y del Espíritu Santo.

Derrama el agua por tercera vez.

227 La celebración del Bautismo continúa con los ritos complementarios, después de lo cual de ordinario se celebra la Confirmación.

223

UNCION DESPUES DEL BAUTISMO

228 Si la Confirmación de los bautizados se separa de su Bautismo, el celebrante los unge con el Crisma inmediatamente después del Bautismo.

224

[Si los bautizados son muchos, los sacerdotes o diáconos presentes pueden ayudar con la unción.]

El celebrante dice primero lo siguiente sobre todos los recién bautizados antes de la unción.

El Dios omnipotente y Padre de nuestro Señor Jesucristo
y los ha hecho renacer a una nueva vida
mediante el agua y el Espíritu Santo.

Ahora El los unge con el Crisma de la salvación,
para que, unidos con su pueblo,
permanezcan para siempre miembros de Cristo
que es Sacerdote, Profeta, y Rey.

Los recién bautizados:

Amén.

En silencio, el celebrante unge con el santo Crisma a cada uno de los bautizados en la coronilla (o vértice de la cabeza).

IMPOSICION DE LA VESTIDURA BAUTISMAL

229 La vestidura usada en este rito puede ser blanca o de otro color según las costumbres locales. Si las circunstancias lo sugieren, se puede omitir este rito.

225

El celebrante dice la siguiente fórmula, y a la palabras "Recibe esta vestidura bautismal" los padrinos imponen la vestidura al recién bautizado.

**N. y N., ustedes se han transformado en nuevas criaturas
y están revestidos de Cristo.
Reciban, pues, la vestidura bautismal
que han de llevar limpia de mancha
ante el tribunal de nuestro Señor Jesucristo,
para alcanzar la vida eterna.**

Recién bautizados:

Amén.

ENTREGA DE UN CIRIO ENCENDIDO

230   El celebrante toma, o al menos toca, con las manos el cirio pascual, diciendo a los padrinos:

Acérquense, padrinos y madrinas, para que entreguen a los recién bautizados la luz de Cristo.

Un padrino de cada recién bautizado se acerca al celebrante, enciende el cirio en el Cirio Pascual, y se lo entrega a su ahijado(a).

Entonces el celebrante se dirige a los recién bautizados.

**Ustedes han sido iluminados por Cristo,
caminen siempre como hijos de la luz,
y guarden la llama de la fe viva en su corazón
para que puedan salir al encuentro del Señor
cuando venga con todos los Santos en la gloria celestial.**

Recién bautizados:

Amén.

[Si la celebración de la Confirmación se va a posponer, la renovación de las promesas bautismales, como en el Misal Romano, "Vigilia Pascual" (n. 46), se tiene en este momento; luego se lleva a los neófitos a sus sitios entre los fieles.]

[Fuera de la Vigilia Pascual, si se va posponer la Confirmación, se lleva a los neófitos a sus sitios entre los fieles después de la entrega del cirio encendido.]

CELEBRACION DE LA CONFIRMACION

227

231   Entre la celebración del Bautismo y de la Confirmación, la asamblea puede entonar un canto apropiado.

El sitio donde, de acuerdo con las condiciones locales, se ha celebrado el Bautismo.

228

232   Si el obispo ha conferido el Bautismo, él debe ahora también conferir la Confirmación. Si el obispo no está presente, el sacerdote que confirió el Bautismo está autorizado a administrar la Confirmación.

[Cuando los que van a confirmarse son muy numerosos, el ministro de la Confirmación puede asociar a otros sacerdotes para que junto con él administren el sacramento (véase n. 14).]

INVITACION

229

233   El celebrante se dirige primero brevemente a los recién bautizados en estas u otras palabras semejantes.

Mis queridos recién bautizados, que han sido regenerados por Cristo y transformados en miembros suyos y de su pueblo sacerdotal, ahora van a recibir al Espíritu Santo que ha sido derramado sobre nosotros; es el mismo Espíritu que envió el Señor sobre los apóstoles el día de Pentecostés y que ellos y sus sucesores confieren a los bautizados.

Ustedes recibirán la fuerza prometida por el Espíritu Santo, con ella, configurados más perfectamente a Cristo, podrán dar testimonio de la pasión, muerte y resurrección del Señor, para, con su fortaleza, sean miembros activos de su Iglesia y constructores del Cuerpo de Cristo en la fe y en el amor.

[Los sacerdotes que van a ayudar al celebrante como ministros del sacramento se ponen de pie junto a él.]

Con las manos juntas, el celebrante se dirige entonces a la asamblea:

Mis queridos amigos, oremos a Dios nuestro Padre, para que derrame al Espíritu Santo sobre los que acaban de ser bautizados y los fortalezca con sus dones y los unja para que sean más conformes a Cristo, el Hijo de Dios.

Todos oran brevemente en silencio.

IMPOSICION DE LAS MANOS

234   El celebrante, con las manos extendidas sobre todo el grupo de los que van a recibir la Confirmación, dice la siguiente oración.

229

[Los sacerdotes asociados como ministros del sacramento, también extienden las manos sobre los candidatos pero en silencio.]

Dios todopoderoso, Padre de nuestro Señor Jesucristo,
por el agua y el Espíritu Santo
libraste a estos tus hijos e hijas del pecado
y les diste nueva vida.

230

Envía sobre ellos a tu Espíritu Santo
para que sea su ayuda y guía.
Dales el espíritu de sabiduría y de inteligencia,
el espíritu de consejo y de fortaleza,
el espíritu de ciencia y de piedad.
Cólmalos del espíritu de tu santo temor y de reverencia en tu presencia.

Te lo pedimos por Cristo nuestro Señor.

R. Amén.

UNCION CON EL CRISMA

235   Un ministro presenta el Crisma al celebrante.

231

[Cuando el celebrante es el obispo, los sacerdotes que se asocian como ministros del sacramento reciben el Crisma de su mano.]

Cada candidato, con su padrino o madrina o con ambos, se acerca al celebrante (o a uno de los ministros asociados para conferir el sacramento); o, si las circunstancias lo requieren, el celebrante (y los ministros asociados) se acerca(n) a los candidatos.

Uno o ambos padrinos ponen la mano derecha en el hombro del candidato y bien sea un padrino o madrina da el nombre del candidato al ministro del sacramento o el mismo candidato da su nombre. Mientras se confiere el sacramento se puede entonar un canto apropiado.

El ministro del sacramento, con la punta del pulgar derecho empapada en el crisma, hace la señal de la cruz en la frente del que se va a confirmar, diciendo:

N., recibe por esta señal el Don del Espíritu Santo.

El recién confirmado:

Amén.

El ministro del sacramento añade:

La paz sea contigo.

El recientemente confirmado:

Y con tu espíritu.

236 En la Vigilia Pascual la renovación de las promesas bautismales de la asamblea [nn. 237-240 más adelante o en el Misal Romano, "la Vigilia Pascual" (n. 46)] sigue a la celebración de la Confirmación. Luego se lleva a los neófitos a sus sitios entre los fieles.

RENOVACION DE LAS PROMESAS BAUTISMALES (EN LA VIGILIA PASCUAL)

INVITACION

237 Después de la celebración del Bautismo, el celebrante se dirige a la comunidad, a fin de invitar a todos los presentes a renovar sus promesas bautismales; los candidatos a la recepción en la plena comunión se unen al resto de la comunidad en esta renuncia al pecado y profesión de fe. Todos están de pie y sostienen cirios encendidos. El celebrante puede usar las siguientes palabras u otras parecidas.

Queridos amigos, por medio del misterio pascual hemos sido sepultados con Cristo en el Bautismo, para que podamos resucitar con él a una vida nueva. Ahora que hemos terminado nuestra observancia cuaresmal, renovemos las promesas que hicimos en el Bautismo, cuando rechazamos a Satanás y a sus obras y prometimos servir a Dios fielmente en su santa Iglesia católica.

RENOVACION DE LAS PROMESAS BAUTISMALES

RENUNCIA AL PECADO

238 El celebrante continúa con una de las siguientes fórmulas de renuncia.

[Si las circunstancias lo requieren, la Conferencia de Obispos puede adaptar la fórmula A según las condiciones locales.]

A	Celebrante:

¿Renuncian ustedes al pecado, para vivir en la libertad de los hijos de Dios?

Todos:

Sí, renuncio.

Celebrante:

¿Renuncian ustedes a las seducciones de la iniquidad para que no los domine el pecado?

Todos:

Sí, renuncio.

Celebrante:

¿Renuncian ustedes a Satanás, que es padre y autor del pecado?

Todos:

Sí, renuncio.

B	Celebrante:

¿Renuncian ustedes a Satanás?

Todos:

Sí, renuncio.

Celebrante:

¿Y a todas sus obras?

Todos:

Sí, renuncio.

Celebrante:

¿Y a todas sus seducciones?

Todos:

Sí, renuncio.

PROFESION DE FE

239 Entonces el celebrante continúa:

N., ¿crees en Dios, Padre todopoderoso, creador del cielo y de la tierra?

Todos:

Sí, creo.

Celebrante:

¿Crees en Jesucristo, su único Hijo, nuestro Señor, que nació de santa María, la Virgen, fue crucificado, muerto y sepultado, resucitó de entre los muertos y está sentado a la derecha del Padre?

Todos:

Sí, creo.

Celebrante:

¿Crees en el Espíritu Santo, en la santa Iglesia católica, en la comunión de los Santos, en el perdón de los pecados, en la resurrección de los muertos, y en la vida eterna?

Todos:

Sí, creo.

ASPERCION CON EL AGUA BAUTISMAL

240 El celebrante rocía a toda la asamblea con el agua bautismal bendita, mientras todos entonan el siguiente cántico o cualquier otro que sea de tema bautismal.

Vi el agua fluir
del lado derecho del templo, aleluya.
Trajo la vida de Dios y su salvación,
y el pueblo cantó en gozosa alabanza:
aleluya, aleluya. (véase Ezequiel 47:1-2,9)

Luego el celebrante concluye con la siguiente oración.

Dios omnipotente, Padre de nuestro Señor Jesucristo, nos ha concedido renacer por el agua y el Espíritu Santo y nos ha perdonado de todos nuestros pecados. Que El también nos guarde fieles a nuestro Señor Jesucristo por todos los siglos.

Todos:

Amén.

241 Como no se dice la profesión de fe, la oración universal comienza inmediatamente y por primera vez los neófitos participan en ella. Algunos de los neófitos pueden participar en la procesión llevando las ofrendas al altar.

232

242 En las Plegarias Eucarísticas I, II, o III se usan las interpolaciones especiales que se dan en el Misal Romano, en las Misas rituales, "Iniciación Cristiana: Bautismo."

233

[También puede usarse, pero fuera de la Vigilia Pascual, la Plegaria Eucarística IV, con la interpolación especial indicada en la mismas Misas rituales.]

243 Conviene que los neófitos reciban la sagrada Comunión bajo ambas especies junto con los padrinos, madrinas, padres, cónyuges, y catequistas.

234

Antes de decir "Este es el Cordero de Dios," el celebrante puede recordar brevemente a los neófitos el valor de tan excelso misterio que es la culminación de su iniciación y el centro de toda la vida cristiana.

ETAPA DE LA CATEQUESIS POSTBAUTISMAL O MISTAGOGIA

Tú eres una raza escogida, un sacerdocio real, un pueblo santo; bendice a Dios
que te ha llamado de las tinieblas a su maravillosa luz

244 La tercera etapa en la iniciación cristiana, la celebración de los sacramentos, es seguida [37] por la etapa final, el tiempo de catequesis postbautismal o mistagogia. Esta es una etapa para que la comunidad y los neófitos crezcan juntos en una percepción más profunda del misterio pascual y lo hagan parte integral de su vida meditando en el Evangelio, compartiendo en la Eucaristía, y haciendo obras de caridad. Para fortalecer a los neófitos al principio de su camino en la nueva vida, la comunidad de los fieles, sus padrinos y los sacerdotes de la parroquia (los pastores) deben ofrecerles ayuda con interés y amistad.

245 Los neófitos son, como el término "mistagogia" sugiere, introducidos a un conocimiento [38] más completo y más efectivo de los misterios mediante el mensaje evangélico que han aprendido y especialmente mediante su experiencia de los sacramentos que han recibido. Porque realmente han sido renovados en mente, han gustado más profundamente la dulzura de la palabra de Dios, han recibido al Espíritu Santo y han crecido en su conocimiento de la bondad del Señor. De esta experiencia, que pertenece a los cristianos y que aumenta conforme la viven, éstos derivan una nueva percepción de la fe, de la Iglesia, y del mundo.

246 Así como la nueva participación en los sacramentos ilumina el conocimiento de los [39] [235] neófitos sobre las Escrituras, así también aumenta su contacto con el resto de los fieles y tiene un impacto en la experiencia de la comunidad. Como resultado, la relación entre los neófitos y los fieles se hace más fácil y provechosa. La etapa de la catequesis postbautismal es de gran significado tanto para los neófitos como para el resto de los fieles. Durante ella los neófitos, con la ayuda de sus padrinos, deben experimentar una plena y gozosa integración en la comunidad y entrar en trato más íntimo con los otros fieles. Los fieles, a su vez, deben derivar de ella una renovada inspiración y mayor entusiasmo.

247 Puesto que el espíritu y el poder distintivo de la etapa de la catequesis postbautismal o [40] mistagogia se derivan de la nueva experiencia personal de los sacramentos y de la comunidad, su lugar principal es en lo que se llama Misas para los neófitos, esto es, las Misas dominicales del tiempo de Pascua. Además de ser ocasiones para que los recién bautizados se reúnan con la comunidad y compartan en los misterios, estas celebraciones incluyen particularmente lecturas apropiadas del Leccionario, especialmente las lecturas del Año A. Aun cuando la iniciación cristiana se ha celebrado fuera de los tiempos normales, se pueden usar los textos de estas Misas dominicales del tiempo de Pascua.

248   Todos los neófitos y sus padrinos deben hacer un esfuerzo para participar en las Misas para los neófitos y la comunidad local entera debe ser invitada a participar con ellos. Se deben reservar sitios especiales en la congregación para los neófitos y sus padrinos. La homilía y, si las circunstancias lo sugieren, las oraciones universales deben tomar en cuenta la presencia y las necesidades de los neófitos. 238

249   Para clausurar el período de la catequesis postbautismal, se debe tener alguna celebración al final del tiempo pascual cerca del domingo de Pentecostés. Pueden acompañar a esa ocasión algunas festividades según la costumbre local. 237

250   En el aniversario de su Bautismo los neófitos deben ser congregados a fin de dar gracias a Dios, cambiar entre sí sus experiencias espirituales y renovar su compromiso. 238

251   Para mostrar su cuidado pastoral por estos nuevos miembros de la Iglesia, el obispo, particularmente si no le fue posible presidir él mismo los sacramentos de la iniciación, debería hacer los arreglos, si es posible, para reunirse con los recién bautizados por lo menos una vez en el año y presidir una celebración eucarística con ellos, en la cual pueden recibir la Sagrada Comunión bajo las dos especies. 239

PARTE II
RITOS PARA CIRCUNSTANCIAS PARTICULARES

Dios amó tanto al mundo, que dio a Su Hijo único,
para que todos los que crean en El tengan vida eterna

1 LA INICIACION CRISTIANA DE LOS NIÑOS EN EDAD CATEQUETICA

Dejen que los niños se acerquen a mí

252 Esta forma del rito de iniciación cristiana está destinada a los niños que no fueron bautizados como infantes, pero que han alcanzado el uso de razón y tienen edad catequética. Piden la iniciación cristiana, ya traídos por sus padres o tutores, ya espontáneamente, pero con permiso de ellos. Estos niños ya están listos para concebir y alimentar una fe propia, y tienen en sí mismos algún sentido del deber de conciencia. Sin embargo, todavía no pueden ser tratados como adultos porque en esta etapa de su vida dependen de los padres o tutores y se dejan influir excesivamente por sus compañeros y por el ambiente social. ³⁰⁶

253 La iniciación cristiana de estos niños requiere tanto una conversión que es personal y hasta cierto punto desarrollada, según su edad, como la ayuda de la educación tan necesaria a su edad. El proceso de iniciación debe pues adaptarse tanto al progreso espiritual de los niños, esto es, al crecimiento en su fe, como a la formación catequética que reciben. Por consiguiente, su iniciación debe prolongarse, como la de los adultos, durante varios años, si es necesario, antes de recibir los sacramentos. También como con los adultos, su iniciación debe distribuirse en varias etapas (ritos litúrgicos): Rito para Aceptación en el Catecumenado (nn. 260-276), Rito de Elección (opcional) (nn. 277-290), Ritos Penitenciales o Escrutinios (nn. 291-303), y la Celebración de los Sacramentos de Iniciación (nn. 304-329). Las estapas de la formación catequética de los niños que los llevan a las etapas de su iniciacion y los hacen seguirlas corresponden a las etapas de la iniciación de adultos. [307 USA]

254 El progreso de los niños en la formación que reciben depende de la ayuda y el ejemplo de sus compañeros y de la influencia de sus padres. Es preciso tener en cuenta ambos factores. ³⁰⁸

> 1.   Puesto que los niños que han de ser iniciados pertenecen generalmente a algún grupo de niños de la misma edad que ya han sido bautizados y se están preparando para la Confirmación y la Eucaristía, su iniciación progresa gradualmente y se apoya sobre la base de este grupo de compañeros.

> 2.   Es de esperar que los niños reciban además, en cuanto sea posible, la ayuda y el ejemplo de sus padres cuyo permiso se requiere para que los niños sean iniciados y vivan la vida cristiana. El tiempo de la iniciación también proporcionará una buena oportunidad para que la familia se relacione con los sacerdotes y catequistas.

255 Para las celebraciones propias de esta forma de iniciación cristiana, será ventajoso, si las circunstancias lo permiten, el reunir un grupo de varios niños que estén en la misma situación, a fin de que con el ejemplo mutuo se ayuden a caminar en el catecumenado. ³⁰⁹

256 En lo que toca al tiempo de la celebración de las etapas de la iniciación, es preferible que, en cuanto sea posible, el último tiempo de la preparación, que se empieza con el segundo paso, los ritos penitenciales (o el rito opcional de elección), coincida con la Cuaresma y que el paso final, la celebración de los sacramentos de iniciación, se tenga en la Vigilia Pascual (véase n. 8). Sin embargo, antes de que los niños sean admitidos a los sacramentos en la Pascua, hay que asegurarse bien de que están listos para los sacramentos. La celebración en esta ocasión también debe corresponder con el programa de formación catequética que están recibiendo, pues los candidatos deben acercarse a los sacramentos de la iniciación, si es posible, al mismo tiempo que sus compañeros bautizados reciban la Confirmación y la Eucaristía.

257 Para los niños de esta edad, en los ritos durante el proceso de la iniciación, es generalmente 311 preferible no tener presente a toda la comunidad parroquial, sino simplemente una representación de ella. Así, estos ritos deben celebrarse con la participación activa de una congregación que consista de un número conveniente de fieles, los padres, las familias, unos miembros del grupo catequético y unos pocos amigos adultos.

258 Cada Conferencia de Obispos puede adaptar y añadir a la forma del rito que se da aquí 312 cuanto juzgue oportuno a fin de que el rito responda más efectivamente a las necesidades y circunstancias locales y a los requisitos pastorales. [La Conferencia Nacional de Obispos Católicos ha hecho esto al permitir un "Rito de Elección" opcional antes de la "Segunda etapa: Ritos Penitenciales (Escrutinios)."] Se pueden introducir los ritos de la entrega del Símbolo (nn. 157-162) y de la Oración Dominical (nn. 178-183), adaptados a la edad de los niños. Cuando la forma del rito de la iniciación de los niños es traducida, las instrucciones y las oraciones deben ser adaptadas a la mentalidad de los niños. Aún más, además de cualquier texto litúrgico traducido de la *editio typica* latina, la Conferencia de Obispos puede también aprobar un texto original, alternativo que diga lo mismo pero de una manera más apropiada a los niños (cfr. *Iniciación Cristiana,* Introducción General, n. 32).

259 Para poner en práctica esta forma del rito de Iniciación Cristiana el celebrante puede usar 313 con libertad y sensatez las opciones mencionadas en la *Iniciación Cristiana,* Introducción General (nn. 34-35), en el *Rito del Bautismo de Niños,* Introducción (n. 31), y en el *Rito de la Iniciación Cristiana de Adultos,* Introducción (n. 35).

ETAPA DEL CATECUMENADO

Feliz el pueblo que el Señor ha escogido como suyo

260 Es importante que este rito sea celebrado con la participación de una congregación pequeña pero activa, puesto que la presencia de un grupo grande pudiera poner nerviosos a los niños (véase n. 257). En cuanto sea posible, los padres o los tutores de los niños deben asistir; pero si ellos no pueden estar presentes, deben manifestar el consentimiento dado a los niños y en su lugar debe haber esponsores (véase n. 10), esto es, miembros apropiados de la Iglesia que actúan en esta ocasión en nombre de los padres para presentar a los niños. El celebrante que preside es un sacerdote o diácono.

314

261 La celebración se hace en la iglesia o en un lugar que, según la edad y capacidad de los niños, les ayude a sentir una calurosa bienvenida. Según las circunstancias, la primera parte del rito, "Recepción de los Niños," se hace en la entrada del lugar escogido para la celebración, y la segunda parte del rito, "Liturgia de la Palabra," se hace adentro.

315
329

Normalmente la celebración no se combina con la celebración de la Eucaristía.

ESQUEMA DEL RITO

RECEPCION DE LOS NIÑOS

Saludo

Diálogo de Apertura

Afirmación por los Padres (por los esponsores)
  y por la Asamblea

Signación de los Candidatos con la Cruz
  Signación de la Frente
  [Signación de los Otros Sentidos]

Invitación a la Celebración de la Palabra de Dios

LITURGIA DE LA PALABRA

Instrucción

Lecturas

Homilía

[Entrega de una Biblia]

Súplicas por los Niños

Oración sobre los Niños

Despedida

PRIMER PASO: RITO PARA ACEPTACION EN EL CATECUMENADO

RECEPCION DE LOS NIÑOS

262 El sacerdote, o el diácono, revestido de alba o sobrepelliz y estola, llega al lugar donde están los niños esperando con sus padres o tutores o, alternativamente con sus esponsores. 316

SALUDO

263 El celebrante y la comunidad presente saludan con afabilidad y sencillez a los niños. El celebrante entonces se dirige a los niños y a sus padres o esponsores mostrándoles el gozo y la satisfacción de la Iglesia al verlos allí. Luego invita a los niños y a sus padres o esponsores a acercarse y a permanecer de pie frente a él. 316
317

DIALOGO DE APERTURA

264 El celebrante pide entonces a los niños, individualmente que expresen su intención. Lo puede hacer por medio de preguntas y respuestas como las que se dan aquí o puede usar otras palabras que permitan a los niños contestar: "Quiero hacer la voluntad de Dios"; "Quiero seguir la palabra de Dios"; "Quiero ser bautizado"; "Quiero ser un amigo de Jesús"; "Quiero entrar en la familia cristiana." 318

[Si los niños son muy numerosos, el celebrante puede interrogar a algunos y luego pedirles a los demás que expresen si están de acuerdo con las respuestas dadas.]

Celebrante:

¿Qué quieres llegar a ser?

Niño(a):

Un (una) cristiano(a).

Celebrante:

¿Por qué quieres ser cristiano(a)?

Niño(a):

Porque creo en Cristo.

Celebrante:

¿Qué recibes por creer en Cristo?

Niño(a):

La vida eterna.

319

Seguidamente el celebrante concluye el diálogo con una breve catequesis, acomodada a las circunstancias y a la edad de los niños, sobre el paso que van a dar, con estas o parecidas palabras y puede pedirles a los niños que como señal de su consentimiento repitan la cita final que expresa las palabras de Cristo.

Como ustedes ya creen en Cristo y quieren que los preparemos para el Bautismo, con gran alegría los recibimos en la familia de los cristianos, en la que conocerán a Cristo cada día mejor. Y juntamente con nosotros ustedes se esforzarán en vivir como hijos de Dios, según nos enseñó Cristo Nuestro Señor: "Amarás a Dios con todo tu corazón. Amense los unos a los otros como yo los he amado a ustedes."

AFIRMACION POR LOS PADRES (POR LOS ESPONSORES) Y POR LA ASAMBLEA

320

265 Luego el celebrante habla de nuevo a los niños y les ruega, con estas u otras palabras semejantes, que pidan el consentimiento de sus padres o esponsores que los presentan.

N. y N., vayan ahora a pedirles a sus padres que les den su consentimiento, y díganles que se acerquen con ustedes aquí.

Los niños van a traer a sus padres o esponsores y vuelven con ellos delante del celebrante, quien continúa:

Queridos padres (esponsores), sus hijos piden que les preparemos para el Bautismo. ¿Les dan ustedes el consentimiento que ellos desean?

Padres o esponsores:

Sí, les damos nuestro consentimiento.

Celebrante:

¿Están ustedes dispuestos a ayudarles, en lo que depende de ustedes, a la preparación para el Bautismo?

Padres o esponsores:

Sí, estamos dispuestos.

Luego el celebrante interroga a la asamblea, con estas palabras u otras semejantes.

Estos niños y niñas han emprendido el camino hacia el Bautismo. Necesitarán el apoyo de nuestra fe y de nuestra caridad. ¿Están ustedes, sus familias y sus amigos, dispuestos a darles esa ayuda?

Todos:

Sí, estamos dispuestos.

SIGNACION DE LOS CANDIDATOS CON LA CRUZ

266   Luego se hace la señal de la cruz en la frente de cada niño(a) [o, según la decisión del obispo diocesano, se signa sin tocar la frente (véase nn. 33.3, 54)]; según la decisión del celebrante, y especialmente si los niños son algo mayores, la signación de los otros sentidos puede hacerse después. El celebrante solo, dice las fórmulas que acompañan a cada signación.

SIGNACION DE LA FRENTE

267   El celebrante dice primero la siguiente fórmula.

N. y N., Cristo los ha llamado a ustedes para que sean sus amigos. Acuérdense siempre de él y sean fieles a él.

Por esto yo los signo a ustedes en la frente con la señal de la cruz. Es la señal de los cristianos; que les recuerde a ustedes siempre a Cristo y a su amor por ustedes.

Luego el celebrante se acerca a los niños y en silencio hace la señal de la cruz en la frente de cada uno.

Luego, si no se van a signar los otros sentidos, puede invitar a los padres o esponsores y a los catequistas a hacer la señal de la cruz en la frente de sus candidatos, con estas palabras u otras semejantes.

Y también los invito a ustedes, padres (esponsores) y catequistas [N. y N.], puesto que son también de Cristo, a signar a los niños con la señal de la cruz.

Todos cantan o dicen la siguiente aclamación u otra que sea apropiada.

¡Gloria y alabanza a ti, Señor Jesús!

268   La signación de los otros sentidos puede hacerse por el celebrante, que dice la siguiente fórmula para cada niño(a). Los padres o esponsores o los catequistas pueden también signar a los candidatos mientras el celebrante dice la fórmula en plural sobre todos los niños de una sola vez. Después de la signación de cada sentido la asamblea puede cantar o recitar una aclamación en alabanza de Cristo, por ejemplo, "¡Gloria y alabanza a ti, Señor Jesús!"

Mientras se signan los oídos el celebrante dice:

Yo (nosotros) te signo (signamos) con la señal de la cruz en los oídos,
para que oigas las palabras de Cristo.

Mientras se signan los ojos:

Yo (nosotros) te signo (signamos) con la señal de la cruz en los ojos,
para que veas las obras de Cristo.

Mientras se signan los labios:

Yo (nosotros) te signo (signamos) con la señal de la cruz en los labios,
para que hables a imitación de Cristo.

Mientras se signa el pecho:

Yo (nosotros) te signo (signamos) con la señal de la cruz en el corazón,
para que por la fe recibas a Cristo en tu corazón.

Mientras se signan los hombros:

Yo (nosotros) te signo (signamos) con la señal de la cruz en los hombros,
para que tengas el vigor y la fortaleza de Cristo.

[Mientras se signan las manos:

Yo (nosotros) te signo (signamos) con la señal de la cruz en las manos,
para que toques a los demás con la ternura de Cristo.

Mientras se signan los pies:

Yo (nosotros) te signo (signamos) con la señal de la cruz en los pies,
para que camines en el seguimiento de Cristo.]

Mientras se hace la señal de la cruz sobre todo el cuerpo:

Yo (nosotros) te signo (signamos) todo el cuerpo con la señal de la cruz de Cristo en el nombre del Padre, y del Hijo, ✠ y del Espíritu Santo, para que ahora y siempre vivas con Jesús.

Niño(a):

Amén.

269 Después de la signación, el celebrante invita a los niños y a sus padres o esponsores, con estas u otras palabras semejantes, a entrar en la iglesia o en otro lugar escogido para la celebración. Una vez que se ha hecho la invitación, los niños entran y ocupan su puesto bien sea con sus padres o esponsores o con sus compañeros de clase que han sido bautizados antes (véase n. 254.1), para que se vea claro que ahora forman parte de la asamblea. Durante la entrada, se puede entonar el Salmo 94 o el Salmo 121 u otro canto apropiado.

324

Celebrante:

Ahora ustedes pueden ocupar su lugar en la asamblea cristiana. Vengan con nosotros para escuchar al Señor que nos habla y para orar con nosotros.

LITURGIA DE LA PALABRA

INSTRUCCION

270 Cuando los niños han ocupado sus sitios, el celebrante les habla brevemente, ayudándoles a entender la dignidad de la palabra de Dios, que se proclama y escucha en la asamblea cristiana.

325

El Leccionario, o la Biblia, se lleva en procesión y se coloca con todo honor en el ambón, donde puede incensarse.

Sigue la celebración de la liturgia de la palabra.

LECTURAS

271 Se eligen lecturas, que puedan acomodarse a la capacidad de los niños y al progreso de la formación catequética que ellos y sus compañeros han recibido. Se pueden escoger tales lecturas como las que se dan en el Leccionario para la Misa, Misas rituales, "Iniciación Cristiana fuera de la Vigilia Pascual" o de alguna otra parte del Leccionario; también se pueden usar los siguientes textos.

326

PRIMERA LECTURA
Génesis 12:1-4a—*Sal de tu país, y ven a la tierra que te mostraré.*

SALMO RESPONSORIAL
Salmo 32:4-5, 12-13, 18-19, 20 y 22.
R. (v. 12b) *Felices aquellos que el Señor ha escogido como su propio pueblo.*
o:
R. (v. 22) *Señor, ten misericordia de nosotros, que ponemos nuestra confianza en ti.*

Juan 1:41, 17b
Hemos encontrado al Mesías: Jesucristo, que nos trae la verdad y la gracia.

Evangelio
Juan 1:35-42—*Este es el Cordero de Dios. Hemos encontrado al Mesías.*

Homilia

272   El celebrante luego ofrece una breve homilía explicando las lecturas.   327

Se recomienda que después de la homilía el celebrante invite a los niños a pasar unos momentos orando en silencio.

Luego se puede entonar un canto apropiado.

Entrega de una Biblia

273   Durante el canto o después de él, se puede entregar a los niños un libro que   328
contenga los evangelios. Hay que preparar a los niños para esta entrega bien sea antes
en la homilía o con unas breves palabras de explicación en este momento.

Suplicas por los Niños

274   Siguen las súplicas en estas palabras u otras semejantes.   329

Celebrante:

Oremos por estos queridos niños, que son sus hijos, sus compañeros y amigos, y que ahora se acercan a Dios.

Ministro asistente:

Para que crezcan constantemente en su deseo de vivir con Jesús, oremos al Señor:

R. Señor, escucha nuestra oración.

Ministro asistente:

Para que perteneciendo a la Iglesia encuentren la verdadera felicidad, oremos al Señor:

R. Señor, escucha nuestra oración.

Ministro asistente:

Para que se les conceda la fortaleza para perseverar en su preparación para el Bautismo, oremos al Señor:

R. Señor, escucha nuestra oración.

Ministro asistente:

Para que los libres con bondad de la tentación del temor y del desaliento, oremos al Señor:

R. Señor, escucha nuestra oración.

Ministro asistente:

Para que se regocijen en la felicidad de recibir los sacramentos del Bautismo, la Confirmación y la Eucaristía, oremos al Señor:

R. Señor, escucha nuestra oración.

ORACION SOBRE LOS NIÑOS

275 Después de las súplicas, el celebrante, con las manos extendidas sobre los niños, dice la siguiente oración.

329

Oh Señor,
tú has suscitado en estos niños
el deseo de hacerse perfectos cristianos.
Al crecer ellos en sabiduría y conocimiento,
responde a sus deseos y escucha nuestras súplicas.

Te lo pedimos por Jesucristo nuestro Señor.

R. Amén.

DESPEDIDA

276 Después de la oración se despide a los niños y a la comunidad concluyendo la celebración con un canto apropiado. Pero si por alguna razón se celebra la Eucaristía a continuación (véase n. 261), se despide antes a los niños.

Celebrante:

Vayan en paz, y que el Señor permanezca siempre con ustedes.

Todos:

Gracias a Dios.

RITO DE ELECCION O INSCRIPCION DE LOS NOMBRES [OPCIONAL]

El Reino de Dios pertenece a justos como estos

277 El rito litúrgico (opcional) llamado tanto elección como inscripción de nombres puede celebrarse con niños de edad catequética, especialmente aquellos cuyo catecumenado se ha extendido por un período largo de tiempo. Esta celebración, que generalmente coincide con el principio de la Cuaresma, marca el principio del período final de preparación para los sacramentos de iniciación, durante el cual se anima a los niños a seguir a Cristo con mayor generosidad.

278 En el Rito de Elección, basándose en el testimonio de los padres, esponsores y catequistas y en la reafirmación de los niños de su intención, la Iglesia juzga si los niños están listos y decide sobre su progreso hacia los sacramentos de iniciación. Así la Iglesia hace su "elección," esto es, escoge y admite a aquellos niños que tienen las disposiciones que los hacen dignos de participar en los sacramentos de iniciación, durante la siguiente celebración principal.

279 El rito debe celebrarse en la catedral, en una parroquia o, si es necesario, en otro lugar que sea apropiado y conveniente. Si la elección de los niños de edad catequética tiene lugar dentro de una celebración en la cual catecúmenos mayores de edad también van a recibir la elección de la Iglesia, se debe usar el rito para los adultos (nn. 129-137) con las adaptaciones de los textos apropiados hechas por el celebrante.

280 Se celebra el rito dentro de la Misa, después de la homilía, y debe ser celebrado dentro de la Misa del Primer domingo de Cuaresma. Si, por razones pastorales, se celebra el rito en un día diferente, siempre se pueden usar los textos y las lecturas de la Misa ritual "Iniciación Cristiana: Elección o Inscripción de los Nombres." Cuando se celebra la Misa del día y las lecturas no son apropiadas, las lecturas se toman de las del Primer domingo de Cuaresma, o se pueden escoger otras de cualquier parte del Leccionario.

Cuando el rito se celebra fuera de la Misa, tiene lugar después de las lecturas y de la homilía y concluye con la despedida tanto de los elegidos como de los fieles.

ESQUEMA DEL RITO

LITURGIA DE LA PALABRA

Homilía
Presentación de los Niños Catecúmenos
Afirmación por los Padres, los Padrinos,
   [y la Asamblea]
Invitación e Inscripción de los Nombres
Acto de Admisión o Elección
[Reconocimiento de los Padrinos (las Madrinas)]
Súplicas por los Elegidos
Oración sobre los Elegidos
Despedida de los Elegidos

LITURGIA DE LA EUCARISTIA

RITO DE ELECCION O INSCRIPCION DE LOS NOMBRES

LITURGIA DE LA PALABRA

HOMILÍA

281   El obispo, o el celebrante que actúa como delegado del obispo, presenta la homilía. Esta debe ser breve y apropiada a la mentalidad de los niños. Si el celebrante encuentra difícil el adaptarse en la homilía a la mentalidad de los niños, uno de los adultos, por ejemplo, el catequista, puede hablar a los niños después del Evangelio. Se anima a la comunidad entera a dar buen ejemplo a los niños y a mostrar su apoyo e interés en ellos mientras se preparan para celebrar los sacramentos pascuales.

PRESENTACION DE LOS NIÑOS

282   Después de la homilía, el sacerdote encargado de la iniciación de los niños, o un diácono, un catequista o un representante de la comunidad, presenta a los niños, con las siguientes palabras u otras semejantes.

Reverendo Padre, estos niños, que ahora le presento a usted, están terminando su preparación para la iniciación cristiana. El amor de Dios los ha sostenido, y nuestra comunidad los ha apoyado con oración y buen ejemplo.

Al acercarse la Pascua, ellos piden ser admitidos a los sacramentos del Bautismo, de la Confirmación y de la Eucaristía.

El celebrante contesta:

Mis queridos niños que van a ser escogidos en Cristo, acérquense ahora con sus padres y padrinos.

Se llama por su nombre y a los niños, uno por uno. Cada candidato, acompañado por uno de sus padres, o por ambos, y por sus padrinos, o solamente por sus padrinos, se acerca y permanece de pie ante el celebrante.

[Si hay demasiados niños, todos son presentados en grupos, por ejemplo, cada grupo por su propio catequista. Pero en este caso, se debe aconsejar a los catequistas que tengan con anterioridad una celebración especial en la cual ellos llamen a cada niño por su nombre.]

AFIRMACION POR LOS PADRES, LOS PADRINOS, [Y LA ASAMBLEA]

283 Entonces el celebrante se dirige a la asamblea en estas o semejantes palabras.

Queridos padres, padrinos y miembros de esta asamblea: Estos niños han pedido ser iniciados en la vida sacramental de la Iglesia esta Pascua. En el nombre de la santa Iglesia de Dios, los invito a ustedes a dar su recomendación a su favor.

Se dirige a los padres, a los padrinos, [y a la asamblea]:

¿Se han mostrado estos niños sinceros en su deseo del Bautismo, de la Confirmación y de la Eucaristía?

Padres, padrinos, [y asamblea]:

Sí, se han mostrado.

Celebrante:

¿Han escuchado bien la palabra de Dios?

Padres, padrinos, [y asamblea]:

Sí, la han escuchado.

Celebrante:

¿Han procurado vivir como sus fieles seguidores?

Padres, padrinos, [y asamblea]:

Sí, lo han procurado.

Celebrante:

¿Han participado en la vida de oración y servicio en esta comunidad?

Padres, padrinos, [y asamblea]:

Sí, han participado.

INVITACION E INSCRIPCION DE LOS NOMBRES

284 Luego dirigiéndose a los niños con las siguientes palabras u otras parecidas, el celebrante les avisa que han sido aceptados y les pide que declaren su intención propia.

Mis queridos niños, sus padres y padrinos, [y esta comunidad entera] ha hablado a su favor. La Iglesia en el nombre de Cristo acepta su palabra y los llama a ustedes a los sacramentos pascuales.

Ahora ustedes deben dar a conocer a toda la Iglesia que han oído a Cristo llamándolos y que quieren seguirlo.

Por lo tanto, ¿quieren ustedes entrar plenamente en la vida de la Iglesia por medio de los sacramentos del Bautismo, la Confirmación y la Eucaristía?

Los niños:

Sí, queremos.

Celebrante:

Entonces den su nombre para la inscripción.

Los niños dan su nombre, bien sea yendo con sus padrinos hacia el celebrante o quedándose en sus sitios, y la inscripción misma de los nombres puede hacerse de diferentes modos. Los candidatos pueden inscribir su nombre ellos mismos o pueden decir sus nombres, los cuales son inscritos por los padrinos o por el ministro que presentó a los candidatos (véase n. 282). Mientras se está haciendo la inscripción, se puede entonar un canto apropiado, por ejemplo, el Salmo 15 o el Salmo 32 con un refrán como, "Felices aquellos que el Señor ha escogido para Sí."

[Si hay un gran número de candidatos, la inscripción puede hacerse simplemente presentando al celebrante una lista de los nombres, con palabras tales como estas: "Estos son los nombres de los candidatos" o, cuando el obispo es el celebrante y le han presentado candidatos de diferentes parroquias: "Estos son los nombres de los candidatos de la parroquia N."]

ACTO DE ADMISION O ELECCION

285 El celebrante explica brevemente el significado de la inscripción que acaba de hacerse. Luego, dirigiéndose a los niños, les dice las siguientes palabras u otras semejantes.

Mis queridos niños, con gran alegría los declaro a ustedes entre los elegidos de Dios. Ustedes han sido escogidos para ser iniciados en la Pascua por los sacramentos del Bautismo, de la Confirmación y de la Eucaristía.

Los niños:

Gracias a Dios.

El celebrante continúa:

Dios es siempre fiel a todos los que El llama. Por su parte, ustedes deben procurar conocer, amar, y servir al Señor más y más cada día que pasa. Sigan contando con sus padrinos, padres y catequistas para la ayuda que necesitan a fin de ser fieles al camino de Jesús.

Luego el celebrante se dirige a los padres, a los padrinos y a toda la asamblea:

Queridos amigos, ustedes han hablado a favor de estos jóvenes catecúmenos. Acéptenlos ahora como elegidos en el Señor. Anímenlos a vivir el camino del Evangelio. Ofrézcanles el apoyo de su amor y cuidado. Y, sobre todo, sean un buen modelo para ellos de cómo vivir cristianamente para que por su ejemplo ellos puedan crecer más profundamente en la fe de la Iglesia.

Invita a los padres y padrinos a poner la mano en el hombro del (de la) candidato(a) a quien van a recibir a su cuidado, o a indicar lo mismo con otro gesto.

RECONOCIMIENTO DE LOS PADRINOS O LAS MADRINAS

286   El celebrante puede hablar brevemente sobre la nueva relación que existirá entre los padres y padrinos de los elegidos. Puede concluir poniendo sus manos extendidas sobre los padres y padrinos mientras reza con estas palabras u otras semejantes.

Que Dios todopoderoso llene de gozo sus corazones al ver la esperanza de la vida eterna que brilla en estos elegidos. Den ustedes constantemente testimonio de su fe en lo que dicen y en lo que hacen. Que estos niños crezcan como fieles miembros del santo pueblo de Dios. Y que ellos y ustedes sean un apoyo mutuo constante, en Cristo Señor nuestro.

Padres (madres) y padrinos (madrinas):

Amén.

SUPLICAS POR LOS ELEGIDOS

287   La comunidad puede usar la siguiente fórmula o una parecida para orar por los elegidos. El celebrante puede adaptar la introducción y las intenciones según las diferentes circunstancias.

[Si se decide, según el n. 290, que después de la despedida de los elegidos se omitan las súplicas incluídas generalmente en la Misa y que la liturgia de la Eucaristía se empiece inmediatamente, las intenciones por la Iglesia y por todo el mundo deben añadirse a las siguientes intenciones por los elegidos.]

Celebrante:

Mis hermanos y hermanas, al empezar este tiempo de Cuaresma, esperamos con gusto la iniciación de estos niños en el misterio de la pasión, muerte y resurrección de Cristo durante la Pascua. Oremos para que esta Cuaresma sea para ellos, y para todos nosotros, un tiempo de genuina renovación cristiana.

Ministro asistente:

Para que todos nosotros podamos en esta Cuaresma crecer en nuestro amor por Dios y por el prójimo, roguemos al Señor:

R. Señor, escucha nuestra oración.

Ministro asistente:

Para que estos catecúmenos sean libres de todo egoísmo y aprendan a pensar primero en los otros, roguemos al Señor:

R. Señor, escucha nuestra oración.

Ministro asistente:

Para que sus padres, padrinos, y catequistas sean ejemplos vivos del Evangelio que inspiren a estos niños, roguemos al Señor.

R. Señor, escucha nuestra oración.

Ministro asistente:

Para que sus maestros siempre les comuniquen la belleza de la palabra de Dios, roguemos al Señor:

R. Señor, escucha nuestra oración.

Ministro asistente:

Para que estos niños compartan con otros el gozo que han encontrado en su amistad con Jesús, roguemos al Señor:

R. Señor, escucha nuestra oración.

Ministro asistente:

Para que, junto con los adultos que han sido elegidos, estos niños aprendan a amar a la Iglesia y a profesar con orgullo lo que creen, roguemos al Señor:

R. Señor, escucha nuestra oración.

Ministro asistente:

Para que nuestra comunidad, durante este tiempo Cuaresmal, crezca en caridad y sea constante en la oración, roguemos al Señor:

R. Señor, escucha nuestra oración.

Oracion sobre los Elegidos

288   Después de las súplicas, el celebrante, con las manos extendidas sobre los elegidos, dice una de las siguientes oraciones.

A   Señor Dios,
tú nos creaste
y nos diste la vida.
Bendice a estos niños
y añádelos a tu familia.
Que sean felices en la vida que tú nos has ganado
por Cristo, nuestro Señor.

R. Amén.

B   Padre de amor y poder,
tu voluntad es establecer todo en Cristo
y atraernos a su amor que abraza todo.
Guía a los elegidos de tu Iglesia:
fortalécelos en su vocación,
intégralos en el reino de tu Hijo,
y séllalos con el Espíritu que nos prometiste.

Te lo pedimos por Cristo, nuestro Señor.

R. Amén.

Despedida de los Elegidos

289   Si se va a continuar con la celebración de la Eucaristía, generalmente se despide a los elegidos en este momento usando una de las opciones A o B; si los elegidos se van a quedar para la celebración de la Eucaristía, se usa la opción C; si no se va a celebrar la Eucaristía se despide a toda la asamblea usando la opción D.

A   El celebrante despide a los elegidos con estas palabras u otras semejantes.

Mis queridos niños, elegidos de Dios, ustedes han empezado con nosotros el camino que lleva a la gloria de la Pascua. Cristo será su camino, su verdad y su vida. Hasta que nos volvamos a ver, caminen siempre en la paz del Señor.

Los elegidos:

Amén.

B   Como una fórmula opcional para la despedida de los elegidos, el celebrante puede usar estas u otras palabras semejantes.

Mis queridos niños, vayan ahora. Piensen en la palabra de Dios y sepan que estamos con ustedes y rezaremos por ustedes. Esperamos con alegría el día en que se unan a nosotros en la Mesa del Señor.

C   Si por razones serias los elegidos no pudieran salir (véase n. 75.3) y debieran permanecer con los bautizados, se les instruye que aunque estén presentes en la Eucaristía, no pueden participar en ella como lo hacen los bautizados. El celebrante les puede recordar esto con estas palabras u otras semejantes.

Aunque ustedes no pueden unirse a nosotros en la Mesa del Señor, permanezcan con nosotros como un signo de nuestra esperanza de que todos los hijos de Dios coman y beban con el Señor y trabajen con su Espíritu para renovar la faz de la tierra.

D   El celebrante despide a todos los presentes, usando estas u otras palabras semejantes.

Vayan en paz, y que el Señor permanezca siempre con ustedes.

Todos:

Gracias a Dios.

La celebración puede concluir con un canto apropiado.

LITURGIA DE LA EUCARISTIA

290   Cuando sigue la Eucaristía, se comienza con las oraciones de los fieles mencionando las intenciones generales acostumbradas por las necesidades de la Iglesia y de todo el mundo; después se hace, si es necesario, la profesión de fe. Pero por razones pastorales se puede omitir estas intercesiones generales y la profesión de fe. En este caso, la liturgia de la Eucaristía empieza de la manera acostumbrada con la preparación de las ofrendas.

SEGUNDO PASO: RITOS PENITENCIALES (ESCRUTINIOS)

Crea en mí un corazón nuevo y un espíritu nuevo

291 Estos ritos penitenciales, que señalan el segundo paso en la iniciación cristiana de los niños, son ocasiones importantes en su catecumenado. Se tienen durante la celebración de la palabra de Dios como una especie de escrutinio, parecida a los escrutinios en el rito de los adultos. Así se pueden seguir y adaptar las normas dadas para el rito con los adultos (nn. 141-146), puesto que los ritos penitenciales de los niños tienen una finalidad similar. 330

292 Como los escrutinios de ordinario pertenecen al último tiempo de la preparación para el Bautismo, la condición para su celebración es que los niños vayan acercándose a la madurez en la fe y a la comprensión que se requiere para el Bautismo. 331

293 Junto con los niños participan en la celebración de estos ritos penitenciales, sus padrinos y sus compañeros bautizados del grupo de la catequesis. Por lo tanto, los ritos son adaptados de tal manera que sean beneficiosos también para todos los participantes que no son catecúmenos. En realidad, estos ritos penitenciales son una ocasión apropiada para que los niños bautizados del grupo catequístico celebren el sacramento de la Penitencia por primera vez. 332

En tal caso, debe procurarse que en la celebración se añadan explicaciones, oraciones y actos rituales que se refieran a la celebración del sacramento con estos niños.

294 Los ritos penitenciales se celebran durante la Cuaresma, si los catecúmenos van a ser iniciados en la Pascua; si no es así, se celebran en el tiempo que parezca más oportuno. Por lo menos se debe celebrar un rito penitencial, y, si cómodamente puede tenerse, un segundo rito debe seguir después de un intervalo apropiado. Los textos para la segunda celebración deben basarse en el modelo del primero que se ofrece aquí, pero se usan los textos para las súplicas y la oración de exorcismo que se da en el rito de los adultos (nn. 153-154, 167-168, 174-175), con las modificaciones necesarias. 333

ESQUEMA DEL RITO

LITURGIA DE LA PALABRA

Saludo e Introducción

Oración

Lecturas

Homilía

Súplicas

Exorcismo

Unción con el Oleo de los Catecúmenos
   [o Imposición de las Manos]

Despedida de los Niños

LITURGIA DE LA PENITENCIA

RITO PENITENCIAL (ESCRUTINIO)

LITURGIA DE LA PALABRA

SALUDO E INTRODUCCION

295 El celebrante saluda a la asamblea y en pocas palabras explica que el rito tendrá 334 diferentes significados para los diferentes participantes: para los niños catecúmenos, para los ya bautizados, especialmente para los que en este día se acercan por primera vez al sacramento de la Penitencia, para los padres y padrinos, catequistas, sacerdotes, etc. Porque todos oirán el feliz anuncio del perdón de los pecados y alabarán la misericordia de Dios Padre.

Se puede entonar algún canto a propósito para significar la fe y el gozo por la misericordia de Dios Padre.

ORACION

296 El celebrante luego dice una de las siguientes oraciones. 335

Oremos.

A   Dios clemente y misericordioso,
que revelas tu bondad perdonando
y te llenas de gloria al santificarnos,

lava de toda mancha
a los que reconocemos nuestros pecados,
y restablece la vida en nuestros corazones.

Por Jesucristo nuestro Señor.

R. Amén.

B   Concédenos, Señor,
los dones del perdón y de la paz,
para que, lavados de nuestros pecados
te sirvamos con corazón sosegado.

Por Jesucristo nuestro Señor.

R. Amén.

LECTURAS

297 Puede escogerse una o varias lecturas de la siguiente lista; si hay más de una lectura, debe usarse entre las lecturas uno de los salmos responsoriales dados aquí y tomado de las Misas rituales, "Iniciación Cristiana fuera de la Vigilia Pascual" (o cualquiera de los otros de la misma Misa) o un canto. 336

LECTURAS

1   Ezequiel 36:25-28—*Un corazón nuevo y un espíritu nuevo.*

2   Isaías 1:16-18—*Purificación de los pecados.*

3   Marcos 1:1-5, 14-15—*Arrepiéntanse y crean en el Evangelio.*

4   Marcos 2:1-12—*Curación del paralítico.*

5   Lucas 15:1-7—*Parábola de la oveja perdida .*

6   1 Juan 1:8-2:2—*Jesucristo, nuestro Salvador.*

O los evangelios usados en los escrutinios del rito de los adultos:

7   Juan 4:1-14—*La mujer samaritana.*

8   Juan 9:1, 6-9, 13-17, 34-39—*El ciego de nacimiento.*

9   Juan 11:3-7, 17, 20-27, 33b-45—*La resurrección de Lázaro.*

SALMOS RESPONSORIALES

1   Salmo 22:1-3a, 3b-4, 5-6
    R. (v. 1) El Señor es mi pastor; nada me faltará.

2   Salmo 26:1, 4, 8b-9abc, 13-14
    R. (v. 1a) El Señor es mi luz y mi salvación.

3   Salmo 31:1-2, 5, 11
    R. (v. 1a) Felices aquellos cuyos pecados han sido perdonados.

4   Salmo 88:3-4, 16-17, 21-22, 25, 27
    R. (v. 2a) Por siempre cantaré las bondades del Señor.

HOMILIA

298 Después de las lecturas, el celebrante explica los sagrados textos en una breve homilía. 336
337

Durante la homilía o inmediatamente después, el celebrante prepara a todos en la asamblea para la conversión y el arrepentimiento hablándoles de temas apropiados, luego guardando tiempos de silencio para la reflexión.

Si la asamblea incluye niños bautizados que recibirán el sacramento de la penitencia por primera vez, el celebrante se dirige a ellos y los invita a mostrar una señal externa de su fe en Cristo el Salvador y del dolor por sus pecados.

299 Después de un breve intervalo de silencio que ayude a todos los presentes a un sincero dolor por sus pecados, el celebrante introduce las siguientes súplicas con una invitación dirigida a la asamblea.

Para la introducción por el celebrante y las intenciones de las súplicas se pueden usar también los textos en el rito de los adultos (nn. 153, 167, 174) con las modificaciones necesarias.

Celebrante:

Oremos por N. y N., que se preparan para celebrar los sacramentos de iniciación cristiana, [por N. y N., que recibirán por primera vez el perdón de Dios en el sacramento de la Penitencia,] y por nosotros, que esperamos la misericordia de Cristo.

Ministro asistente:

Para que abramos nuestros corazones al Señor Jesús con gratitud y fe, roguemos al Señor:

R. Señor, escucha nuestra oración.

Ministro asistente:

Para que con sinceridad tratemos de conocer nuestras faltas y reconocer nuestros pecados, roguemos al Señor:

R. Señor, escucha nuestra oración.

Ministro asistente:

Para que, como hijos de Dios, admitamos abiertamente nuestra fragilidad y nuestras culpas, roguemos al Señor.

R. Señor, escucha nuestra oración.

Ministro asistente:

Para que en la presencia de Cristo expresemos dolor por nuestros pecados, roguemos al Señor:

R. Señor, escucha nuestra oración.

Ministro asistente:

Para que seamos liberados de los males presentes y preservados de los futuros, roguemos al Señor:

R. Señor, escucha nuestra oración.

Ministro asistente:

Para que aprendamos de nuestro Padre celestial a triunfar por amor sobre los poderes del pecado, roguemos al Señor:

R. Señor, escucha nuestra oración.

EXORCISMO

300   Luego el celebrante, con las manos extendidas sobre los niños, dice una de las oraciones siguientes. 339

Oremos.

A   Padre de las misericordias, 339
que entregaste a tu Hijo amado
para dar al género humano,
oprimido por la esclavitud del pecado,
la libertad de llegar a ser tus hijos;
escucha a estos jóvenes
que ya han experimentado las tentaciones
y reconocen sus propias culpas,
y mira con bondad y clemencia su esperanza.

Concédeles pasar de las tinieblas
a la luz que no se apaga,
límpialos del pecado,
para que, llenos de paz,
puedan caminar seguros bajo tu protección
por el camino de la vida.

Te lo pedimos por Cristo, nuestro Señor.

R. Amén.

B   Dios de la misericordia y Padre de todos nosotros, 392
mira a N. y N., que pronto van a ser bautizados.

Los niños:

Hemos oído las palabras de Jesús y las amamos.

Celebrante:

Aunque han tratado de vivir como tus hijos,
algunas veces encuentran esto difícil.

Los niños:

Padre, queremos hacer siempre lo que te agrada,
pero algunas veces es difícil.

Celebrante:

Padre amoroso,
libra a estos jóvenes
de cualquier cosa que pueda hacerles mal
y ayúdalos a caminar siempre en tu luz.

Los niños:

Queremos caminar con Jesús,
que entregó su vida por nosotros.
Padre, ayúdanos a seguirlo.

Celebrante:

Si caen en el camino y hacen lo que no te agrada,
ayúdalos a levantarse con el poder de tu mano,
para que se levanten nuevamente
y continúen su camino hacia ti
con Jesucristo, nuestro Señor.

Los niños:

Padre, danos tu gracia.

Uncion con el Oleo de los Catecumenos [o Imposicion de las Manos]

301   El rito continúa con la unción con el óleo de los catecúmenos (opción A). Pero por
razones pastorales, por ejemplo, si los niños ya han sido ungidos, se puede usar la
imposición de las manos (opción B).

A   UNCION CON EL OLEO DE LOS CATECUMENOS

340

Si, por razones pastorales, el sacerdote prefiere bendecir el óleo para el rito, usa la
siguiente bendición.

USA

Oremos.

131

Oh Dios, fuerza y defensa de tu pueblo,
que has escogido hacer este aceite,
creado por tus manos,
un símbolo eficaz de tu poder.

Bendice ✠ este óleo
y fortalece a los catecúmenos que serán ungidos con él.
Concédeles tu sabiduría para conocer el Evangelio más hondamente
y tu fuerza para aceptar las tareas de la vida cristiana.

Ayúdalos a regocijarse en el Bautismo
y a participar de una vida nueva en la Iglesia
como verdaderos hijos de tu familia.

Te lo pedimos por Cristo nuestro Señor.

R. Amén.

El celebrante de frente a los niños dice:

Los ungimos con el óleo de la salvación
en el nombre de Cristo nuestro Salvador.
Que El los fortalezca con su poder,
que vive y reina por los siglos de los siglos.

Los niños:

Amén.

Cada niño es ungido con el óleo de los catecúmenos en el pecho y en las dos manos y aun en otras partes del cuerpo, si esto parece oportuno.

[Si hay un gran número de catecúmenos, sacerdotes o diáconos adicionales pueden ayudar en la unción.]

Una bendición de los catecúmenos puede seguir a la unción (n. 97).

B   IMPOSICION DE LAS MANOS: El celebrante de frente a los niños dice:

Que Cristo nuestro Salvador
los fortalezca a ustedes con su poder,
porque El es Señor por los siglos de los siglos.

Los niños:

Amén.

Entonces, en silencio, el celebrante impone las manos sobre la cabeza de cada niño.

DESPEDIDA DE LOS NIÑOS

302   El celebrante despide a los niños (opción A), o los envía de regreso a sus sitios en la iglesia, donde permanecen (opción B).

A   El celebrante despide a los niños, con estas palabras u otras semejantes.

N. y N., aquí entre nosotros el Señor Jesús les ha abierto a ustedes los brazos de su misericordia. Ahora, vayan en paz.

        Los niños:

Gracias a Dios.

B   El celebrante envía a los niños a sus sitios en la iglesia, con estas palabras u otras semejantes.

N. y N., aquí entre nosotros el Señor Jesús les ha abierto a ustedes los brazos de su misericordia. Regresen a sus sitios ahora y continúen con nosotros en oración.

        Los niños:

Gracias a Dios.

LITURGIA DE LA PENITENCIA

303 Entonces comienza la liturgia del sacramento de la Penitencia para los niños bautizados que celebrarán este sacramento por primera vez. Después de que el celebrante da una breve instrucción, sigue la confesión individual, primero de los niños, luego de los demás en la asamblea.

342

Un canto apropiado o una oración de acción de gracias sigue a la celebración del sacramento; luego todos se marchan.

TERCER PASO: CELEBRACION DE LOS SACRAMENTOS DE INICIACION

Despierta y levántate de la muerte: Cristo brillará sobre ti

304 A fin de hacer resaltar el carácter pascual del Bautismo, la celebración de los sacramentos de iniciación deben tenerse preferentemente en la Vigilia Pascual o en un domingo, el día que la Iglesia dedica a recordar la resurrección de Cristo (véase *Rito de Bautismo de Niños,* Introducción. n. 9). Pero las direcciones del n. 256 deben también guiar la decisión sobre el m̄ ebración de los sacramentos de iniciación. 343

ı etapa de su iniciación cristiana, los niños recibirán el sacramento del o sacerdote que los bautiza conferirá también la Confirmación, y los niños nera vez en la liturgia de la Eucaristía. 344

306 Si los sacramentos de iniciación se celebran en otra oportunidad que no sea la Vigilia Pascual o el Domingo de Pascua, se debe usar la Misa del día o una de las Misas rituales en el Misal Romano, "Iniciación Cristiana: Bautismo". Las lecturas se escogen de entre las que se dan en el Leccionario de la Misa, "Celebración de los Sacramentos de Iniciación fuera de la Vigilia Pascual"; pero se pueden usar en su lugar las lecturas del domingo o festividad en la cual se tiene la celebración. 345

307 Todos los niños que se van a bautizar son acompañados por su propio padrino o padrinos escogidos por ellos y aprobados por el sacerdote (véase n. 11; *Iniciación Cristiana,* Introducción General, n. 10). 346

308 Niños bautizados del grupo catequético pueden estar completando su iniciación cristiana en los sacramentos de Confirmación y Eucaristía en la misma celebración. Cuando el obispo mismo no es el celebrante, debe conferir la facultad de confirmar a esos niños al sacerdote que oficiará como celebrante.[1] Para su Confirmación, los niños del grupo catequético anteriormente bautizados han de tener sus propios esponsores. Si es posible, estas personas debieran ser sus padrinos de Bautismo, pero se puede escoger a otras personas calificadas.[2]

---

1 Véase el *Rito de Confirmación,* Introducción, n. 7.b.

2 Véase ibid., nn. 5 y 6.

ESQUEMA DEL RITO

LITURGIA DE LA PALABRA

CELEBRACION DEL BAUTISMO

Invitación a Orar
Bendición del Agua
[Profesión de Fe de la Comunidad]
Profesión de Fe de los Niños
Renuncia al Pecado
[Unción con el Oleo de los Catecúmenos]
Profesión de Fe
Bautismo
Ritos Complementarios
[Unción después del Bautismo]
[Imposición de la Vestidura Bautismal]
Entrega de un Cirio Encendido

CELEBRACION DE LA CONFIRMACION

Invitación
Imposición de las Manos
Unción con el Crisma

LITURGIA DE LA EUCARISTIA

CELEBRACION DE LOS
SACRAMENTOS DE LA INICIACION

LITURGIA DE LA PALABRA

347

309 La Misa empieza cuando los niños que son candidatos para la iniciación, sus padres o tutores, padrinos, otros niños del grupo catequético, amigos y miembros de la parroquia se han reunido.

Los textos para la Misa y las lecturas en la liturgia de la palabra son los que ya se indicaron en el n. 282. La homilía sigue a las lecturas.

CELEBRACION DEL BAUTISMO

INVITACION A ORAR

348

310 Después de la homilía, el celebrante y los niños con sus padres o tutores y sus padrinos se acercan a la fuente bautismal, si ésta está a la vista de los fieles; de otro modo se reúnen en el santuario, donde debe haberse preparado de antemano un recipiente con agua. El celebrante se dirige a la familia, a los amigos, y a la asamblea completa con estas u otras palabras semejantes.

Queridos amigos, con la aprobación de sus padres, N. y N. han pedido ser bautizados. Pidamos al Padre que los cuente entre sus hijos de adopción en Cristo.

BENDICION DEL AGUA

349
350

311 Luego, el celebrante bendice el agua o dice una oración de acción de gracias sobre el agua.

Cuando el Bautismo se celebra en la Vigilia Pascual, el celebrante bendice el agua, usando la opción A; fuera de la Vigilia Pascual, para bendecir el agua puede usarse bien sea la opción A o las otras fórmulas de bendición que se dan en el n. 215 como opciones B y C.

Pero cuando el Bautismo se celebra durante el tiempo Pascual y se tiene el agua ya bendecida en la Vigilia Pascual, el celebrante usa la opción B, para que esta parte de la celebración mantenga los temas de acción de gracias y súplica; puede también usar la segunda fórmula de acción de gracias del tiempo Pascual que se da en el n. 215 como opción E.

A

Oh Dios, que realizas en tus sacramentos
obras admirables con tu poder invisible,
y de diversos modos te has servido de tu criatura el agua
para santificar la gracia del Bautismo.

Oh Dios, cuyo Espíritu,
en los orígenes del mundo, se cernía sobre las aguas,
para que ya desde entonces
concibieran el poder de santificar.

Oh Dios, que incluso en las aguas torrenciales del diluvio
prefiguraste el nacimiento de la nueva humanidad,
de modo que una misma agua
pusiera fin al pecado y diera origen a la santidad.

Oh Dios, que hiciste pasar a pie enjuto
por el Mar Rojo a los hijos de Abrahán,
para que el pueblo liberado de la esclavitud del Faraón
fuera imagen de la familia de los bautizados.

Oh Dios, cuyo Hijo, al ser bautizado por Juan en el agua del Jordán
fue ungido por el Espíritu Santo.

Colgado en la cruz, vertió de su costado agua, junto con la sangre;
y después de su resurrección mandó a sus apóstoles:
"Id y haced discípulos de todos los pueblos,
bautizándoles en el nombre del Padre, y del Hijo, y del Espíritu Santo."

Padre, mira ahora a tu Iglesia en oración
y abre para ella la fuente del Bautismo:
Que esta agua reciba, por el Espíritu Santo,
la gracia de tu unigénito,
para que todos los fueron creados a tu imagen
sean limpios del pecado
y renazcan a nueva vida de inocencia
por el agua y el Espíritu Santo.

El celebrante antes de continuar toca el agua con la mano derecha.

[Pero en la Vigilia Pascual, si esto se puede hacer convenientemente, el celebrante antes de continuar sumerge el Cirio Pascual en el agua una o tres veces, luego lo mantiene allí hasta la aclamación al final de la bendición.]

Te pedimos, Señor, que el poder del Espíritu Santo,
por tu Hijo, descienda sobre el agua de esta fuente,
para que los sepultados con Cristo en su muerte por el Bautismo,
resuciten con El a la vida.

Por Jesucristo nuestro Señor.

Todos:

Amén.

La asamblea canta la siguiente aclamación u otra que sea apropiada.

Manantiales de agua, bendigan al Señor.
Glorifíquenlo y alábenlo por siempre.

B   ACCION DE GRACIAS EN EL TIEMPO PASCUAL SOBRE EL AGUA YA BENDECIDA: De frente a la fuente (o recipiente) que contiene el agua bendita, el celebrante dice lo siguiente.   389

Bendito seas, oh Dios, Padre todopoderoso,
que creaste el agua para lavar y para vivificar.

Todos cantan o dicen la siguiente aclamación u otra que sea apropiada.

Bendito seas, oh Dios.

Celebrante:

Bendito seas, Señor Jesucristo, el Hijo único del Padre,
porque te ofreciste en la cruz,
y derramaste del costado agua y sangre
para que por tu muerte y resurrección
naciera la Iglesia.

Todos:

Bendito seas, oh Dios.

Celebrante:

Bendito seas, Dios Espíritu Santo,
que ungiste a Cristo bautizado en las aguas del Jordán,
para que todos seamos bautizados en ti.

Todos:

Bendito seas, oh Dios.

El celebrante concluye con la siguiente oración.

Tú has llamado a tus hijos, N. y N., a estas aguas purificadoras,
para que puedan compartir en la fe de tu Iglesia y tengan vida eterna.
Por el misterio de esta agua consagrada
guíalos a la regeneración espiritual.

Te lo pedimos por Cristo nuestro Señor.

Todos:

Amén.

PROFESION DE FE DE LA COMUNIDAD

312 Antes del rito de la profesión de fe de los niños, el celebrante puede, según las circunstancias, invitar a los padres o tutores, padrinos, y a todos los presentes a profesar su fe.

351

N. y N. han completado una larga preparación y están listos para el Bautismo. Recibirán nueva vida de Dios que es amor: llegarán a ser cristianos.

Desde ahora, necesitamos ayudarlos aún más. Esto es especialmente importante para ustedes, sus padres, que les han dado permiso para ser bautizados y que tienen la responsabilidad primaria de su educación, pero todos nosotros que de alguna manera los hemos preparado a encontrar a Cristo hoy, debemos siempre estar listos para ayudarlos.

Por lo tanto, antes de que estos niños hagan su profesión de fe ante nosotros, renovemos en presencia suya públicamente y con un profundo sentido de responsabilidad nuestra propia profesión de fe, que es la fe de la Iglesia.

Entonces junto con el celebrante todos recitan la profesión de fe usando bien sea el Símbolo de los Apóstoles (opción A), o el Símbolo Niceno-Constantinopolitano (opción B).

A   SIMBOLO DE LOS APOSTOLES

Todos a una con el celebrante dicen:

Creo en Dios, Padre todopoderoso,
  Creador del cielo y de la tierra.

Creo en Jesucristo, su único Hijo, nuestro Señor;
  que fue concebido por obra y gracia del Espíritu Santo,
    nació de Santa María Virgen,
  padeció bajo el poder de Poncio Pilato,
    fue crucificado, muerto y sepultado;
  descendió a los infiernos;
  al tercer día resucitó de entre los muertos;
  subió a los cielos,
    y está sentado a la derecha de Dios, Padre todopoderoso.
  Desde allí ha de venir a juzgar a vivos y muertos.

Creo en el Espíritu Santo,
  la santa Iglesia católica,
  la comunión de los santos,
  el perdón de los pecados,
  la resurrección de la carne
  y la vida eterna. Amén.

B   SIMBOLO NICENO-CONSTANTINOPOLITANO

Todos, a una con el celebrante, dicen:

Creo en un solo Dios,
  Padre todopoderoso,
  creador del cielo y de la tierra,
  de todo lo visible y lo invisible.

Creo en un solo Señor, Jesucristo,
  Hijo único de Dios,
  nacido del Padre antes de todos los siglos:
  Dios de Dios, Luz de Luz,
  Dios verdadero de Dios verdadero,
  engendrado, no creado,
  de la misma naturaleza del Padre,
  por quien todo fue hecho;
  que por nosotros, los hombres
  y por nuestra salvación
    bajó del cielo,

y por obra del Espíritu Santo
se encarnó de María, la Virgen,
y se hizo hombre;
y por nuestra causa fue crucificado
en tiempos de Poncio Pilato:
padeció y fue sepultado,
y resucitó al tercer día, según las Escrituras,
y subió al cielo,
y está sentado a la derecha del Padre;
y de nuevo vendrá con gloria
para juzgar a vivos y muertos,
y su reino no tendrá fin.

Creo en el Espíritu Santo,
Señor y dador de vida,
que procede del Padre y del Hijo,
que con el Padre y el Hijo
recibe una misma adoración y gloria,
y que habló por los profetas,
Creo en la Iglesia,
que es una, santa, católica y apostólica.
Confieso que hay un solo bautismo
para el perdón de los pecados.
Espero la resurrección de los muertos
y la vida del mundo futuro. Amén.

PROFESION DE FE DE LOS NIÑOS

313 La celebración del Bautismo continúa con el rito de la renuncia al pecado y la profesión de fe de los niños.

El celebrante se dirige brevemente a los niños con estas o parecidas palabras.

Niños [N. y N.], ustedes han pasado largo tiempo en su preparación y ahora han pedido ser bautizados. Sus padres han dado asentimiento a su deseo; sus catequistas, compañeros y amigos les han ayudado y todos los que han venido aquí hoy les prometen el ejemplo de su fe y su cariñoso apoyo.

Antes de ser bautizados, rechacen ustedes a Satanás y profesen su fe aquí en presencia de la Iglesia de Dios.

314 El celebrante, usando una de las siguientes fórmulas, les pregunta a todos los niños juntos. 353

A Celebrante:

¿Renuncian ustedes al pecado, para vivir en la libertad de los hijos de Dios?

Niños:

Sí, renuncio.

Celebrante:

¿Renuncian ustedes a los atractivos de la iniquidad, para que no los domine el pecado?

Niños:

Sí, renuncio.

Celebrante:

¿Renuncian ustedes a Satanás, que es padre y autor del pecado?

Niños:

Sí, renuncio.

B Celebrante:

¿Renuncian ustedes a Satanás,
a todas sus obras, y
a todas sus promesas vanas?

Niños:

Sí, renuncio.

UNCION CON EL OLEO DE LOS CATECUMENOS

315 Si no se ha celebrado en alguna otra ocasión durante el catecumenado de los niños, 354 particularmente dentro del rito penitencial (n. 301), la unción con el óleo de los USA catecúmenos tiene lugar ahora entre la renuncia al pecado y la profesión de fe. Ordinariamente, este rito se omite según fue decretado por la Conferencia Nacional de Obispos Católicos (véase n. 33.7).

El celebrante, de frente a los niños, dice:

**Que los fortalezca a ustedes el poder de Cristo Salvador,
on cuya señal los ungimos con el óleo de la salvación
en el nombre del mismo Cristo, Señor nuestro,
que vive y reina por los siglos de los siglos.**

Niños:

Amén.

Cada uno de los niños es ungido con el óleo de los catecúmenos en las dos manos, en el pecho, o en otras partes del cuerpo, si esto parece oportuno.

[Si hay un gran número de niños, pueden ayudar con las unciones otros sacerdotes o diáconos.]

PROFESION DE FE

316 El celebrante, informado por los padrinos del nombre de cada niño, le pide a cada niño individualmente que haga su profesión de fe, luego inmediamente lo bautiza.

Celebrante:

N., ¿Crees en Dios, Padre todopoderoso, Creador del cielo y de la tierra?

Niño:

Sí, creo.

Celebrante:

¿Crees en Jesucristo, su único Hijo, nuestro Señor, que nació de santa María, la Virgen, murió y fue sepultado, resucitó de entre los muertos y está sentado,a la derecha del Padre?

Niño:

Sí, creo.

Celebrante:

¿Crees en el Espíritu Santo, en la santa Iglesia católica, en la comunión de los santos, en el perdón de los pecados, en la resurrección de los muertos, y en la vida eterna?

Niño:

Sí, creo.

[Si hay un gran número de niños para ser bautizados, la profesión de fe puede hacerse simultáneamente bien sea por todos juntos o de grupo en grupo. Sigue el Bautismo de cada candidato.]

317 El celebrante bautiza a cada niño bien sea por inmersión (opción A), o por infusión (opción B). Cada Bautismo puede ser seguido por una corta aclamación (véase Apéndice II, n. 595), cantada o dicha por la asamblea.

[Si hay un gran número de niños para ser bautizados, pueden dividirse en grupos y ser bautizados por otros sacerdotes o diáconos. Al bautizar, bien sea por inmersión (opción A), o por infusión (opción B), estos ministros dicen la fórmula sacramental para cada niño. Durante los bautizos, es bueno que la asamblea cante o que haya lecturas de la Sagrada Escritura, o simplemente una oración en silencio.]

A   Si el Bautismo se hace por inmersión de todo el cuerpo o de la cabeza solamente, debe hacerse con pudor y decorosamente. Uno o ambos padrinos tocan al niño. El celebrante sumerge al niño del todo o sólo la cabeza tres veces sucesivas, y le bautiza invocando una sola vez a la Santísima Trinidad:

N., yo te bautizo en el nombre del Padre,

Lo sumerge por primera vez.

y del Hijo,

Lo sumerge por segunda vez.

y del Espíritu Santo.

Lo sumerge por tercera vez.

B   Si el Bautismo se hace derramando el agua, uno o ambos padrinos ponen la mano derecha sobre el hombro del niño, y el celebrante, tomando el agua bautismal la derrama tres veces en la cabeza inclinada del niño, bautizándolo en el nombre de la Santísima Trinidad.

N., yo te bautizo en el nombre del Padre,

Derrama el agua por primera vez.

y del Hijo,

Derrama el agua por segunda vez.

y del Espíritu Santo.

Derrama el agua por tercera vez.

318 La celebración del Bautismo continúa inmediatamente con los ritos complementarios, después de los cuales normalmente sigue la celebración de la Confirmación. 357

Uncion despues del Bautismo

319 Si la Confirmación de los bautizados se celebra por separado de su Bautismo, el celebrante los unge con el Crisma inmediatamente después del Bautismo. 358

[Cuando se ha bautizado a un gran número, otros sacerdotes o diáconos pueden ayudar con la unción.]

El celebrante dice primero lo siguiente sobre todos los recién bautizados antes de ungirlos.

El Dios omnipotente y Padre de nuestro Señor Jesucristo,
los ha liberado a ustedes del pecado y
los hizo renacer mediante el agua y el Espíritu Santo.

El mismo los unge ahora con el crisma de la salvación,
para que, agregados a su pueblo,
como miembros de Cristo sacerdote, profeta y rey,
permanezcan para la vida eterna.

Niños:

Amén.

En silencio cada uno de los recién bautizados es ungido con el crisma en la parte superior (coronilla) de la cabeza.

Imposicion de la Vestidura Bautismal

320 La vestidura que se usa en este rito puede ser blanca o de otro color si la costumbre local lo considera más a propósito. Si las circunstancias lo sugieren, este rito puede omitirse. 359

El celebrante dice la siguiente fórmula y a las palabras "recibe esta vestidura bautismal" los padrinos imponen la vestidura a los niños recién bautizados.

N. y N., ustedes se han transformado en nuevas criaturas
y están revestidos de Cristo.
Reciban, pues, la vestidura bautismal

que han de llevar limpia de mancha
ante el tribunal de nuestro Señor Jesucristo,
para alcanzar la vida eterna.

Niños:

Amén.

ENTREGA DE UN CIRIO ENCENDIDO

321 El celebrante toma el Cirio Pascual en las manos o lo toca diciendo a los padrinos: 360

Padrinos, acérquense para dar a los recién bautizados la luz de Cristo.

Un padrino de cada uno de los recién bautizados se acerca al celebrante, enciende un cirio en el Cirio Pascual, luego se lo entrega al niño recién bautizado.

Entonces el celebrante dice a los niños:

Ustedes han sido transformados en luz de Cristo.
Caminen siempre como hijos de la luz
y guarden la llama de la fe viva en sus corazones.
Para que puedan salir al encuentro del Señor cuando venga
con todos los santos en la gloria de los cielos.

Niños:

Amén.

CELEBRACION DE LA CONFIRMACION

322 Entre la celebración del Bautismo y de la Confirmación, la asamblea puede cantar un himno apropiado.

361
362

El lugar para la celebración de la Confirmación puede ser cerca de la fuente bautismal o en el presbiterio, según donde se haya celebrado el Bautismo, de acuerdo con las costumbres locales.

Si niños del grupo catequético que habían sido bautizados anteriormente van a ser confirmados, se unen ellos y sus padrinos a los niños recién bautizados para recibir el sacramento.

323 Si el obispo ha conferido el Bautismo, él debiera ahora también conferir la Confirmación. Si no está presente el obispo, el sacerdote que ha conferido el Bautismo está autorizado para confirmar (véase n. 308).

362

[Cuando hay un gran número de niños para ser confirmados, el ministro de la Confirmación puede pedir a otros sacerdotes que le ayuden como ministros del sacramento (véase n. 14).]

INVITACION

324 El celebrante primero habla brevemente a los niños en estas o parecidas palabras.

Mis queridos niños, que han sido regenerados por Cristo y transformados en miembros suyos y de su pueblo sacerdotal, ahora van a recibir al Espíritu Santo que ha sido derramado sobre nosotros; el mismo Espíritu que envió el Señor sobre los apóstoles el día de Pentecostés y que ellos y sus sucesores confieren a los bautizados.

Ustedes recibirán la fuerza prometida del Espíritu Santo; con ella, configurados más perfectamente a Cristo podrán dar testimonio de la pasión, muerte y resurrección del Señor, y, con su ayuda, sean miembros activos de su Iglesia y constructores del Cuerpo de Cristo en la fe y en el amor.

[Los sacerdotes que ayudarán al celebrante como ministros del sacramento se pondrán ahora de pie junto a él.]

Con las manos juntas, el celebrante se dirige entonces al pueblo:

Oremos, queridos hermanos, para que Dios nuestro Padre derrame al Espíritu Santo sobre estos sus hijos y los fortalezca con sus dones y con su unción los haga conformes a Cristo, el Hijo de Dios.

Todos oran en silencio durante algunos momentos.

IMPOSICION DE LAS MANOS

325 El celebrante, con las manos extendidas sobre todo el grupo de los que van a recibir la Confirmación, dice la siguiente oración.

[Los sacerdotes asociados como ministros del sacramento tambien extienden las manos sobre los candidatos, pero en silencio.]

Dios todopoderoso, Padre de nuestro Señor Jesucristo,
que por el agua y el Espíritu Santo
has liberado a tus hijos e hijas del pecado
y les has dado una vida nueva.

Envía tu Espíritu Santo sobre ellos
para que sea su ayuda y guía.

Llénalos del espíritu de sabiduría y de inteligencia,
del espíritu de consejo y de fortaleza,
del espíritu de ciencia y de piedad.
Cólmalos del espíritu de tu santo temor y de reverencia en tu presencia.

Te lo pedimos por Cristo nuestro Señor.

R. Amén.

326   Un ministro trae el Crisma al celebrante.   365

[Cuando el celebrante es el obispo, los sacerdotes a quienes ha asociado como ministros del sacramento reciben el Crisma de él.]

Cada niño que va a ser confirmado junto con el padrino o padrinos, se acerca al celebrante (o a uno de los ministros asociados para conferir el sacramento); o, si las circunstancias lo requieren, el celebrante (y los ministros asociados) pueden acercarse a los niños.

Uno o ambos padrinos ponen la mano derecha sobre el hombro del niño y un padrino de cada niño le dice al ministro del sacramento el nombre del niño, o el niño mismo le dice su nombre. Mientras se confiere el sacramento se puede cantar un himno apropiado.

El ministro del sacramento empapa la punta del pulgar derecho en el Crisma y hace la señal de la cruz en la frente de uno de los que van a ser confirmados mientras dice:

N., recibe por esta señal el Don del Espíritu Santo.

El niño:

Amén.

El ministro del sacramento añade:

La paz sea contigo.

El niño:

Y con tu espíritu.

LITURGIA DE LA EUCARISTIA

327   Como no se dice la profesión de fe, se empieza inmediatamente con las oraciones   366
de los fieles y por primera vez los niños recién bautizados toman parte en ellas. Algunos
de los niños pueden también participar en la procesión llevando las ofrendas al altar.

328   En las Plegarias Eucarísticas I, II, o III se usan las interpolaciones especiales dadas   367
en el Misal Romano, en las Misas rituales, "Iniciación Cristiana: Bautismo."

También se puede usar la Plegaria Eucarística IV, con la interpolación especial indicada
en las mismas Misas rituales, pero sólo fuera de la Vigilia Pascual.

329   Es muy de desear que los niños recién bautizados, junto con sus padrinos, sus   368
padres y catequistas, reciban la comunión bajo las dos especies.

Antes de decir "Este es el Cordero de Dios," el celebrante puede brevemente recordar a los niños recién bautizados la preeminencia de la Eucaristía, la cual es la culminación de su iniciación y el centro de toda la vida cristiana.

El celebrante también debe poner atención especial a cualquier niño anteriormente bautizado que pertenezca al grupo catequético que en esta celebración va a recibir la comunión por primera vez. Estos niños, junto con sus padres, padrinos, y padrinos de Confirmación, y catequistas pueden también recibir la comunión bajo las dos especies.

ETAPA DE LA CATEQUESIS POSTBAUTISMAL O "MISTAGOGIA"

El Padre nos escogió para que seamos sus hijos adoptivos por Cristo Jesús

330 Debe de proveerse un período de catequesis postbautismal o mistagogia para ayudar a los jóvenes neófitos y a sus compañeros que han completado su iniciación cristiana. Esta etapa puede ser organizada adaptando las normas dadas para los adultos (nn. 244-251). ³⁶⁹

2 LA INICIACION CRISTIANA DE ADULTOS EN CIRCUNSTANCIAS EXTRAORDINARIAS

Les dio el poder de ser hijos de Dios a todos los que creen en su nombre

240

331 Puede haber circunstancias en las que el obispo local, en casos individuales, puede permitir el uso de una forma de iniciación cristiana que es más sencilla (simplificada) que el rito normal completo (véase n. 34.4).

El obispo puede permitir que se use esta forma más sencilla, y que consiste de una forma abreviada del rito (nn. 340-369), en la cual todo se realiza en una sola celebración. O él puede permitir una forma más extensa de este rito abreviado, para que haya celebraciones no sólo de los sacramentos de la iniciación sino también de uno o más de los ritos que pertenecen a la etapa del catecumenado o a la etapa de purificación e iluminación (véase nn. 332-335).

Las circunstancias extraordinarias consideradas aquí pueden ser bien acontecimientos que impiden al candidato el completar todas las etapas del catecumentado o bien una profundización de la conversión cristiana y un grado de madurez religiosa que lleven al obispo local a decidir que el candidato puede recibir el Bautismo sin dilación.

FORMA EXTENDIDA

274

332 Las circunstancias extraordinarias, por ejemplo, enfermedad, vejez, cambio de residencia, ausencia prolongada a causa de viajes, pueden algunas veces bien sea impedir al candidato el celebrar el rito de aceptación que da comienzo a la etapa del catecumenado, o habiendo empezado el catecumenado, el completarlo con la participación en todos los ritos que pertenecen a esta etapa. Sin embargo, simplemente usar la forma abreviada del rito que se da en los nn. 340-369 podría causar un perjuicio espiritual al candidato, quien se vería privado de los beneficios de una preparación más larga para los sacramentos de iniciación. Por lo tanto, es importante que, con el permiso del obispo, se desarrolle una forma extendida de la iniciación incorporando los elementos del rito completo para la iniciación cristiana de adultos.

275

333 Por medio de tal extensión del rito abreviado, un candidato nuevo puede llegar al mismo nivel que los que ya han avanzado en el catecumenado, puesto que algunos de los primeros elementos del rito completo pueden ser añadidos, por ejemplo, el Rito para Aceptación en el Catecumenado (nn. 48-74) o los exorcismos menores (n. 94) y las bendiciones (n. 97) de la etapa del catecumenado. La extensión puede también darse cuando un candidato que haya empezado el catecumenado con otros, pero que se ve forzado a interrumpirlo, lo termina solo celebrando, además de los sacramentos de iniciación (véase nn. 206-217), algunos elementos del rito completo, por ejemplo, el Rito de Elección (véase nn. 118-128) y los ritos que pertenecen a la etapa de la purificación e iluminación (véase nn. 141-149).

276

334 Los párrocos pueden arreglar esta forma extendida de la iniciación tomando el rito abreviado como base, luego escogiendo con prudencia del rito completo para hacer adaptaciones en cualquiera de las siguientes formas:

1.   añadiendo al rito abreviado, por ejemplo, los ritos que pertenecen a la etapa del catecumenado (nn. 81-103) o las entregas (nn. 157-162, 178-182);

2.   celebrando separadamente del rito abreviado, el rito de "Recepción del Candidato" o la "Liturgia de la Palabra." En cuanto a la "Recepción del Candidato" (nn. 340-345), se puede extender reemplazando el n. 342 y usando elementos del Rito para para Aceptación en el Catecumenado (nn. 48-74); o, según la medida de preparación del candidato, celebrando el Rito de Elección (nn. 129-137) en lugar de los nn. 343-344. En cuanto a la "Liturgia de la Palabra," después de las lecturas se pueden adaptar las intercesiones, el rito penitencial y la oración del exorcismo, nn. 349-351 a los elementos en los escrutinios (nn. 152-154, 166-168, 173-175);

3.   reemplazando elementos del rito completo con elementos de la forma abreviada del rito; o combinando el Rito para Aceptación en el Catecumenado (nn. 48-74) y el Rito de Elección (nn. 129-137) al momento de recibir a un candidato bien dispuesto (lo que es comparable con el tiempo de recibir a los "simpatizantes" en la etapa del precatecumenado; véase n. 39.3).

335 Cuando se arregla este rito aumentado o combinado, debe tenerse cuidado de que: [277]

1.   el candidato haya recibido una catequesis completa;

2.   el rito se celebre con la participación activa de una asamblea;

3.   después de recibir los sacramentos, el neófito tenga, en cuanto sea posible, el beneficio de una etapa de catequesis postbautismal.

Rito Abreviado

336 Antes de celebrar la forma abreviada del rito, el candidato debe haber pasado por una etapa adecuada de instrucción y preparación antes del Bautismo, a fin de purificar sus motivos para pedir el Bautismo y madurar en su conversión y su fe. El candidato también debe haber escogido a sus padrinos o a un padrino o madrina (véase n. 11) y haberse familiarizado con la comunidad cristiana local (véase nn. 39, 75.2). [241]

337 Este rito incluye elementos que expresan la presentación y la bienvenida del candidato como también su clara y firme voluntad de pedir la iniciación cristiana, así como la aprobación del candidato por la Iglesia. Después de una liturgia adecuada de la Palabra se celebran los sacramentos de iniciación. [242]

338 Normalmente el rito se celebra durante la Misa. Las lecturas escogidas deben estar de acuerdo con el carácter de la celebración; pueden ser las del día o las que están en el Leccionario de la Misa, para la Misa ritual, "Iniciación Cristiana fuera de la Vigilia Pascual." Los otros textos de la Misa son los de una de las Misas rituales "Iniciación Cristiana: Bautismo" o de otra Misa. Después de recibir el Bautismo y la Confirmación, el neófito participa por primera vez en la celebración de la Eucaristía. [243]

339 En cuanto sea posible, la celebración debe tenerse un domingo (véase n. 27), con participación activa de la comunidad local. [244]

ESQUEMA DEL RITO

RECEPCION DEL CANDIDATO

Saludo
Diálogo de Apertura
Declaración del Candidato
Afirmación por los Padrinos
Invitación a la Celebración de la Palabra de Dios.

LITURGIA DE LA PALABRA

Lecturas
Homilía
Súplicas por el Candidato
[Rito Penitencial]
Oración del Exorcismo
Unción con el Oleo de los Catecúmenos
    o Imposición de las Manos

CELEBRACION DEL BAUTISMO

Invitación a la Oración
Bendición del Agua
Profesión de Fe
    Renuncia al Pecado
    Profesión de Fe
Bautismo
Ritos Complementarios
    [Imposición de la Vestidura Bautismal]
    Entrega de un Cirio Encendido

CELEBRACION DE LA CONFIRMACION

Invitación
Imposición de las Manos
Unción con el Crisma

LITURGIA DE LA EUCARISTIA

LA INICIACION CRISTIANA DE LOS ADULTOS EN CIRCUNSTANCIAS EXTRAORDINARIAS
(Rito Abreviado)

RECEPCION DEL CANDIDATO

245

340 Antes de que empiece la celebración, el candidato con sus padrinos y amigos espera fuera o dentro de la iglesia, a la entrada o en otro lugar conveniente. El celebrante, revestido con los ornamentos para la Misa, va a su encuentro, mientras los fieles cantan un salmo u otro himno apropiado.

Saludo

246

341 El celebrante saluda con amabilidad al candidato y les habla a él, a sus padrinos y amigos, haciéndoles ver el gozo y la alegría de la Iglesia. Les recuerda a los padrinos y a todos los presentes la experiencia particular y la respuesta religiosa que han ayudado al candidato a seguir su propio camino espiritual y a llegar a la presente celebración.

Luego el celebrante invita a los padrinos y al candidato a acercarse. Mientras se acercan y ocupan su sitio ante el sacerdote, se puede entonar algún canto apropiado, por ejemplo, el Salmo 63:1-8.

Dialogo de Apertura

247

342 Entonces el celebrante, vuelto hacia el candidato, le hace las siguientes preguntas. Al preguntar la intención del candidato puede usar palabras distintas a las que se dan aquí y aceptar del candidato respuestas libres y espontáneas: por ejemplo, a la primera pregunta, "¿Qué pides a la Iglesia de Dios?" o "¿Qué deseas?" o "¿Por qué razón has venido?," puede recibir tales contestaciones como "La gracia de Cristo" o "El ingreso en la Iglesia" o "La vida eterna" u otras respuestas apropiadas. El celebrante formulará su siguiente pregunta según la contestación que ha recibido.

Celebrante:

¿Qué pides a la Iglesia de Dios?

Candidato:

La fe.

Celebrante:

¿Qué te ofrece la fe?

Candidato:

La vida eterna.

Declaracion del Candidato

343 El celebrante se dirige al candidato, adaptando como sea necesario las siguientes palabras u otras parecidas a las respuestas recibidas en el diálogo de apertura. 248

Esta es la vida eterna: que conozcas al Dios verdadero y a su enviado, Jesucristo. El, resucitado de entre los muertos, ha sido constituído por Dios dueño de la vida y Señor del universo, visible e invisible.

Pero no nos pedirías hoy esta vida juntamente con el Bautismo, si no conocieras ya a Cristo y quisieras hacerte su discípulo. Por eso te pregunto: ¿Has oído antes sus palabras? ¿Quieres guardar sus mandamientos? ¿Estás unido a nuestra comunidad y has tomado parte en nuestras oraciones? Finalmente, ¿has cumplido todo esto con la intención de hacerte cristiano?

Candidato:

Sí, lo he cumplido.

Afirmacion de los Padrinos

344 Entonces el celebrante se dirige a los padrinos y pregunta: 249

Ustedes son los padrinos del (de la) candidato(a). ¿Creen ustedes, en la presencia de Dios, que él(ella) es digno(a) de ser admitido(a) hoy a los sacramentos de la iniciación cristiana?

Padrinos:

Sí, lo(la) creo digno(a).

Celebrante:

Han hablado en favor de N. ¿Están dispuestos a ayudarle a servir a Cristo con sus palabras y ejemplo?

Padrinos:

Sí, estamos dispuestos.

El celebrante, con las manos juntas, dice: 250

Oremos.

Padre misericordioso,
te damos gracias por tu siervo, N.,

a quien has llamado y ayudado de muchas maneras
para que te buscara.

Tú lo has llamado hoy
y él/ella te responde en la presencia de la Iglesia.

Míralo(la) benignamente
y que tu amoroso designio sea cumplido en él/ella.

Te lo pedimos por Cristo, Nuestro Señor.

R. Amén.

INVITACIÓN A LA CELEBRACIÓN DE LA PALABRA DE DIOS

345 Usando las siguientes u otras palabras parecidas, acompañadas de un ademán apropiado, el celebrante invita al candidato y a los padrinos a entrar en la iglesia.

Celebrante: 251

N., entra en la iglesia, para que tomes parte con nosotros en la mesa de la palabra de Dios.

Durante la entrada, se puede entonar un himno apropiado o la siguiente antífona, con el Salmo 33:2, 3, 6, 9, 10.

Vengan, mis hijos, y escúchenme;
Yo les enseñaré el temor del Señor.

LITURGIA DE LA PALABRA

346 Cuando el candidato y los padrinos han llegado a sus sitios en la iglesia y el celebrante ha llegado al santuario, comienza la Liturgia de la Palabra; se omiten los ritos iniciales de la Misa.   252

LECTURAS

347 Las lecturas son las ya indicadas en el n. 338.   253

HOMILÍA

348 La homilía sigue a la lectura del Evangelio.   253

349 Después de la homilía, el candidato y los padrinos se acercan ante el celebrante. La asamblea entera se une para hacer las siguientes súplicas u otras semejantes.

254

Celebrante:

Oremos por nuestro(a) hermano(a), que pide los sacramentos de Cristo, y también por nosotros pecadores, para que, acercándonos a Cristo con corazón creyente y penitente, caminemos sin desmayo en la renovación de la vida.

Ministro asistente:

Para que el Señor encienda en todos nosotros un espíritu de verdadero arrepentimiento, roguemos al Señor.

R. Señor, escucha nuestra oración.

Ministro asistente:

Para que nosotros, los que hemos muerto al pecado y hemos sido salvados por Cristo por medio del Bautismo, seamos testigos vivos de su gracia, roguemos al Señor.

R. Señor, escucha nuestra oración.

Ministro asistente:

Para que este siervo, que confía en la misericordia de Dios con corazón arrepentido, se disponga a salir al encuentro de Cristo Salvador, roguemos al Señor.

R. Señor, escucha nuestra oración.

Ministro asistente:

Para que siguiendo a Cristo, que quita el pecado del mundo, nuestro(a) hermano(a) sane del contagio del pecado y rompa todas sus ataduras, roguemos al Señor.

R. Señor, escucha nuestra oración.

Ministro asistente:

Para que por el poder del Espíritu Santo sea purificado de su pecado y bajo su guía vaya por los caminos de la santidad, roguemos al Señor.

R. Señor, escucha nuestra oración.

Ministro asistente:

Para que sepultado junto con Cristo por el sacramento del Bautismo, muera al pecado y siempre viva para Dios, roguemos al Señor.

R. Señor, escucha nuestra oración.

Ministro asistente:

Para que el día del juicio pueda aparecer delante del Padre, llevando frutos de santidad y caridad, roguemos al Señor.

R. Señor, escucha nuestra oración.

Ministro asistente:

Para que el mundo entero, en favor del cual el Padre entregó a su amado Hijo, crea en su amor y a El se convierta, roguemos al Señor.

R. Señor, escucha nuestra oración.

RITO PENITENCIAL

350 El rito penitencial puede omitirse, según las circunstancias lo sugieran. Cuando se celebra, después de las súplicas el candidato inclina la cabeza o se arrodilla y se une a la asamblea para pronunciar la confesión general. 254

Yo confieso ante Dios todopoderoso
y ante ustedes, hermanos,
que he pecado mucho
de pensamiento, palabra, obra y omisión.

Todos se golpean el pecho.

Por mi culpa, por mi culpa, por mi gran culpa.
Por eso ruego a santa María, siempre Virgen, a los ángeles, a los santos
y a ustedes, hermanos y hermanas,
que intercedan por mí ante Dios, nuestro Señor.

No se dice la absolución: "Dios todopoderoso tenga misericordia. . . ."

ORACION DE EXORCISMO

351 El celebrante concluye las súplicas (y el rito penitencial) con la siguiente oración. 255

Padre de las misericordias,
que enviaste a tu Hijo unigénito
para rescatarnos de la esclavitud del pecado
y darnos la libertad de tus hijos.

Humildemente te rogamos por este(a) siervo(a) tuyo(a) N.;
él(ella) se ha enfrentado a las tentaciones de este mundo
y ha experimentado los halagos de Satanás;
ahora él(ella) reconoce su tendencia al pecado
y profesa su fe.

Por la pasión y resurrección de tu Hijo
líbralo(la) del poder de las tinieblas
y fortalécelo(la) con la gracia de Cristo,
para que siga su camino en la vida,
protegido con tu constante cuidado.

Te lo pedimos por Cristo nuestro Señor.

R. Amén.

UNCION CON EL OLEO DE LOS CATECUMENOS O IMPOSICION DE LAS MANOS

352   Si no se ha celebrado en otro momento, ahora se tiene la unción con el óleo de los catecúmenos (opción A). Generalmente, este rito se omite, según lo decretó la Conferencia Nacional de Obispos Católicos (véase el n. 33.7). Siempre está permitido que el celebrante lo substituya con la imposición de las manos (opción B).

A   UNCION CON EL OLEO DE LOS CATECUMENOS: El celebrante de frente al candidato dice:

Te ungimos con el óleo de la salvación
en el nombre de Cristo nuestro Salvador.
Que él te fortalezca con su poder,
que vive y reina por los siglos de los siglos.

Candidato:

Amén.

El candidato es ungido con el óleo de los catecúmenos en el pecho o en ambas manos o aun en otras partes del cuerpo, si esto pareciere oportuno.

B   IMPOSICION DE LAS MANOS: El celebrante de frente al candidato dice:

Que Cristo nuestro Salvador
te fortalezca con su poder,
porque El es Señor por los siglos de los siglos.

Candidato:

Amén.

Luego, en silencio, el celebrante impone las manos sobre el candidato.

CELEBRACION DEL BAUTISMO

INVITACION A LA ORACION

257

353   El(La) candidato(a) con su padrino o padrinos va a la fuente bautismal con el celebrante, luego el celebrante se dirige a la asamblea con esta u otra invitación parecida para que se una en oración por el(la) candidato(a).

Queridos amigos, oremos a Dios omnipotente por nuestro(a) hermano(a) N., que pide el Bautismo. El lo(la) ha llamado y lo(la) ha traído a este momento; que él le conceda a N. su luz y fuerza para seguir a Cristo con un corazón resuelto y para profesar la fe de la Iglesia. Y que le conceda a N. la renovación por el Espíritu Santo, a quien vamos a invocar sobre esta agua.

BENDICION DEL AGUA

258

354   Luego, el celebrante bendice el agua, usando la opción A; también puede usar una de las otras fórmulas de bendición que se dan en el n. 222 como opciones B y C.

Pero cuando el Bautismo se celebra durante la Pascua y se dispone del agua bendecida en la Vigilia Pascual, el celebrante usa la opción B, para que esta parte de la celebración mantenga los temas de gratitud y súplica; también puede usar la segunda fórmula de acción de gracias del tiempo Pascual que se da en el n. 222 como opción E.

A   BENDICION DEL AGUA: De frente a la fuente (o recipiente) que contiene el agua, el celebrante dice lo siguiente (música, p. 128).

Oh Dios, que realizas en tus sacramentos
obras admirables con tu poder invisible,
y de diversos modos te has servido de tu criatura el agua
para santificar la gracia del Bautismo.

Oh Dios, cuyo Espíritu,
en los orígenes del mundo, se cernía sobre las aguas,
para que ya desde entonces
concibieran el poder de santificar.

Oh Dios, que incluso en las aguas torrenciales del diluvio
prefiguraste el nacimiento de la nueva humanidad,
de modo que una misma agua
pusiera fin al pecado y diera origen a la santidad.

Oh Dios, que hiciste pasar a pie enjuto
por el Mar Rojo a los hijos de Abrahán,
para que el pueblo liberado de la esclavitud del Faraón
fuera imagen de la familia de los bautizados.

Oh Dios, cuyo Hijo, al ser bautizado por Juan en el agua del Jordán
fue ungido por el Espíritu Santo.

Colgado en la cruz, vertió de su costado agua, junto con la sangre;
y después de su resurrección mandó a sus apóstoles:
"Id y haced discípulos de todos los pueblos,
bautizándoles en el nombre del Padre, y del Hijo, y del Espíritu Santo."

Padre, mira ahora a tu Iglesia en oración
y abre para ella la fuente del Bautismo:
Que esta agua reciba, por el Espíritu Santo,
la gracia de tu unigénito,
para que todos los fueron creados a tu imagen
sean limpios del pecado
y renazcan a nueva vida de inocencia
por el agua y el Espíritu Santo.

Antes de continuar, el celebrante hace una pausa y toca el agua con la mano derecha.

Te pedimos, Señor, que el poder del Espíritu Santo,
por tu Hijo, descienda sobre el agua de esta fuente,
para que los sepultados con Cristo en su muerte por el Bautismo,
resuciten con El a la vida.

Por Jesucristo nuestro Señor.

Todos:

Amén.

B   ACCION DE GRACIAS SOBRE EL AGUA BENDITA DURANTE EL TIEMPO PASCUAL: De frente   389
     a la fuente (o recipiente) que contiene el agua bendita, el celebrante dice lo siguiente.

Bendito seas, oh Dios, Padre todopoderoso,
que creaste el agua para lavar y para vivificar.

Todos cantan o dicen la aclamación siguiente u otra apropiada.

Bendito seas, oh Dios.

Celebrante:

Bendito seas, Señor Jesucristo, Hijo único del Padre
porque te ofreciste en la cruz
y derramaste del costado agua y sangre,
para que por tu muerte y resurrección naciera la Iglesia.

Todos:

Bendito seas, oh Dios.

Celebrante:

Bendito seas, Dios Espíritu Santo,
que ungiste a Cristo, bautizado en las aguas del Jordán,
para que todos seamos bautizados en ti.

Todos:

Bendito seas, oh Dios.

El celebrante entonces concluye con la siguiente oración.

Tú has llamado a tus hijos N. y N.,
a estas aguas regenadoras,
 para que puedan compartir en la fe de tu Iglesia y tengan vida eterna.
Por el misterio de esta agua consagrada
guíalos a la regeneración espiritual.

Te lo pedimos por Cristo nuestro Señor.

Todos:

Amén.

PROFESION DE FE

355 Después de la bendición del agua (o de la oración de acción de gracias), el celebrante continúa con la profesión de fe, la cual incluye la renuncia al pecado y la profesión misma.

RENUNCIA AL PECADO

356 Usando una de las siguientes fórmulas, el celebrante interroga al candidato.

[Se deja al juicio del obispo diocesano, el que las fórmulas para la renuncia al pecado sean más específicas y detalladas según las circunstancias lo requieran (véase n. 33.8).]

259

259
USA

A   Celebrante:

¿Renuncias al pecado, para vivir en la libertad de los hijos de Dios?

      Candidato:

Sí, renuncio.

      Celebrante:

¿Renuncias a las seducciones de la iniquidad,
para que no te domine el pecado?

      Candidato:

Sí, renuncio.

      Celebrante:

¿Renuncias a Satanás, que es padre y autor del pecado?

      Candidato:

Sí, renuncio.

B   Celebrante:

¿Renuncias a Satanás,
y a todas sus obras
y a todas sus falsas promesas?

      Candidato:

Sí, renuncio.

C   Celebrante:

¿Renuncias a Satanás?

      Candidato:

Sí, renuncio.

      Celebrante:

¿Y a todas sus obras?

      Candidato:

Sí, renuncio.

      Celebrante:

¿Y a todas sus falsas promesas?

      Candidato:

Sí, renuncio.

357   Entonces el celebrante le pregunta al candidato:

N., ¿Crees en Dios, Padre todopoderoso,
 Creador del cielo y de la tierra?

Candidato:

Sí, creo.

Celebrante:

¿Crees en Jesucristo, su único Hijo, nuestro Señor,
 que nació de santa María, la Virgen,
 fue crucificado, muerto y sepultado,
 resucitó de entre los muertos
 y está sentado a la derecha del Padre?

Candidato:

Sí, creo.

Celebrante:

¿Crees en el Espíritu Santo,
 en la santa Iglesia católica, en la comunión de los santos,
 en el perdón de los pecados, en la resurrección de la carne,
 y en la vida eterna?

Candidato:

Sí, creo.

BAUTISMO

358   Inmediatamente después de la profesión de fe el celebrante bautiza al candidato
bien sea por inmersión (opción A), o por infusión (opción B). Después del Bautismo es
adecuado que la asamblea cante una aclamación corta (véase el Apéndice II, n. 595).

A   Si el Bautismo es por inmersión, de todo el cuerpo o de la cabeza solamente, se debe
hacer con pudor y decoro. Uno o ambos padrinos ayudan al candidato. El celebrante,
sumerge al candidato del todo o sólo la cabeza por tres veces sucesivamente, y le bautiza
en el nombre de la Santísima Trinidad:

N., yo te bautizo en el nombre del Padre,

> Le sumerge por primera vez.

y del Hijo,

> Le sumerge por segunda vez.

y del Espíritu Santo.

> Le sumerge por tercera vez.

B Si el Bautismo se hace derramando el agua, uno o ambos padrinos ponen la mano 262 derecha en el hombro del candidato, y el celebrante saca el agua de la fuente y, derramándola tres veces sobre la cabeza inclinada del candidato, le bautiza en el nombre de la Santísima Trinidad:

N., Te bautizo en el nombre del Padre,

> Derrama el agua por primera vez.

y del Hijo,

> Derrama el agua por segunda vez.

y del Espíritu Santo.

> Derrama el agua por tercera vez.

RITOS COMPLEMENTARIOS

359 La celebración del Bautismo continúa inmediatamente con los ritos complementarios, después de los cuales sigue la celebración de la Confirmación.

IMPOSICION DE LA VESTIDURA BAUTISMAL

360 La vestidura usada en este rito puede ser blanca o de otro color conforme a la 264 costumbre local. Si las circunstancias lo sugieren, este rito puede omitirse.

El celebrante dice la siguiente fórmula, y a las palabras "Recibe esta vestidura bautismal" el padrino o la madrina o ambos padrinos le imponen la vestidura al recién bautizado.

N., te has transformado en nueva criatura
y te has vestido de Cristo.
Recibe esta vestidura bautismal
que has de llevar limpia de toda mancha
ante el tribunal de nuestro Señor Jesucristo,
para alcanzar la vida eterna.

> El recién bautizado:

Amén.

361   El celebrante toma el cirio pascual con las manos o lo toca, diciendo al padrino o a los padrinos: 265

Acércate, padrino (madrina), para que entregues al recién bautizado la luz de Cristo.

Se acerca un padrino o madrina y enciende un cirio en el cirio pascual, luego se lo presenta al recién bautizado.

Entonces el celebrante le dice al recién bautizado:

Has sido transformado(a) en luz de Cristo.
Camina siempre como hijo(a) de la luz,
a fin de que perseveres en la fe
y puedas salir al encuentro del Señor,
cuando venga con todos los Santos en la gloria celeste.

El recién bautizado:

Amén.

CELEBRACION DE LA CONFIRMACION

362   Entre la celebración del Bautismo y de la Confirmación, la asamblea puede entonar un canto apropiado.   266

363   Si el obispo no está presente, el celebrante que confirió el Bautismo confiere la Confirmación.   267

INVITACION

364   El celebrante primero habla brevemente a la persona recién bautizada en estas u otras palabras parecidas.   268

N., regenerado(a) ya en Cristo por el Bautismo y transformado(a) en miembro suyo y de su pueblo sacerdotal, ahora vas a recibir al Espíritu Santo que ha sido derramado entre nosotros; es el mismo Espíritu que envió el Señor sobre los apóstoles el día de Pentecostés, y que ellos y sus sucesores confieren a los bautizados.

Tú también recibirás la fuerza prometida del Espíritu Santo; con ella, configurado(a) más perfectamente a Cristo, podrás dar testimonio de la pasión, muerte y resurrección del Señor, y ayudado(a) con su fortaleza, seas miembro activo de la Iglesia y constructor del Cuerpo de Cristo en la fe y en el amor.

Con las manos juntas, el celebrante luego se dirige al pueblo:

Mis queridos amigos, oremos a Dios nuestro Padre, para que derrame bondadosamente sobre este(a) hermano(a) recién bautizado(a) al Espíritu Santo, que lo (la) confirme con la abundancia de sus dones, y con su unción le haga conforme a Jesucristo, Hijo de Dios.

Todos oran en silencio durante algunos momentos.

IMPOSICION DE LAS MANOS

365   El celebrante luego impone las manos sobre la persona que se va a confirmar y dice la siguiente oración.

Dios todopoderoso, Padre de nuestro Señor Jesucristo,
por el agua y el Espíritu Santo,
has liberado a este(a) hijo(a) del pecado
y le has dado una vida nueva.

Envía tu Espíritu Santo sobre él(ella)
para que sea su ayuda y guía.

Llénalo(a) del espíritu de sabiduría y de inteligencia,
del espíritu de consejo y de fortaleza,
del espíritu de ciencia y de piedad;
cólmalo(la) del espíritu de tu santo temor y de reverencia en tu presencia.

Te lo pedimos por Cristo nuestro Señor.

R. Amén.

UNCION CON EL CRISMA

366   Un ministro trae el Crisma al celebrante.

El candidato, con sus padrinos, se acerca al celebrante. Uno o ambos padrinos ponen la mano derecha sobre el hombro del candidato y bien sea un padrino, o el candidato, le da el nombre del candidato al celebrante. Mientras se confiere el sacramento, se puede entonar un canto apropiado.

El celebrante empapa la punta del pulgar derecho en el Crisma y hace la señal de la cruz en la frente del que se va a confirmar mientras dice:

N., recibe por esta señal el don del Espíritu Santo.

El recién confirmado:

Amén.

El celebrante añade:

La paz sea contigo.

El recién confirmado:

Y con tu espíritu.

LITURGIA DE LA EUCARISTIA

367   Como no se dice la profesión de fe, se empieza inmediatamente con las oraciones de los fieles y por primera vez el(la) neófito(a) participa en ellas. El(ella) también ayuda a llevar las ofrendas al altar.

271

368   La Plegaria Eucarística ha de incluir las interpolaciones especiales dadas en el Misal Romano, Misas rituales, "Iniciación Cristiana: Bautismo," para las Plegarias Eucarísticas I, II, III y IV.

272

369   Conviene que el(la) neófito(a) reciba la Sagrada Comunión bajo las dos especies, junto con sus padrinos, padres, cónyuge y catequistas.

273

Antes de decir "Este es el Cordero de Dios," el celebrante puede recordar brevement a los neófitos la preeminencia de la Eucaristía, que es la culminación de la iniciación cristiana y centro de toda la vida cristiana.

3 LA INICIACION CRISTIANA DE UNA PERSONA EN PELIGRO DE MUERTE

Al ser coherederos con Cristo, compartimos en sus sufrimientos;
también compartiremos en su gloria

370 Las personas, bien sean catecúmenos o no, que están en peligro de muerte pero no inmediata y que por tanto son capaces de oír y contestar las preguntas necesarias y responder a ellas, pueden ser bautizadas con este rito breve. 278

371 Las personas que ya han sido aceptadas como catecúmenos deben prometer que, una vez recuperada la salud, acabarán la catequesis acostumbrada. Las personas que no son catecúmenos deben dar señales claras de su conversión a Cristo y de su renuncia a los falsos cultos y no deben estar ligadas con obstáculos morales en su vida (por ejemplo, poligamia "simultánea"). También deben prometer que al recobrar la salud seguirán el curso de la iniciación que les corresponda. 279

372 Este rito breve está diseñado particularmente para que lo dirijan catequistas y laicos; un sacerdote, o diácono, puede usarlo en caso de necesidad urgente. Pero normalmente un sacerdote, o diácono, ha de usar el rito sencillo de la iniciación cristiana dado en los nn. 340-369, con los cambios que se requieran por las circunstancias de lugar y tiempo. 280

El ministerio del Bautismo, cuando tenga a mano el Crisma y haya tiempo suficiente. En este caso se omite la unción postbautismal.

Si el ministro del Bautismo es un sacerdote, un diácono, un(a) catequista o una persona laica que tenga facultad para distribuir la Comunión, debe, si es posible, dar la Eucaristía a la persona recién bautizada. En este caso, antes de empezar la celebración del rito, se coloca con reverencia el Santísimo Sacramento en una mesa cubierta con un mantel blanco.

373 En el caso de una persona que está a punto de morir, esto es, cuya muerte es inminente y el tiempo urge, el ministro omite todo y derrama el agua natural (aunque no esté bendecida) sobre la cabeza de la persona enferma, mientras dice la fórmula sacramental acostumbrada (véase *Iniciación Cristiana*, Introducción General, n. 23). 281

374 Si las personas que fueron bautizadas al estar en peligro de muerte o a punto de morir recobran la salud, han de ser instruídas con la catequesis debida, ser recibidas en la iglesia en el tiempo oportuno, y allí recibir los otros sacramentos de iniciación. En tales casos se siguen las normas dadas en los nn. 400-410 para los adultos bautizados pero no catequizados, con los cambios necesarios. Las mismas normas deben aplicarse cuando las personas enfermas recobran la salud después de recibir no sólo el Bautismo sino también la Confirmación y la Eucaristía como viático. 282 294

ESQUEMA DEL RITO

RITOS INTRODUCTORIOS

Diálogo de Apertura
Afirmación por los Padrinos y Testigos

LITURGIA DE LA PALABRA

Lectura del Evangelio
Súplicas por el Candidato
Oración sobre el Candidato

CELEBRACION DEL BAUTISMO

Renuncia al Pecado
Profesión de Fe
Bautismo
[Unción después del Bautismo]

CELEBRACION DE LA CONFIRMACION

Invitación
Imposición de las Manos
Unción con el Crisma

CELEBRACION DEL VIATICO

Invitación a la Oración
Comunión como Viático
Oración después de la Comunión

RITOS CONCLUSIVOS

Bendición
Saludo de Paz

LA INICIACION CRISTIANA DE UNA PERSONA EN PELIGRO DE MUERTE

375 El ministro saluda a la familia y luego habla con la persona enferma sobre su deseo de recibir el Bautismo y, si la persona enferma no es un(a) catecúmeno(a), sobre los motivos de su conversión. Después de que haya decidido bautizarlo(la), el ministro debe instruir a la persona brevemente, si es necesario.

376 Luego el ministro invita a la familia, a la persona designada como padrino (madrina) y a los amigos y allegados presentes a que se acerquen alrededor de la persona enferma y elige a uno o dos de los presentes como testigos. Se prepara agua, aunque no esté bendecida.

RITOS INTRODUCTORIOS

Dialogo de Apertura

377 El ministro se dirige a la persona enferma con estas u otras palabras parecidas.

Querido(a) hermano(a), has pedido el Bautismo porque quieres alcanzar la vida eterna como los cristianos. Pues bien, la vida eterna consiste en que conozcas al Dios verdadero y a su enviado Jesucristo. Esta es la fe de los cristianos: ¿Sabes esto?

Candidato:

Sí, lo sé.

Ministro:

Juntamente con la profesión de tu fe en Jesucristo, también te será necesario que quieras cumplir sus mandamientos, como hacen los cristianos: ¿también estás dispuesto(a) a aceptar esto?

Candidato:

Sí, estoy dispuesto(a).

Ministro:

¿Estás dispuesto(a) a vivir como los cristianos?

Candidato:

Sí, estoy dispuesto(a).

Ministro:

Prometes, pues, que al recobrar las fuerzas, procurarás conocer mejor a Cristo, y seguirás el curso de la instrucción cristiana. ¿Lo prometes?

Candidato:

Sí, lo prometo.

AFIRMACION POR LOS PADRINOS Y TESTIGOS

378 Dirigiéndose a los padrinos y a los testigos, el ministro les hace las siguientes preguntas en estas u otras palabras semejantes.

Ustedes han oído la promesa de N. Como sus padrinos, ¿prometen ustedes que se la recordarán y le ayudarán a aprender las enseñanzas de Cristo, a tomar parte en la vida de nuestra comunidad, y a dar testimonio como verdadero cristiano?

Padrinos:

Sí, lo prometo.

Ministro:

Y todos ustedes, que han sido testigos de esta promesa, ¿ayudarán a cumplirla?

Testigos:

Sí, ayudaremos.

Entonces el ministro se dirige a la persona enferma y dice:

Así pues ahora serás bautizado(a) para la vida eterna, según el mandato de nuestro Señor Jesucristo.

LITURGIA DE LA PALABRA

LECTURA DEL EVANGELIO

379 Según la oportunidad y la urgencia, el ministro lee algunas palabras de un evangelio y las explica. Se puede usar uno de los siguientes pasajes.

1   Juan 3:1-6 —*Si uno no nace de nuevo no podrá gozar del reino de Dios.*
2   Juan 6:44-47 — *Quien tiene fe posee vida eterna.*

3   Mateo 22:35-40 — *Este es el mandamiento principal y el primero.*

4   Mateo 28:18-20 — *Vayan y enseñen mi Evangelio a todas las naciones, bautizándolas en el nombre del Padre y del Hijo y del Espíritu Santo.*

5   Marcos 1:9-11 — *Jesús fue bautizado por Juan en el Jordán.*

SÚPLICAS POR EL CANDIDATO

380   El ministro puede adaptar o acortar las súplicas según la condición de la persona enferma. Las súplicas pueden omitirse si la persona enferma parece cansarse.   288

El ministro empieza:

Oremos a Dios misericordioso por nuestro(a) hermano(a) enfermo(a) que ha pedido el don del Bautismo; oremos por sus padrinos y por toda su familia y sus amigos.

Ministro asistente:

Padre, aumenta su fe en Cristo, tu Hijo y nuestro Salvador; con fe te lo pedimos.

R. Señor, escúchanos.

Ministro asistente:

Concédele su deseo de poseer la vida eterna y de entrar en el reino de los cielos; con fe te lo pedimos.

R. Señor, escúchanos.

Ministro asistente:

Cumple su esperanza de conocerte a ti, el Creador del mundo y el Padre de todos; con fe te lo pedimos.

R. Señor, escúchanos.

Ministro asistente:

Por el Bautismo perdónale sus pecados y santifícalo; con fe te lo pedimos.

R. Señor, escúchanos.

Ministro asistente:

Concédele la salvación que Cristo conquistó por su muerte y resurrección; con fe te lo pedimos.

R. Señor, escúchanos.

Ministro asistente:

En tu amor adóptalo(la) en tu familia; con fe te lo pedimos.

R. Señor, escúchanos.

[Ministro asistente:

Restáurale la salud para que él(ella) tenga tiempo de conocer e imitar a Cristo más profundamente; con fe te lo pedimos.

R. Señor, escúchanos.]

Ministro asistente:

Conserva unidos en la fe y el amor a todos aquellos que hemos sido bautizados en un solo Cuerpo de Cristo; con fe te lo pedimos.

R. Señor, escúchanos.

ORACION SOBRE EL CANDIDATO

381 El ministro concluye las súplicas con la siguiente oración.   289

Padre,
mira benigno la fe y el deseo de tu amado(a) siervo(a) N.;
por medio de esta agua,
que elegiste para nuestro nacimiento sobrenatural,
únelo(a) a la muerte y resurrección de Cristo.

Perdónale todos sus pecados,
adóptalo(a) como uno de tus hijos,
y agrégalo(a) a tu pueblo santo.

[Concédele también que, recobrada la salud,
te dé gracias formando parte de tu Iglesia,
y, siguiendo fielmente los mandamientos de Cristo,
se haga perfecto(a) discípulo(a) suyo(a)].

Te lo pedimos por Jesucristo nuestro Señor.

R. Amén.

CELEBRACION DEL BAUTISMO

RENUNCIA AL PECADO

290

382 El ministro primero pide a la persona enferma que renuncie al pecado; para ello el ministro puede usar la siguiente fórmula o la más extensa dada en el n. 356 y puede hacer las adaptaciones necesarias (véase n. 72).

Ministro:

¿Renuncias a Satanás,
y a todas sus obras,
y a todas sus vanas promesas?

Candidato:

Sí, renuncio.

PROFESION DE FE

383 Se hace entonces una profesión de fe. Se puede usar una de las siguientes fórmulas.

290

A   Ministro:

N., ¿Crees en Dios, Padre todopoderoso,
Creador del cielo y de la tierra?

Candidato:

Sí, creo.

Ministro:

¿Crees en Jesucristo, su único Hijo, nuestro Señor,
    que nació de santa María, la Virgen,
    fue crucificado, muerto y sepultado,
    resucitó de entre los muertos
    y está sentado a la derecha del Padre?

Candidato:

Sí, creo.

Ministro:

¿Crees en el Espíritu Santo,
en la santa Iglesia católica, en la comunión de los santos,
en el perdón de los pecados, en la resurrección de la carne,
y en la vida eterna?

Candidato:

Sí, creo.

B   Candidato:

Creo en Dios, Padre todopoderoso,
Creador del cielo y de la tierra.

Creo en Jesucristo, su único Hijo, nuestro Señor,
que fue concebido por obra y gracia del Espíritu Santo,
nació de Santa María Virgen,
padeció bajo el poder de Poncio Pilato,
fue crucificado, muerto y sepultado,
descendió a los infiernos,
al tercer día resucitó de entre los muertos,
subió a los cielos
y está sentado a la derecha de Dios, Padre todopoderoso.
Desde allí ha de venir a juzgar a vivos y muertos.

Creo en el Espíritu Santo,
la santa Iglesia católica,
la comunión de los santos,
el perdón de los pecados,
la resurrección de la carne
y la vida eterna. Amén.

BAUTISMO

384 El ministro, pronuncia el nombre que la persona enferma desea recibir, y la 291
bautiza, diciendo:

N., yo te bautizo en el nombre del Padre,

Derrama el agua por primera vez.

y del Hijo,

Derrama el agua por segunda vez.

y del Espíritu Santo.

Derrama el agua por tercera vez.

385 Si el ministro del Bautismo es un diácono, dice la siguiente oración, luego en silencio unge a la persona recién bautizada con el Crisma en la coronilla de la cabeza.   292

El Dios omnipotente y Padre de nuestro Señor Jesucristo
te ha librado del pecado
y te ha traído a una vida nueva
por medio del agua y del Espíritu Santo.

El te unge ahora con el Crisma de la salvación,
para que, unido(a) con su pueblo,
permanezcas siempre como miembro de Cristo
que es Sacerdote, Profeta y Rey.

El recién bautizado:

Amén.

386 Si el ministro no es un sacerdote, el rito continúa con la celebración del viático (n. 393).

387 Si no se celebran ni la Confirmación ni el viático, uno de los ritos alternativos conclusivos (n. 399) sigue al Bautismo.

CELEBRACION DE LA CONFIRMACION

388 Si el ministro del Bautismo es un sacerdote, también confiere la Confirmación.   293

Si no hay suficiente tiempo por la condición de la persona enferma, se puede omitir la "Invitación" (n. 389); es suficiente con que el sacerdote unja con el Crisma, mientras dice las palabras "N., recibe por esta señal . . ."; si es posible primero impone las manos sobre la persona enferma con la oración "Dios todopoderoso".

INVITACION

389 El sacerdote primero se dirige brevemente a la persona recién bautizada con las siguientes palabras u otras semejantes.   293

N., acabas de ser regenerado(a) por el Bautismo y transformado(a) en miembro de Cristo y de su pueblo sacerdotal. Ahora vas a compartir en el Espíritu Santo que ha sido derramado sobre nosotros, el Espíritu enviado por el Señor sobre los Apóstoles el día de Pentecostés y que ellos y sus sucesores confieren a los bautizados.

Todos oran en silencio por unos breves momentos.

IMPOSICION DE LAS MANOS

293

390 El sacerdote impone las manos sobre la persona recién bautizada y dice la siguiente oración:

Dios todopoderoso, Padre de nuestro Señor Jesucristo,
por el agua y el Espíritu Santo,
has liberado a este(a) hijo(a) tuyo(a) del pecado
y le has dado una vida nueva.

Envía tu Espíritu Santo sobre él(ella)
para que sea su ayuda y guía.

Llénalo(a) del espíritu de sabiduría y de inteligencia,
del espíritu de consejo y de fortaleza,
del espíritu de ciencia y de piedad.
Cólmalo(a) del espíritu de tu santo temor y de reverencia en tu presencia.

Te lo pedimos por Jesucristo nuestro Señor.

R. Amén.

UNCION CON EL CRISMA

293

391 El sacerdote empapa la punta del pulgar derecho en el Crisma y hace la señal de la cruz en la frente del que va a ser confirmado mientras dice:

N., recibe por esta señal el Don del Espíritu Santo.

El recién confirmado:

Amén.

El sacerdote añade:

La paz sea contigo.

El recién confirmado:

Y con tu espíritu.

392 Si no se va a celebrar el viático, uno de los ritos alternativos conclusivos (n. 399) sigue a la Confirmación.

CELEBRACION DEL VIATICO

294

393 Se da la Comunión como viático inmediatamente después de la Confirmación o, si no se celebra ésta, inmediatamente después de la celebración del Bautismo.

INVITACION A LA ORACION

394 El ministro se dirige a la persona enferma: si el viático sigue a la celebración de la Confirmación, el ministro usa la opción A o palabras semejantes; si no se celebra la Confirmación y el viático sigue al Bautismo, el ministro usa la opción B o palabras semejantes.

A N., Dios nuestro Padre te ha liberado de tus pecados, te ha regenerado y te ha hecho uno(a) de sus hijos(as) en Cristo. Antes de recibir el Cuerpo del Señor y en el espíritu de esa adopción que acabas de recibir hoy, ahora únete a nosotros en oración, como el Señor nos enseñó: ²⁹⁴

Luego la persona enferma y todos los presentes se unen al ministro en la Oración Dominical.

Padre nuestro . . .

B N., Dios nuestro Padre te ha liberado de tus pecados, te ha regenerado y te ha hecho uno de sus hijos(as) en Cristo. Pronto, con el favor de Dios, recibirás la plenitud del Espíritu Santo por la Confirmación. Antes de recibir el Cuerpo del Señor y en el espíritu de esa adopción que acabas de recibir hoy, únete ahora a nosotros en oración, como el Señor nos enseñó. ²⁹⁴

Luego la persona enferma y todos los presentes se unen al ministro en la Oración Dominical.

Padre nuestro . . .

COMUNION COMO VIATICO

395 El ministro muestra el pan eucarístico a todos los presentes, usando una de las siguientes fórmulas. ²⁹⁴

A Jesucristo es el alimento para nuestro caminar;
El nos llama al banquete celestial.

B Este es el Cordero de Dios
que quita el pecado del mundo.
Dichosos los llamados a esta cena.

La persona enferma y todos los que van a recibir la comunión dicen:

Señor, yo no soy digno(a) de que entres en mi casa,
pero una palabra tuya bastará para sanarme.

El ministro va a la persona enferma y, mostrándole la sagrada hostia, dice:

El cuerpo de Cristo.

La persona enferma contesta:

Amén.

Luego el ministro dice:

La sangre de Cristo.

La persona enferma contesta:

Amén.

Inmediatamente, o después de dar la Comunión a la persona enferma, el ministro añade la fórmula para el viático.

Que nuestro Señor Jesucristo te proteja
y te guíe a la vida eterna.

La persona enferma contesta:

Amén.

Las otras personas que están presentes y deseen recibir la Comunión lo hacen entonces de la manera usual.

A continuación se puede tener un breve momento de oración en silencio.

ORACION DESPUES DE LA COMUNION

396   El ministro dice una oración conclusiva.

Oremos.

Pausa para orar en silencio, si esto no se ha hecho antes.

Padre,
todopoderoso y eterno Dios,
nuestro(a) hermano(a) ha recibido la Eucaristía
con fe en ti y en tu poder que sana.
Que el cuerpo y sangre de Cristo
le sirva para bien de su alma y de su cuerpo,
y como remedio para alcanzar la vida eterna.

Te lo pedimos en el nombre de Jesús nuestro Señor.

R. Amén.

RITOS CONCLUSIVOS

BENDICION

397   El ministro bendice a la persona enferma y a los presentes, usando una de las siguientes bendiciones. PC295

A   Cuando el ministro es un sacerdote o diácono dice:

Que el Señor esté contigo para protegerte.

R. Amén.

Que el Señor te guíe y te dé su fuerza.

R. Amén.

Que el Señor te cuide, te guarde, y te bendiga con su paz.

R. Amén.

Que Dios todopoderoso te bendiga,
el Padre, y el Hijo, ✠ y el Espíritu Santo.

R. Amén.

B   Un ministro laico invoca la bendición de Dios y se signa a sí mismo con la señal de la cruz, diciendo:

Que el Señor nos bendiga,
nos guarde de todo mal,
y nos lleve a la vida eterna.

R. Amén.

SALUDO DE LA PAZ

398   El ministro y los presentes pueden darle a la persona enferma el saludo de paz. PC296

235

RITOS CONCLUSIVOS ALTERNATIVOS

399 Cuando la celebración concluye después de la Confirmación y no se da el viático, el rito concluye usando la opción A. Cuando la celebración termina inmediatamente después del Bautismo y no se celebra ni la Confirmación ni el viático, el rito concluye usando la opción B.

A El ministro se dirige a la persona enferma con las siguientes palabras.

N., Dios nuestro Padre te ha liberado de tus pecados, te ha regenerado y te ha hecho su hijo(a) en Cristo. Pronto, con el favor de Dios, te acercarás al altar de Dios para compartir el pan de vida a la mesa de su sacrificio. En el espíritu de esa adopción que acabas de recibir hoy, únete ahora a nosotros en oración, como el Señor nos enseñó.

Luego la persona enferma y todos los presentes se unen al ministro diciendo:

Padre nuestro . . .

Se puede impartir ahora la bendición (n. 397) y el saludo de paz (n. 398).

B El ministro se dirige a la persona enferma con las siguientes palabras.

N., Dios nuestro Padre te ha liberado de tus pecados, te ha regenerado y te ha hecho su hijo(a) en Cristo. Pronto, con el favor de Dios, recibirás la plenitud del Espíritu Santo por la Confirmación y te acercarás al altar de Dios para compartir el pan de vida a la mesa de su sacrificio. En el espíritu de esa adopción que acabas de recibir hoy, únete ahora a nosotros en oración, como el Señor nos enseñó.

Entonces la persona enferma y todos los presentes se unen al ministro diciendo:

Padre nuestro . . .

Se puede impartir ahora la bendición (n. 397) y el saludo de paz (398).

4 PREPARACION DE ADULTOS NO CATEQUIZADOS PARA LA CONFIRMACION Y LA EUCARISTIA

Entonces, si ustedes han resucitado con Cristo, busquen las cosas de arriba, donde Cristo está sentado a la derecha de Dios Padre

400 Las siguientes normas pastorales se refieren a los adultos que fueron bautizados como bebés bien sea como católicos romanos o como miembros de otra comunidad cristiana pero que no han recibido más formación catequética ni han recibido, por lo tanto, los sacramentos de la Confirmación y la Eucaristía. Estas sugerencias pueden aplicarse también a casos semejantes, especialmente el de un adulto que recobra la salud después de haber sido bautizado en peligro de muerte o a punto de morir (véase n. 374). 295 USA

Aunque los adultos que no están catequizados no han oído todavía el mensaje del misterio de Cristo, su condición difiere de la de los catecúmenos, puesto que por el Bautismo ya son miembros de la Iglesia e hijos de Dios. Por lo tanto su conversión está basada en el Bautismo que ya han recibido, cuya virtud deben desarrollar después.

401 Como en el caso de los catecúmenos, la preparación de estos adultos requiere bastante tiempo (véase n. 76) para que la fe infundida en el Bautismo pueda crecer y profundizarse en ellos por la formación pastoral que reciban. Para fortalecerlos en la vida cristiana se necesita un programa de instrucción, una catequesis adaptada a sus necesidades, el contacto con la comunidad de los fieles, y la participación en algunos ritos litúrgicos. 296

402 En general el plan de la catequesis corresponde al propuesto para los catecúmenos (véase n. 75.1); pero en el proceso de la catequesis el sacerdote, el diácono o el(la) catequista debe tener presente la condición especial de estos adultos porque ya han recibido el Bautismo. 297

403 La comunidad cristiana, así como ayuda a los catecúmenos, debe también ayudar a estos adultos con caridad y oración (véase nn. 4, 75.2) y dando testimonio de su idoneidad cuando llegue el momento de que sean admitidos a los sacramentos (véase nn. 120, 121). 298

404 Un esponsor presenta a estos adultos a la comunidad (véase n. 10). Durante el tiempo de su formación catequética, todos escogen esponsores (uno o dos, varón y mujer) aprobados por el sacerdote. Sus esponsores actuarán con estos adultos como los representantes de la comunidad y tienen las mismas responsabilidades que los esponsores tienen hacia los catecúmenos (véase n. 11). Las mismas personas que fueron padrinos en el Bautismo de estos adultos se pueden escoger como esponsores para esta etapa, con tal de que sean verdaderamente capaces de cumplir con las responsabilidades de esponsores. 299

405 La etapa de preparación debe ser santificada por medio de celebraciones litúrgicas. La primera de éstas es un rito por el cual los adultos reciben la bienvenida en la comunidad y se les reconoce como parte de ella porque ya han sido marcados con el sello del Bautismo. [Con este fin se ofrece el Rito de Bienvenida a los Candidatos, que aparece a continuación en la Parte II, 4A]. 300 USA

406 Una vez que se ha celebrado el rito de recepción, estos adultos participan en las celebraciones de la palabra de Dios, ya sea en las que se reúne toda la asamblea de los fieles ya sea en las celebraciones preparadas especialmente para beneficio de los catecúmenos (véase nn. 81-84). 301

407 Para significar la acción de Dios en esta obra de preparación, sería muy oportuno emplear algunos de los ritos propios del catecumenado que respondan a la condición especial de estos adultos y a sus necesidades espirituales. Entre estos está la entrega del Símbolo (nn. 157-162) y de la Oración Dominical (nn. 178-182) y también la entrega de un libro de los Evangelios (n. 64). [Se pueden usar también los ritos adicionales presentados en la Parte II, 4b, 4c y 4d según las necesidades particulares y las circunstancias de los candidatos.] 302 USA

408 Las etapas de la catequesis de estos adultos deben coordinarse convenientemente con el año litúrgico. Esto es especialmente importante en la última etapa, que como regla debe coincidir con la Cuaresma. Durante el tiempo cuaresmal se deben tener algunas ceremonias penitenciales que ayuden a estos adultos a prepararse para la celebración del sacramento de la Penitencia. 303

409 El momento más importante de su formación completa será normalmente la Vigilia Pascual. En esa ocasión profesarán su fe bautismal, recibirán el sacramento de la Confirmación, y participarán de la Eucaristía. Si no se puede conferir la Confirmación en la Vigilia Pascual porque ni el obispo ni ningún otro ministro autorizado está presente, debe celebrarse la Confirmación cuanto antes y, si es posible, durante el tiempo pascual. 304

410 Estos adultos completarán su formación cristiana y serán plenamente integrados en la comunidad participando en la etapa de la catequesis postbautismal o mistagogia junto con los miembros de la comunidad cristiana que han sido recientemente bautizados. 305

RITOS OPCIONALES PARA ADULTOS BAUTIZADOS PERO NO CATEQUIZADOS

4A RITO DE BIENVENIDA A LOS CANDIDATOS

Enséñanos tus caminos, Oh Señor

411 Este rito opcional da la bienvenida a los adultos bautizados pero no catequizados previamente que buscan completar su iniciación cristiana por los sacramentos de la Confirmación y de la Eucaristía o ser recibidos en la plena comunión de la Iglesia católica.

412 Las oraciones y gestos rituales reconocen que tales candidatos ya son parte de la comunidad porque han sido marcados por el Bautismo. Ahora la Iglesia los rodea con cuidado y apoyo especial mientras se preparan para ser sellados con el don del Espíritu en la Confirmación y para tomar su lugar en el banquete eucarístico del sacrificio de Cristo.

413 Una vez que se les ha dado la bienvenida en la vida de la comunidad, estos adultos, además de asistir regularmente a la Eucaristía del domingo, toman parte en las celebraciones de la palabra de Dios con toda la asamblea cristiana y en las celebraciones preparadas especialmente para provecho de los candidatos.

414 Se tendrá el rito en días específicos durante el año (véase n. 18) que sean convenientes a las condiciones locales.

415 Cuando el rito de bienvenida de los candidatos para los sacramentos de la Confirmación y de la Eucaristía se combina con el Rito para Aceptación en el Catecumenado, se usa el rito alternativo que se encuentra en la p. 285 (Apéndice I, 1).

ESQUEMA DEL RITO

BIENVENIDA A LOS CANDIDATOS

Saludo
Diálogo de Apertura
Declaración de Intención por los Candidatos
Afirmación por los Esponsores o Padrinos y por la Asamblea
Signación de los Candidatos con la Cruz
   Signación de la Frente
   [Signación de los Otros Sentidos]
   Oración Conclusiva

LITURGIA DE LA PALABRA

Instrucción
Lecturas
Homilía
[Entrega de una Biblia]
Profesión de Fe
Súplicas Generales
Oración sobre los Candidatos

LITURGIA DE LA EUCARISTIA

RITO DE BIENVENIDA A LOS CANDIDATOS

BIENVENIDA A LOS CANDIDATOS

416 Cuando se celebra este rito durante la Misa, se canta, como de costumbre, el himno de entrada o la antífona. Como ya se cuentan entre los bautizados, los candidatos se sientan en un lugar destacado entre los fieles.

SALUDO

417 El celebrante saluda amablemente a los candidatos. Les habla a ellos, a sus esponsores o padrinos y a todos los presentes, sobre el gozo y la alegría de la Iglesia al darles la bienvenida. Recuerda a la asamblea que estos candidatos ya han sido bautizados. Si es oportuno, puede también indicar brevemente el camino especial que ha conducido a los candidatos a pedir el completar su iniciación cristiana.

Luego invita a los esponsores o padrinos y a los candidatos a acercarse. Mientras ocupan sus sitios ante el celebrante, se puede entonar un himno apropiado, por ejemplo, el Salmo 62:1-8.

DIALOGO DE APERTURA

418 Si los candidatos no son conocidos por todos los presentes, el celebrante les pregunta o les llama por su nombre. Los candidatos contestan uno por uno, aun si, debido a un gran número, se hace la pregunta una sola vez. Para esto se puede usar una de las fórmulas siguientes u otras palabras parecidas.

A   El celebrante pregunta:

¿Cómo te llamas?

Candidato:

N.

B   El celebrante dice en voz alta el nombre de cada candidato.

El candidato responde:

Presente.

El celebrante continúa con la pregunta siguiente dirigida a cada uno de los candidatos individualmente, o, cuando el número es grande, dirigida a todos para que los candidatos contesten como grupo. El celebrante puede usar otras palabras diferentes a las que se dan aquí cuando interroga a los candidatos sobre su intención y puede dejar que contesten en sus propias palabras.

Celebrante:

¿Qué pides de la Iglesia de Dios?

Candidato:

Ser aceptado como candidato para la instrucción catequética que prepara para la Confirmación y la Eucaristía (o: recepción en la plena comunión de la Iglesia católica).

DECLARACION DE INTENCION POR EL CANDIDATO

419 El celebrante se dirige a los candidatos, adaptando una de las siguientes fórmulas a las respuestas recibidas en el diálogo de apertura, o usando palabras parecidas.

A   Bendito sea Dios y Padre de nuestro Señor Jesucristo, que, en su gran misericordia, nos ha regenerado a una vida de esperanza, una esperanza que se funda en la resurrección de Cristo de entre los muertos. Por el Bautismo en Cristo Jesús, esta esperanza de gloria les pertenece a ustedes. Cristo les abrió el camino del Evangelio que lleva a la vida eterna. Ahora, bajo la inspiración del Espíritu Santo, ustedes desean continuar ese camino de fe.

¿Están ustedes dispuestos a reflexionar más profundamente en el misterio de su Bautismo, a escuchar con nosotros la instrucción de los apóstoles, y a unirse a nosotros en una vida de oración y servicio?

Candidatos:

Sí, estamos dispuestos.

B   Celebrante:

Declaren ante esta comunidad las razones por las cuales desean entrar más plenamente en la vida de la Iglesia.

Los candidatos responden con un breve testimonio personal.

AFIRMACION POR LOS ESPONSORES O PADRINOS Y POR LA ASAMBLEA

420 Luego el celebrante se dirige a los esponsores o padrinos y a la asamblea y les interroga con estas u otras palabras semejantes.

Esponsores (o Padrinos), ahora ustedes nos presentan estos candidatos. ¿Están dispuestos, ustedes y todos los que están reunidos con nosotros, a ayudar a estos candidatos a completar su iniciación cristiana (o: a prepararse para la recepción en la plena comunión de la Iglesia católica)?

Todos:

Sí, lo estamos.

Con las manos juntas, el celebrante dice:

Padre misericordioso,
te damos gracias por estos siervos tuyos.
Ya los has consagrado en el Bautismo
y ahora los llamas
a la plenitud de la vida sacramental de la Iglesia:
te alabamos, Señor, y te bendecimos.

Todos cantan o dicen:

Te alabamos, Señor, y te bendecimos.

SIGNACION DE LOS CANDIDATOS

421 Luego se hace la señal de la cruz en la frente de los candidatos. Puede seguir, según el criterio del celebrante, la signación de uno, varios o todos los sentidos. El celebrante solo, dice las fórmulas que acompañan cada signación.

SIGNACION DE LA FRENTE

422 El celebrante se dirige a los candidatos en estas u otras palabras semejantes.

Queridos candidatos, ustedes han expresado el deseo de compartir plenamente en la vida de la Iglesia católica. Ahora los signo con la señal de la cruz de Cristo e invito a sus catequistas y esponsores (y padrinos) a que hagan lo mismo.

Luego el celebrante hace la señal de la cruz sobre todos en conjunto, al mismo tiempo que un esponsor (padrino) o catequista hace la señal de la cruz en la frente de cada candidato. El celebrante dice:

Recibe la señal de la cruz en la frente
como un recuerdo de tu Bautismo
en la muerte y resurrección salvadoras de Cristo.

Todos cantan o dicen la aclamación siguiente u otra apropiada.

¡Gloria y alabanza a ti, Señor Jesús!

SIGNACION DE LOS OTROS SENTIDOS

423 La signación la hacen los catequistas o los esponsores (y padrinos). (Si circunstancias especiales lo requieren, la pueden hacer los sacerdotes o los diáconos que están ayudando.) La signación de cada sentido puede ser seguida por una aclamación en alabanza de Cristo, por ejemplo, "¡Gloria y alabanza a ti, Señor Jesús!"

Mientras se hace la señal de la cruz sobre los oídos, el celebrante dice:

**Recibe la señal de la cruz en los oídos,
para que puedas oír la voz del Señor.**

Mientras se hace la señal de la cruz en los ojos:

**Recibe la señal de la cruz en los ojos,
para que puedas ver la gloria de Dios.**

Mientras se hace la señal de la cruz en los labios:

**Recibe la señal de la cruz en los labios,
para que puedas responder a la palabra de Dios.**

Mientras se hace la señal de la cruz en el pecho:

**Recibe la señal de la cruz sobre el corazón,
para que Cristo habite en él por la fe.**

Mientras se hace la señal de la cruz en los hombros:

**Recibe la señal de la cruz en los hombros,
para que puedas llevar el suave yugo de Cristo.**

[Mientras se hace la señal de la cruz en las manos:

**Recibe la señal de la cruz en las manos,
para que Cristo sea conocido en el trabajo que haces.**

Mientras se hace la señal de la cruz en los pies:

**Recibe la señal de la cruz en los pies,
para que puedas andar en el camino de Cristo.]**

Sin tocarlos, el celebrante hace la señal de la cruz sobre todos los candidatos a la vez (o, si son pocos, sobre cada uno individualmente), diciendo:

**Te signo con la señal de la vida eterna
en el nombre del Padre, y del Hijo, ✠
y del Espíritu Santo.**

Candidatos:

Amén.

Oracion Conclusiva

424   El celebrante concluye la signación de la frente (y de los sentidos) con la oración de apertura (la Colecta) de la Misa del día o con la siguiente oración.

Oremos.

Dios todopoderoso,
por la cruz y resurrección de tu Hijo
le has dado vida a tu pueblo.

En el Bautismo, estos siervos tuyos aceptaron
la señal de la cruz;
hazlos testimonio viviente de su poder salvador
y ayúdalos a perseverar en el seguimiento de Cristo.

Te lo pedimos por Cristo nuestro Señor.

R. Amén.

LITURGIA DE LA PALABRA

Instruccion

425   Luego el celebrante se dirige brevemente a los candidatos y a sus esponsores (y padrinos), ayudándolos a comprender la dignidad de la palabra de Dios proclamada y escuchada en la Iglesia.

Lecturas

426   Las lecturas son las asignadas para ese día. Se pueden substituir por otras lecturas apropiadas, siguiendo las normas del Leccionario.

Homilia

427   Sigue una homilía que explica las lecturas.

ENTREGA DE UNA BIBLIA

428   El celebrante puede entregar a los candidatos un libro de los evangelios. El celebrante puede usar palabras apropiadas al regalo que se presenta, por ejemplo, "Recibe el Evangelio de Jesucristo, Hijo de Dios." Los candidatos responden de una manera apropiada.

PROFESION DE FE

429 La profesión de fe se recita los domingos y en las solemnidades.

SUPLICAS GENERALES

430 Entonces los esponsores (y padrinos) y toda la congregación se unen en las súplicas generales. A las intenciones por la Iglesia y por el mundo, se añade una o más de las siguientes súplicas por los candidatos.

Ministro asistente:

Para que Dios nuestro Padre revele diariamente más y más su Cristo a estos candidatos, roguemos al Señor:

R. Señor, escucha nuestra oración.

Ministro asistente:

Para que estos candidatos lleguen a un aprecio más profundo del don de su Bautismo, que los une a Cristo, roguemos al Señor:

R. Señor, escucha nuestra oración.

Ministro asistente:

Para que ellos encuentren en nuestra comunidad signos convincentes de unidad y de amor generoso, roguemos al Señor:

R. Señor, escucha nuestra oración.

Ministro asistente:

Para que sus corazones y los nuestros respondan más a las necesidades de los demás, roguemos al Señor:

R. Señor, escucha nuestra oración.

Ministro asistente:

Para que a su debido tiempo estos candidatos puedan ser (abrazados por el perdón misericordioso del Padre) sellados con el don del Espíritu Santo y conozcan el gozo de ser uno con nosotros a la mesa del sacrificio de Cristo, roguemos al Señor:

R. Señor, escucha nuestra oración.

ORACION SOBRE LOS CANDIDATOS

431   Después de las súplicas, el celebrante, con las manos extendidas sobre los candidatos, dice la siguiente oración.

Dios todopoderoso y eterno,
cuyo amor nos congrega a todos en unidad,
recibe las oraciones de tu pueblo.

Mira bondadoso a estos siervos tuyos,
ya consagrados a ti en el Bautismo,
y atráelos a la plenitud de la fe.

Guarda a tu familia unida con los lazos del amor
por Cristo nuestro Señor.

R. Amén.

DESPEDIDA DE LA ASAMBLEA

432   Si no se va a celebrar la Eucaristía inmediatamente, se despide a toda la asamblea con una de las siguientes fórmulas o palabras parecidas.

Celebrante:

Vayan en paz, y que el Señor permanezca siempre con ustedes.

Todos:

Gracias a Dios.

Un canto apropiado puede concluir la celebración.

LITURGIA DE LA EUCARISTIA

433   La liturgia de la Eucaristía empieza como siempre con la preparación de las ofrendas.

4B RITO DE ENVIO DE LOS CANDIDATOS PARA SU RECONOCIMIENTO POR EL OBISPO Y PARA EL LLAMADO A LA CONVERSION CONTINUA

Mis ovejas oyen mi voz y me siguen

434   Este rito opcional se presenta aquí para las parroquias cuyos candidatos que buscan completar su iniciación cristiana o ser recibidos en la plena comunión de la Iglesia católica, serán reconocidos por el obispo con la celebración subsiguiente (por ejemplo, en la catedral con el obispo).

435   Como el obispo es el signo de unidad dentro de una Iglesia particular, es conveniente que él reconozca a estos candidatos. Sin embargo, es responsabilidad de la comunidad parroquial, el preparar a los candidatos para una vida más plena en la Iglesia. Por la experiencia en el culto, en la vida diaria y en el servicio dentro de la comunidad parroquial, los candidatos profundizan su aprecio por la tradición de la Iglesia y su carácter universal.

Este rito ofrece a la comunidad local la oportunidad de expresar su gozo por la decisión de los candidatos y enviarlos a la "celebración de reconocimiento" seguros del cuidado y del apoyo de la parroquia.

436   El rito se celebra en la iglesia parroquial a una hora apropiada antes del rito de reconocimiento y de la llamada a la conversión continua.

437   Cuando el rito de enviar a los candidatos para ser reconocidos se combina con el rito de enviar a los catecúmenos para la elección, se usa el rito alternativo que se encuentra en la p. 299 (Apéndice I, 2).

ESQUEMA DEL RITO

LITURGIA DE LA PALABRA

Homilía
Presentación de los Candidatos
Afirmación por los Esponsores (y/o Padrinos) [y por la Asamblea]
Súplicas Generales
Oración sobre los Candidatos
[Despedida de la Asamblea]

LITURGIA DE LA EUCARISTIA

RITO DE ENVIO DE LOS CANDIDATOS PARA SU RECONOCIMIENTO POR EL OBISPO Y PARA EL LLAMADO A LA CONVERSION CONTINUA

LITURGIA DE LA PALABRA

HOMILIA

438 Después de las lecturas, el celebrante presenta la homilía. Esta debe ser apropiada a la situación actual y se debe dirigir no sólo a los candidatos sino a toda la comunidad de los fieles, para que todos sean animados a dar buen ejemplo y a acompañar a los candidatos a lo largo del camino que los lleve a su iniciación completa.

PRESENTACION DE LOS CANDIDATOS

439 Después de la homilía, el sacerdote a cargo de la formación de los candidatos, o un diácono, un(a) catequista o un(a) representante de la comunidad, presenta a los candidatos, con las siguientes palabras u otras semejantes.

Reverendo Padre, estos candidatos, a quienes le presento ahora, están empezando la última etapa de preparación para los sacramentos de la Confirmación y de la Eucaristía (o: la preparación para ser recibidos en la plena comunión de la Iglesia católica). Han encontrado su fuerza en la gracia de Dios y apoyo en las oraciones y en el ejemplo de nuestra comunidad.

Ahora piden ser reconocidos por el progreso que han alcanzado en su formación espiritual y recibir la certidumbre de nuestras bendiciones y oraciones al presentarse para el rito de elección que el Obispo N. celebrará esta tarde (o: el próximo domingo [o, especifíquese el día]).

El celebrante contesta:

Acérquense junto con sus esponsores (y padrinos), aquellos que van a ser reconocidos.

Se llama por su nombre a los candidatos, uno por uno. Cada candidato acompañado de su esponsor (o padrino), se acerca y permanece de pie ante el celebrante.

Afirmacion por los Esponsores (Padrinos) [y por la Asamblea]

440 Entonces el celebrante se dirige a la asamblea en estas u otras palabras parecidas.

Mis queridos amigos, estos candidatos, ya unidos a nosotros por razón de su Bautismo en Cristo, han pedido completar su iniciación (o: ser recibidos en la plena comunión de la Iglesia católica). Los que los conocen creen que su deseo es sincero. Durante el tiempo de su formación catequética han escuchado la palabra de Cristo y han tratado de seguir sus mandamientos más perfectamente; y han compartido la compañía de sus hermanos y hermanas cristianos en esta comunidad y se han unido a ellos en la oración.

Y así les anuncio a todos ustedes que nuestra comunidad ratifica su deseo de completar su iniciación (o: de ser recibidos en la plena comunión). Por lo tanto, les pido a sus esponsores (y padrinos) que nos den su opinión una vez más, para que todos ustedes la puedan oir.

Se dirige a los esponsores (y padrinos):

En la presencia de Dios, ¿creen ustedes que estos candidatos están listos para recibir los sacramentos de la Confirmación y de la Eucaristía?

Esponsores (y Padrinos):

Sí, lo creemos.

[Cuando es adecuado según las circunstancias, el celebrante también puede pedir a toda la asamblea que exprese su aprobación de los candidatos.]

441 El celebrante concluye la afirmación con lo siguiente:

Y ahora, queridos amigos, me dirijo a ustedes. Sus propios esponsores (y padrinos) [y esta comunidad entera] han hablado a su favor. La Iglesia, en el nombre de Cristo, acepta su testimonio y los envía a ustedes al Obispo N., quien los exhortará a vivir en mayor conformidad con la vida de Cristo.

Suplicas Generales

442 Entonces los esponsores (los padrinos) y toda la congregación se unen en las súplicas generales. A las intenciones por la Iglesia y por todo el mundo se pueden añadir una o más de las siguientes súplicas por los candidatos.

Ministro asistente:

Para que estos candidatos sean liberados del egoísmo y aprendan a pensar primero en los demás, roguemos al Señor:

R. Señor, escucha nuestra oración.

Ministro asistente:

Para que sus esponsores (y padrinos) sean ejemplos vivientes del Evangelio, roguemos al Señor:

R. Señor, escucha nuestra oración.

Ministro asistente:

Para que sus maestros siempre les muestren la belleza del mundo de Dios, roguemos al Señor:

R. Señor, escucha nuestra oración.

Ministro asistente:

Para que estos candidatos compartan con otros el gozo que han encontrado en su amistad con Jesús, roguemos al Señor:

R. Señor, escucha nuestra oración.

Ministro asistente:

Para que nuestra comunidad, durante la próxima Cuaresma, crezca en caridad y sea constante en la oración, roguemos al Señor:

R. Señor, escucha nuestra oración.

ORACION SOBRE LOS CANDIDATOS

443   Después de las súplicas, el celebrante, con las manos extendidas sobre los candidatos, dice la siguiente oración.

Padre todopoderoso y rico en misericordia,
tú deseas restaurar todo en Cristo
y atraernos a su amor que abraza a todos los seres humanos.

Guía a estos candidatos en los próximos días y semanas:
fortalécelos en su vocación,
intégralos en el reino de tu Hijo,
y séllalos con el Espíritu que nos prometiste.

Te lo pedimos por Cristo nuestro Señor.

R. Amén.

DESPEDIDA DE LA ASAMBLEA

444   Si no se va a celebrar la Eucaristía inmediatamente, se despide a toda la asamblea con la siguiente fórmula o palabras parecidas.

Celebrante:

Vayan en paz, y que el Señor permanezca siempre con ustedes.

Todos:

Gracias a Dios.

Un canto adecuado puede concluir la celebración.

LITURGIA DE LA EUCARISTIA

445   Cuando la Eucaristía sigue inmediatamente, se continúa como siempre con las súplicas generales por las necesidades de la Iglesia y de todo el mundo; luego, si se requiere, se dice la profesión de fe. Pero por razones pastorales estas súplicas generales y la profesión de fe pueden ser omitidas. La liturgia de la Eucaristía empieza entonces de la manera usual con la preparación de las ofrendas.

4C RITO DEL LLAMADO A LOS CANDIDATOS A LA CONVERSION CONTINUA

Como miembros de un solo cuerpo, ustedes han sido llamados a su paz

446 Este rito puede celebrarse con adultos bautizados pero no catequizados previamente que desean completar su iniciación cristiana por los sacramentos de la Confirmación y de la Eucaristía o que desean ser recibidos en la plena comunión de la Iglesia católica.

447 El rito ha sido proyectado para celebraciones en comunidades donde no hay catecúmenos.

448 Se celebra este rito al principio de la Cuaresma. El párroco es el celebrante que preside.

449 Si el llamado a los candidatos a la conversión continua se combina con el Rito de Elección de los catecúmenos (bien sea en una celebración parroquial o en una en que el obispo es el celebrante) se usa el rito alternativo dado en la p. 309 (Apéndice I, 3).

ESQUEMA DEL RITO

LITURGIA DE LA PALABRA

Homilía
Presentación de los Candidatos para la Confirmación y la Eucaristía
   Afirmación por los Esponsores (y Padrinos) [y por la Asamblea]
Acto de Reconocimiento
Súplicas Generales
Oración sobre los Candidatos
[Despedida de la Asamblea]

LITURGIA DE LA EUCARISTIA

RITO DEL LLAMADO A LOS CANDIDATOS A LA CONVERSION CONTINUA

LITURGIA DE LA PALABRA

Homilia

450 Después de las lecturas, el celebrante presenta la homilía. Esta debe ser adecuada a la situación particular y debe dirigirse no sólo a los candidatos sino a toda la comunidad de los fieles, para que todos sean animados a dar buen ejemplo y a acompañar a los candidatos en su última preparación que los lleva a la celebración de la Confirmación y de la Eucaristía.

Presentacion de los Candidatos para la Confirmacion y la Eucaristia

451 Después de la homilía, el sacerdote a cargo de la formación de los candidatos, o un diácono, un(a) catequista, o un(a) representante de la comunidad, presenta a los candidatos, con las siguientes palabras u otras semejantes.

Reverendo Padre, (como la Pascua se aproxima,) tengo el gusto de presentarle a usted a los candidatos que desean completar su iniciación cristiana (o: que se preparan a ser recibidos en la plena comunión de la Iglesia católica). Han encontrado su fuerza en la gracia de Dios y apoyo en las oraciones y en el ejemplo de nuestra comunidad.

Ahora piden que después de este tiempo cuaresmal, sean admitidos a la Confirmación y a la Eucaristía (o: a participar plenamente de la Eucaristía).

El celebrante responde:

Aquellos que desean participar plenamente en la vida sacramental de la Iglesia, acérquense junto con sus esponsores (y padrinos).

Se llama a los candidatos por su nombre, uno por uno. Cada candidato, acompañado de su esponsor (o padrino), se adelanta y permanece de pie ante el celebrante.

452 Luego el celebrante se dirige a la asamblea. Si él ha participado en la deliberación anterior sobre la preparación de los candidatos (véase n. 122), puede usar bien sea la opción A o la opción B o palabras semejantes; si no ha participado en la deliberación previa, usa la opción B o palabras semejantes.

A Mis queridos amigos, estos candidatos, nuestros hermanos y hermanas, han pedido el poder participar plenamente en la vida sacramental de la Iglesia católica. Los que los conocen han juzgado que su deseo es sincero. Durante el tiempo de su preparación han reflexionado sobre el misterio de su Bautismo y han llegado a apreciar más profundamente la presencia de Cristo en sus vidas. Han compartido la compañía de sus hermanos y hermanas, se han unido a ellos en la oración y han tratado de vivir más perfectamente los mandamientos de Cristo.

Y así tengo el gusto de reconocer su deseo de participar plenamente en la vida sacramental de la Iglesia. Ahora les pregunto a sus esponsores (y padrinos) que den su opinión una vez más, para que todos ustedes la puedan oir.

Se dirige a los esponsores (y padrinos):

¿Creen ustedes que estos candidatos están listos para recibir los sacramentos de la Confirmación y de la Eucaristía (o: para ser recibidos en la plena comunión de la Iglesia católica)?

Los esponsores (y padrinos):

Sí, lo creemos.

---

453 Cuando es apropiado según las circunstancias, el celebrante puede también pedir a toda la asamblea que exprese su aprobación de los candidatos en estas u otras palabras parecidas:

Ahora les pregunto a ustedes, miembros de esta comunidad:

¿Están ustedes dispuestos a afirmar el testimonio expresado sobre estos candidatos y a apoyarlos en su fe, oración y ejemplo durante su preparación para participar más plenamente en los sacramentos de la Iglesia?

Todos:

Sí, lo estamos.

B   La vida cristiana y las exigencias que se derivan de los sacramentos no pueden tomarse a la ligera. Por lo tanto, antes de concederles a estos candidatos su petición de participar plenamente en los sacramentos de la Iglesia, es importante que la Iglesia oiga el testimonio de sus esponsores (y/o padrinos) sobre su disposición.

Se dirige a los esponsores (y padrinos):

¿Han escuchado fielmente la instrucción de los apóstoles proclamada por la Iglesia?

Esponsores (y padrinos):

Sí, la han escuchado.

Celebrante:

¿Han llegado a un aprecio más profundo de su Bautismo, en el cual fueron unidos a Cristo y a su Iglesia?

Esponsores (y padrinos):

Sí, han llegado.

Celebrante:

¿Han reflexionado suficientemente en la tradición de la Iglesia, que es su herencia, y se han unido a sus hermanos y hermanas en la oración?

Esponsores (y padrinos):

Sí, lo han hecho.

Celebrante:

¿Han avanzado en la vida de amor y servicio a los demás?

Esponsores (y padrinos):

Sí, han avanzado.

Cuando es apropiado según las circunstancias, el celebrante puede también pedir a toda la asamblea que exprese su aprobación de los candidatos en estas u otras palabras parecidas:

Y ahora me dirijo a ustedes, mis hermanos y hermanas en esta asamblea:

¿Están ustedes listos para apoyar el testimonio expresado sobre estos candidatos y a incluirlos en su oración y afecto en nuestro camino hacia la Pascua?

Todos:

Sí, lo estamos.

ACTO DE RECONOCIMIENTO

454 Luego el celebrante dice:

N. y N., la Iglesia reconoce su deseo (de ser sellado con el don del Espíritu Santo y) de participar en la mesa eucarística de Cristo. Unanse a nosotros esta Cuaresma en un espíritu de arrepentimiento. Escuchen el llamado del Señor a la conversión y sean fieles a su alianza bautismal.

Candidatos:

Gracias a Dios.

Luego el celebrante se vuelve a los esponsores (y padrinos) y les instruye con las siguientes palabras u otras parecidas.

Esponsores (y padrinos), continúen apoyando a estos candidatos con sus consejos y cuidado. Que ellos vean en ustedes amor por la Iglesia y un sincero deseo de hacer el bien. Guíenlos esta Cuaresma a los gozos de los misterios pascuales.

Los invita a poner la mano en el hombro del candidato a quien ellos van a recibir bajo su cuidado, o a hacer otro gesto que indique lo mismo.

SUPLICAS GENERALES

455 Luego los esponsores (y padrinos) y toda la congregación se unen en las súplicas generales. Se puede añadir a las intenciones por la Iglesia y por todo el mundo, una o más de las siguientes intenciones por los candidatos.

Ministro asistente:

Para que estos candidatos lleguen a un aprecio más profundo de su Bautismo en la muerte y resurrección de Cristo, roguemos al Señor:

R. **Señor, escucha nuestra oración.**

Ministro asistente:

Para que Dios bendiga a aquellos que han alimentado en la fe a estos candidatos, roguemos al Señor:

R. **Señor, escucha nuestra oración.**

Ministro asistente:

Para que estos candidatos abracen la disciplina de la Cuaresma como un medio de purificación y se acerquen al sacramento de la Reconciliación con confianza en la misericordia de Dios, roguemos al Señor:

R. Señor, escucha nuestra oración.

Ministro asistente:

Para que abran sus corazones a las inspiraciones del Espíritu Santo de Dios, roguemos al Señor:

R. Señor, escucha nuestra oración.

Ministro asistente:

Para que se acerquen a la mesa del sacrificio de Cristo con gratitud y alabanzas, roguemos al Señor:

R. Señor, escucha nuestra oración.

Ministro asistente:

Para que nuestra comunidad, durante este tiempo cuaresmal, crezca en caridad y sea constante en la oración, roguemos al Señor:

R. Señor, escucha nuestra oración.

ORACION SOBRE LOS CANDIDATOS

456 Después de las súplicas, el celebrante, con las manos extendidas sobre los candidatos, dice la siguiente oración.

Dios y Señor,
cuyo amor nos trae la vida
y cuyas misericordias nos regeneran,
mira favorablemente a estos candidatos,
y conforma sus vidas
al modelo de los sufrimientos de Cristo.

Que El sea su riqueza y sabiduría,
y que ellos experimenten en sus vidas
el poder que nos viene de su resurrección;
el poder del que es Señor por los siglos de los siglos.

R. Amén.

DESPEDIDA DE LA ASAMBLEA

457 Si la Eucaristía no se va a celebrar inmediatamente, se despide a toda la asamblea con la fórmula siguiente o palabras parecidas.

Celebrante:

Vayan en paz, y que el Señor permanezca siempre con ustedes.

Todos:

Gracias a Dios.

Un canto apropiado puede concluir la celebración.

LITURGIA DE LA EUCARISTIA

458 La liturgia de la Eucaristía empieza como siempre con la preparación de las ofrendas.

4D RITO PENITENCIAL (ESCRUTINIO)

Que todos ustedes permanezcan sin mancha en espíritu, alma, y cuerpo, hasta la venida de nuestro Señor Jesucristo

459 Este rito penitencial puede servir para marcar la purificación cuaresmal de los adultos bautizados pero no catequizados previamente que se preparan para recibir los sacramentos de la Confirmación y de la Eucaristía o para ser recibidos en la plena comunión de la Iglesia católica. Se tiene durante la celebración de la palabra de Dios como una especie de escrutinio, parecido a los escrutinios de los catecúmenos.

460 Puesto que el rito penitencial generalmente pertenece a la etapa de la preparación final para los sacramentos, su celebración presupone que los candidatos han llegado a la madurez en la fe y han alcanzado los conocimientos requeridos para una vida más completa dentro de la comunidad.

461 Junto con los candidatos, sus esponsores (y padrinos) y toda la asamblea litúrgica también participan en la celebración del rito penitencial. Por lo tanto el rito se ha de adaptar de tal manera que sea de provecho para todos los participantes. Este rito penitencial puede también ayudar a preparar a los candidatos para la celebración del sacramento de la Penitencia.

462 Este rito penitencial se puede celebrar el Segundo Domingo de Cuaresma o en un día cuaresmal feriado, si los candidatos van a recibir los sacramentos de la Confirmación, de la Eucaristía, o ambos, o van a ser recibidos en la plena comunión de la Iglesia católica en Pascua; de no ser así, en el momento más adecuado.

463 Este rito penitencial se propone sólo para celebraciones con adultos bautizados que se preparan para la Confirmación y Eucaristía o para la recepción en la plena comunión de la Iglesia católica. Como la oración del exorcismo en los tres escrutinios para los catecúmenos que han recibido la elección de la Iglesia, propiamente pertenece a los elegidos y usa numerosas imágenes refiriéndose a su próximo Bautismo, esos escrutinios de los elegidos y este rito penitencial para los que se preparan para la Confirmación y la Eucaristía se han mantenido separados y distintos. Así, no se ha incluído ningún rito combinado en el Apéndice I.

ESQUEMA DEL RITO

RITOS INTRODUCTORIOS

Saludo e Introducción
Oración

LITURGIA DE LA PALABRA

Lecturas
Homilía
Invitación a Orar en Silencio
Súplicas por los Candidatos
Oración sobre los Candidatos
[Despedida de la Asamblea]

LITURGIA DE LA EUCARISTIA

RITO PENITENCIAL (ESCRUTINIO)
(Segundo Domingo de Cuaresma)

RITOS INTRODUCTORIOS

SALUDO E INTRODUCCION

464 El sacerdote da la bienvenida a la asamblea y en pocas palabras explica que el rito tendrá diverso significado para los diferentes participantes: los candidatos que ya están bautizados particularmente aquellos que se preparan para celebrar el sacramento de la Penitencia por primera vez, los esponsores (los padrinos), los catequistas, los sacerdotes, etc. Todos estos participantes, según su propia condición, van a oir el mensaje consolador del perdón de los pecados, que los llevará a alabar la misericordia del Padre.

Se puede entonar un himno que exprese gozosamente la fe en la misericordia de Dios Padre.

ORACION

465 El celebrante entonces dice la oración para el Segundo Domingo de Cuaresma o, en otro día, la siguiente oración.

Señor de infinita compasión y de amor siempre fiel,
tus hijos e hijas aparecemos ante tu presencia
con toda humildad y confianza.
Míranos con compasión
pues reconocemos nuestro pecado.
Extiende tu mano
para salvarnos y llevarnos a la Resurrección.
No permitas que el poder de las tinieblas
triunfe sobre nosotros
sino guárdanos libres de pecado
como miembros del cuerpo de Cristo
y ovejas de su propio rebaño.

Te lo pedimos por nuestro Señor Jesucristo, tu Hijo,
que vive y reina contigo y con el Espíritu Santo,
un Dios, por los siglos de los siglos.

R. Amén.

LITURGIA DE LA PALABRA

LECTURAS

466 En el Segundo Domingo de Cuaresma, las lecturas de la Misa son las asignadas por el Leccionario para la Misa. En otros días, se pueden usar lecturas apropiadas tomadas del Leccionario.

HOMILIA

467 Después de las lecturas, el celebrante explica los textos sagrados en la homilía. Debe preparar a todos los que están en la asamblea para la conversión y el arrepentimiento y explicar el significado del rito penitencial (escrutinio) a la luz de la liturgia cuaresmal y de la jornada espiritual de los candidatos.

INVITACION A ORAR EN SILENCIO

468 Después de la homilía, los candidatos con sus esponsores (y padrinos) se adelantan y permanecen de pie ante el celebrante.

El celebrante primero se dirige a la asamblea de los fieles, les invita a orar en silencio y a pedir que los candidatos reciban un espíritu de arrepentimiento, un sentido profundo del pecado y la verdadera libertad de los hijos de Dios.

El celebrante luego se dirige a los candidatos, les invita también a orar en silencio y les sugiere que como signo de su disposición interior de arrepentimiento inclinen la cabeza o se arrodillen; y concluye con estas u otras palabras parecidas.

Candidatos, inclinen la cabeza [arrodíllense] y oren.

Los candidatos inclinan la cabeza o se arrodillan, y todos oran en silencio por unos minutos. Después de orar un rato en silencio, la comunidad y los candidatos se ponen de pie para las súplicas.

SUPLICAS POR LOS CANDIDATOS

469 Luego los esponsores (y padrinos) y toda la congregación se unen en las súplicas por los candidatos. Si se va a celebrar la Eucaristía, las intenciones por la Iglesia y por todo el mundo deben añadirse a las siguientes intenciones por los candidatos.

Celebrante:

Hermanos y hermanas, oremos por estos candidatos (N. y N.). Cristo ya los rescató en el Bautismo. Ahora ellos buscan el perdón de sus pecados y la sanación de sus debilidades, para poder estar listos para ser (sellados con el Don del Padre y) alimentados en la mesa del Señor. Oremos también por nosotros mismos, que imploramos la misericordia de Cristo.

Ministro asistente:

Para que estos candidatos lleguen a un aprecio más profundo de su Bautismo en la muerte y resurrección de Cristo, oremos al Señor:

R. Señor, escucha nuestra oración.

Ministro asistente:

Para que estos candidatos abracen la disciplina de la Cuaresma como un medio de purificación y se acerquen al sacramento de la Reconciliación con confianza en la misericordia de Dios, oremos al Señor:

R. Señor, escucha nuestra oración.

Ministro asistente:

Para que crezcan en el amor y busquen la virtud y la santidad de vida, oremos al Señor:

R. Señor, escucha nuestra oración.

Ministro asistente:

Para que se renuncien a sí mismos y piensen primero en los demás, oremos al Señor:

R. Señor, escucha nuestra oración.

Ministro asistente:

Para que compartan con otros el gozo que han encontrado en su fe, oremos al Señor:

R. Señor, escucha nuestra oración.

Ministro asistente:

Para que acepten el llamado a la conversión con un corazón abierto y no vacilen en hacer los cambios personales que esto exija de ellos, oremos al Señor:

R. Señor, escucha nuestra oración.

Ministro asistente:

Para que el Espíritu Santo, que escudriña todos los corazones, los ayude a triunfar sobre sus debilidades por medio de su poder, oremos al Señor:

R. Señor, escucha nuestra oración.

Ministro asistente:

Para que sus familias pongan también su esperanza en Cristo y encuentren la paz y la santidad en El, oremos al Señor:

R. Señor, escucha nuestra oración.

Ministro asistente:

Para que nosotros mismos al prepararnos para la fiesta Pascual busquemos un cambio de corazón, nos entreguemos a la oración y perseveremos en nuestras buenas obras, oremos al Señor:

R. Señor, escucha nuestra oración.

Oración sobre los Candidatos

470 Después de las súplicas, el rito continúa con la oración sobre los candidatos, opción A (particularmente cuando se celebra en el Segundo Domingo de Cuaresma), o con la opción B.

A   El celebrante de frente a los candidatos y, con las manos juntas, dice:

Señor Dios,
en el misterio de la transfiguración
tu Hijo reveló su gloria a los discípulos
y los preparó para su muerte y resurrección.

Abre las mentes y los corazones de estos candidatos
a la presencia de Cristo en sus vidas.

Que humildemente reconozcan sus pecados y faltas
y sean libres de cualquier obstáculo y falsedad
que les impida dedicarse de todo corazón a tu reino.

Te lo pedimos por Cristo nuestro Señor.

R. Amén.

En este momento, si se puede hacer sin dificultad, el celebrante impone las manos sobre cada uno de los candidatos.

Luego, con las manos extendidas sobre todos ellos, continúa:

Señor Jesús,
Tú eres el Hijo unigénito,
estos candidatos reconocen tu reino
y buscan tu gloria.

Derrama sobre ellos el poder de tu Espíritu,
para que puedan ser sin temor testigos de tu Evangelio
unidos con nosotros en la comunión del amor,
porque eres Señor por los siglos de los siglos.

R. Amén.

B El celebrante de frente a los candidatos y, con las manos juntas, dice:

Señor, Dios nuestro,
nos creaste por amor
y nos redimiste por tu misericordia
con la sangre de tu Hijo.
Ilumina a estos hombres y mujeres con tu gracia,
para que, viendo claramente sus pecados y faltas,
pongan toda su confianza en tu misericordia
y resistan a todo lo que es engañoso y dañino.

Te lo pedimos por Cristo, nuestro Señor.

R. Amén.

En este momento, si se puede hacer fácilmente, el celebrante impone las manos sobre cada uno de los candidatos.

Luego, con las manos extendidas sobre todos ellos, continúa:

Señor Jesús,
cuyo amor llega misericordiosamente
a abrazar y sanar al corazón contrito,
guía a estos candidatos en el camino de la santidad,
y sánalos de las heridas de sus pecados.
Que siempre mantengan en su totalidad
el don de tu amor que una vez les diste
y en tu misericordia ahora les restauras,
porque eres Señor por los siglos de los siglos.

R. Amén.

Se puede cantar un himno apropiado, por ejemplo: Los Salmos 6, 25, 31, 37, 38, 39, 50, 114:1-9, 129, 138, ó 141.

DESPEDIDA DE LA ASAMBLEA

471   Si la Eucaristía no se va a celebrar inmediatamente, se despide a toda la asamblea con una de las siguientes fórmulas o con palabras semejantes.

Celebrante:

Vayan en paz, y que el Señor permanezca siempre con ustedes.

Todos:

Gracias a Dios.

La celebración puede concluir con un canto apropiado.

LITURGIA DE LA EUCARISTIA

472   Cuando la Eucaristía sigue inmediatamente, si es necesario, se hace la profesión de fe. Pero por razones pastorales puede omitirse. En este caso la liturgia de la Eucaristía comienza del modo acostumbrado con la preparación de las ofrendas.

5 RECEPCION EN LA PLENA COMUNION DE LA IGLESIA CATOLICA DE LOS CRISTIANOS BAUTIZADOS

Todos ustedes son uno, unidos en Cristo Jesús

473 Este es el rito litúrgico por el cual se recibe a una persona nacida y bautizada en una Comunidad eclesial separada, en la plena comunión de la Iglesia católica, según el rito Latino.[1] El rito está proyectado de tal manera que no se imponga una mayor carga que la necesaria para establecer la comunión y la unidad (véase Hechos 15:28).[2]

R1

474 En el caso de los Cristianos orientales que entran en la plena comunión de la Iglesia católica, no se requiere ningún rito litúrgico, sino simplemente una profesión de fe católica, aun si se permite a tales personas transferirse al rito Latino después de haber recurrido a la Sede Apostólica.[3]

R2

475 En lo que se refiere a la manera de celebrar el rito de recepción:

R3

    1. El rito debe claramente ser una celebración de la Iglesia y tener como su punto principal la comunión eucarística. Por esta razón el rito normalmente se debe tener dentro de la Misa.

    2. Debe evitarse cuidadosamente cualquier apariencia de triunfalismo y debe decidirse con anterioridad la manera de celebrar esta Misa teniendo en cuenta las circunstancias particulares. Se deben considerar tanto la implicaciones ecuménicas como los lazos que unen al candidato y a la comunidad parroquial. Con frecuencia será preferible celebrar la Misa con sólo algunos parientes y amigos. Si por una razón seria no se puede celebrar la Misa, la recepción debe hacerse por lo menos dentro de una liturgia de la palabra, siempre que esto sea posible. Se debe consultar con la persona que se va a recibir en la plena comunión sobre la forma de la recepción.

476 Si el rito de recepción tiene lugar fuera de la liturgia eucarística, se debe celebrar una Misa lo más pronto posible para que la persona recientemente recibida participe por primera vez con la comunidad católica, y así manifestar claramente la relación entre la recepción en la Iglesia y la comunión eucarística.

R4

477 El cristiano bautizado ha de recibir una preparación tanto doctrinal como espiritual adaptada a los requisitos pastorales individuales, para la recepción en la plena comunión con la Iglesia católica. El candidato debe aprender a profundizar una adhesión interna a la Iglesia, donde él o ella encontrarán la plenitud de su Bautismo. Durante el período de preparación, el

R5

---

1   Véase Concilio Vaticano II, Constitución sobre la sagrada liturgia, *Sacrosanctum Concilium*, art. 69, b; *Decreto sobre el ecumenismo Unitatis redintegratio,* no. 3. Secretariado para la Unidad Cristiana, *Directorio Ecuménico I*, n. 19: AAS 59 (1967), 581.

2   Véase Concilio Vaticano II, Decreto sobre el ecumenismo *Unitatis redintegratio*, n. 18.

3   Véase Concilio Vaticano II, Decreto sobre las Iglesias católicas orientales *Orientalium Ecclesiarum*, nn. 25 y 4.

candidato puede participar en el culto de conformidad con los requisitos del *Directorio Ecuménico*.

Debe evitarse con mucho cuidado cualquier cosa que pueda igualar a los candidatos para la recepción con los catecúmenos.

478   Durante la etapa de su preparación doctrinal y espiritual los candidatos para la recepción en la plena comunión de la Iglesia Católica pueden beneficiarse individualmente con la celebración de ritos litúrgicos que marquen su progreso en la formación. Así, por razones pastorales y a la luz de la catequesis de la fe que estos cristianos bautizados han recibido previamente, se pueden celebrar uno o varios de los ritos incluídos en la Parte II, "4 Preparación de Adultos no Catequizados para la Confirmación y la Eucaristía," tal como se presentan o con palabras semejantes. De todos modos, sin embargo, se debe discernir el tiempo necesario para la formación catequética de cada candidato individualmente antes de su recepción en la plena comunión de la Iglesia católica. USA

479   Una persona nacida y bautizada fuera de la comunión visible de la Iglesia católica no tiene que hacer una abjuración de herejía, sino simplemente una profesión de fe.[4] R6

480   El sacramento del Bautismo no se puede repetir, y por tanto no está permitido el conferirlo otra vez condicionalmente, excepto cuando hay una duda razonable sobre el hecho o la validez del Bautismo ya conferido. Si una investigación seria presenta tal duda prudente y parece necesario el conferir el Bautismo otra vez condicionalmente, el ministro debe explicar con anterioridad las razones por las cuales se está haciendo esto y no se debe usar una forma solemne para el Bautismo.[5] R7

El Obispo diocesano ha de decidir en cada caso qué ritos se deben incluir o excluir al conferir un Bautismo condicional.

481   Es función del obispo el recibir en la plena comunión de la Iglesia católica a los cristianos bautizados. Pero un sacerdote a quien el obispo confíe la celebración del rito tiene la facultad de confirmar al candidato dentro del rito de la recepción,[6] a menos que la persona recibida ya haya sido válidamente confirmada. R8

482   Si la profesión de fe y la recepción tienen lugar durante la Misa, el candidato, según su propia conciencia, debiera confesarse con anterioridad, informando primero al confesor que va a ser recibido en la plena comunión. Cualquier confesor que está legítimamente aprobado puede escuchar la confesión del candidato. R9

483   En la recepción, el candidato debe estar acompañado de un(a) esponsor (padrino o madrina) y hasta puede tener dos. Si alguien ha tenido la parte principal guiando o preparando al candidato, esa persona debería ser el(la) esponsor(a) (padrino o madrina). R10

484   En la celebración eucarística dentro de la cual se tiene la recepción a la plena comunión o, si la recepción se tiene fuera de la Misa, en la Misa que sigue en otra ocasión, se permite la comunión bajo las dos especies a la persona recibida, a los esponsores (el padrino o la madrina), R11

---

4   Véase el Secretariado para la Unidad cristiana, *Directorio Ecuménico I*, nn. 19 y 20: AAS 59 (1967), 581.

5   Véase ibid., nn. 14-15: AAS 59 (1967), 580.

6   Véase *Rito de Confirmación*, Introducción, n. 7, b.

al cónyuge y a los padres que sean católicos, a los catequistas laicos que han instruído a esta persona, y, si el número de personas u otras circunstancias lo permiten, a todos los presentes.

485 Las Conferencias de Obispos pueden, según lo previsto en la Constitución sobre la Sagrada Liturgia, art. 63, adaptar el rito de recepción a las diferentes circunstancias. El Obispo diocesano, puede adaptarlo, extendiendo o acortando el rito, para que sea apropiado a las circunstancias particulares de esas personas y de ese lugar.[7]

R12

486 Se debe inscribir los nombres de aquellas personas que son recibidas en la plena comunión de la Iglesia católica en un libro especial anotándose también la fecha y el lugar de su Bautismo.

R13

---

7   Véase Secretariado para la Unidad Cristiana, *Directorio Ecuménico I*, n. 19: AAS 59 (1967), 581.

ESQUEMA DEL RITO

LITURGIA DE LA PALABRA

Lecturas
Homilía

CELEBRACION DE LA RECEPCION

Invitación
Profesión de Fe
Acto de Recepción
[Confirmación]
    Imposición de las Manos
    Unción con el Crisma
Señal de Bienvenida por el Celebrante
Súplicas Generales
Saludo de Paz

LITURGIA DE LA EUCARISTIA

RECEPCION DENTRO DE LA MISA

487   Si el rito de recepción en la plena comunión se tiene en una solemnidad o en un R14 domingo, se debe celebrar la Misa del día; en otros días se permite celebrar la Misa "Para la Unidad de los Cristianos" de las Misas para Diferentes Necesidades.

LITURGIA DE LA PALABRA

LECTURAS

488   Las lecturas pueden tomarse en todo o en parte de las que se dan en el Leccionario R14 para la Misa de ese día, para el rito de recepción en la plena comunión, o para la Misa "Para la Unidad de los Cristianos."

HOMILIA

489   En la homilía que sigue a las lecturas, el celebrante debe expresar gratitud a Dios R14 por aquellos que se van a recibir y debe aludir al propio Bautismo de ellos como la base de su recepción, al sacramento de la Confirmación ya recibido o que se va a recibir, y a la Eucaristía, que por primera vez van a celebrar con la comunidad católica.

CELEBRACION DE LA RECEPCION

INVITACION

490   Al final de la homilía, el celebrante invita, con las siguientes palabras u otras R14 parecidas, al candidato a adelantarse con sus esponsores (padrino o madrina) y hacer la profesión de fe con la comunidad. Puede usar estas o palabras semejantes.

N. por tu propia voluntad has pedido el ser recibido en la plena comunión de la Iglesia católica. Has tomado esta decisión después de haberla pensado cuidadosamente bajo la guía del Espíritu Santo. Ahora te invito a acercarte al frente con tus esponsores (y/o padrinos) para que en la presencia de esta comunidad profeses la fe católica. En esta fe te unirás por primera vez con nosotros a la mesa eucarística del Señor Jesús, el signo de la unidad de la Iglesia.

PROFESION DE FE

R15

491 La persona que va a ser recibida se une ahora a la comunidad para recitar el Símbolo de Nicea, que siempre se dice en esta Misa.

El celebrante luego le pide a la persona que va a ser recibida que añada la siguiente profesión de fe. El candidato dice:

Creo y profeso todo lo que la santa Iglesia católica cree, enseña, y proclama como revelado por Dios.

ACTO DE RECEPCION

R16

492 El celebrante pone la mano derecha sobre la cabeza del candidato para la recepción y dice lo siguiente. (El gesto se omite cuando se va a conferir la Confirmación inmediatamente.)

N., el Señor te recibe en la Iglesia católica.
Su amorosa bondad te ha traído hasta aquí,
para que en la unidad del Espíritu Santo,
puedas entrar en plena comunión con nosotros
en la fe que tú has profesado en presencia de esta familia suya.

Si no se celebra la Confirmación, sigue la señal de bienvenida por el celebrante (n. 495).

CONFIRMACION

IMPOSICION DE LAS MANOS

R17

493 Si la persona que va a ser recibida no ha celebrado todavía el sacramento de la Confirmación, el celebrante impone las manos sobre la cabeza del candidato y empieza el rito de la Confirmación con la siguiente oración.

Dios omnipotente, Padre de nuestro Señor Jesucristo,
por el agua y el Espíritu Santo
has librado a tu hijo(a) del pecado
y le has dado una vida nueva.

Envía tu Espíritu Santo sobre él(ella)
para que sea su ayuda y guía.

Dale el espíritu de sabiduría e inteligencia,
el espíritu de consejo y de fortaleza,

el espíritu de ciencia y de piedad.

Cólmalo(la) del espíritu de tu santo temor y de reverencia en tu presencia.

Te lo pedimos por Cristo nuestro Señor.

R. Amén.

UNCIÓN CON EL CRISMA

494   Los esponsores (y/o los padrinos) pone la mano derecha sobre el hombro del candidato. R17

El celebrante empapa el pulgar derecho con el Crisma y hace la señal de la cruz en la frente de la persona que va a ser confirmada mientras dice:

N., recibe por esta señal el don del Espíritu Santo.

El recién confirmado:

Amén.

El celebrante añade:

La paz sea contigo.

El recién confirmado:

Y con tu espíritu.

SEÑAL DE BIENVENIDA POR EL CELEBRANTE

495   El celebrante entonces toma las manos de la persona recientemente recibida en sus propias manos como una señal de amistad y aceptación. Con el permiso del Obispo diocesano se puede substituir por otro ademán, dependiendo de circunstancias locales. R18

SÚPLICAS GENERALES

496   En la introducción a las súplicas generales el celebrante debe mencionar el Bautismo, (Confirmación,) y la Eucaristía, y expresar gratitud a Dios. Al comienzo de las súplicas se menciona a la persona recibida en plena comunión. El celebrante puede usar estas u otras palabras semejantes. R19

Hermanos y hermanas: Nuestro(a) hermano(a) N. ya se ha unido a Cristo por medio del Bautismo [y la Confirmación] y ahora, con gratitud a Dios, lo (la) hemos recibido en la plena comunión de la Iglesia católica [y lo (la) hemos confirmado con los dones del Espíritu Santo.] Pronto compartirá con nosotros a la mesa del Señor. Al regocijarnos en la recepción de un nuevo miembro dentro de la comunidad de la Iglesia católica, unámonos con él(ella) implorando la gracia y misericordia de nuestro Salvador.

Ministro asistente:

Por N., a quien hemos recibido hoy como uno de nosotros para que él(ella) obtenga la ayuda y guía del Espíritu Santo para perseverar fielmente en la decisión que ha tomado, roguemos al Señor:

R. Señor, escucha nuestra oración.

Ministro asistente:

Por todos los que creen en Cristo y por las comunidades a las que pertenecen, para que lleguen a la unidad perfecta, roguemos al Señor:

R. Señor, escucha nuestra oración.

Ministro asistente:

Por la [comunión de la] Iglesia en la cual N. fue bautizado(a) y recibió su formación como cristiano(a), para que crezca siempre en el conocimiento de Cristo y lo proclame más efectivamente, roguemos al Señor:

R. Señor, escucha nuestra oración.

Ministro asistente:

Por todos aquellos que ya sienten arder la chispa del deseo de Dios, para que puedan llegar a la plenitud de la verdad en Cristo, roguemos al Señor:

R. Señor, escucha nuestra oración.

Ministro asistente:

Por aquellos que todavía no creen en Cristo, el Señor, para que entren en el camino de la salvación por la luz del Espíritu Santo, roguemos al Señor:

R. Señor, escucha nuestra oración.

Ministro asistente:

Por todas las personas, para que, liberadas del hambre y de la guerra, vivan en paz y tranquilidad, roguemos al Señor:

R. Señor, escucha nuestra oración.

Ministro asistente:

Por nosotros mismos, para que así como hemos recibido el don de la fe, perseveremos también en ella hasta el fin de nuestras vidas, roguemos al Señor:

R. Señor, escucha nuestra oración.

El celebrante luego dice:

Dios Padre nuestro,
escucha las oraciones que te ofrecemos
para que podamos continuar nuestro amoroso servicio a ti.
Concédenos todo esto por Cristo nuestro Señor.

R. Amén.

SALUDO DE LA PAZ

497 Después de las súplicas generales los esponsores (y/o padrinos) y toda la asamblea, si no es muy numerosa, saludan a la persona recién recibida de una manera amistosa. En este caso el saludo de paz antes de la Comunión puede ser omitido. Finalmente, la persona que ha sido recibida regresa a su sitio. [R20]

LITURGIA DE LA EUCARISTIA

498 Luego continúa la Misa. Es bueno que la persona recibida y todos aquellos que se mencionan en el n. 484 reciban la Comunión bajo las dos especies. [R21]

RECEPCION FUERA DE LA MISA

499   Si, por una razón seria, el rito de recepción en la plena comunión se tiene fuera de la Misa, se debe celebrar una liturgia de la palabra.

R22

[Si, en circunstancias excepcionales, no es posible ni aun una liturgia de la palabra sólo la celebración de la recepción misma se tiene como se describió en los nn. 490-497. Empieza con las palabras introductorias en las cuales el celebrante cita de la Escritura, por ejemplo, un texto en alabanza a la misericordia de Dios que ha guiado al candidato, y habla de la comunión eucarística que seguirá el día más próximo posible.]

R28

500   El celebrante, revestido con el alba, o por lo menos con la sobrepelliz, y con una estola de un color festivo, saluda a los presentes.

R23

501   Se puede entonar un canto apropiado, luego hay una o más lecturas bíblicas, que el celebrante explica en la homilía (véase n. 489).

R24

Las lecturas pueden ser escogidas de las que se dan en el Leccionario para la Misa del día, para la Misa ritual "Iniciación Cristiana fuera de la Vigilia Pascual," o para la Misa "Por la Unidad de los Cristianos"; pero se escogen preferentemente de las que se incluyen en la lista siguiente, según está indicado para el rito de la recepción en la plena comunión.

LECTURA DEL NUEVO TESTAMENTO
1   Romanos 8:28-39—*Nos predestinó para ser verdaderas imágenes de su Hijo.*

2   1 Corintios 12:31-13:13—*El amor nunca termina.*

3   Efesios 1:3-14—*El Padre nos escogió en Cristo para ser santos y sin mancha en el amor.*

4   Efesios 4:1-7, 11-13—*Hay un solo Señor, una sola fe, un solo Bautismo, un Dios, el Padre de todos.*

5   Filipenses 4:4-8—*Llenen sus mentes con todo lo que es santo.*

6   1 Tesalonicenses 5:16-24—*Manténganse todos sin culpa, en espíritu, en alma y en cuerpo hasta la venida de nuestro Señor Jesucristo.*

SALMO RESPONSORIAL
1   Salmo 26:1, 4, 8-9, 13-14
    R. (v. 1a) El Señor es mi luz y mi salvación.

2   Salmo 41:2-3; Salmo 42:3, 4
    R. (Salmo 41:3a) Mi alma está sedienta del Dios vivo.

3   Salmo 60:2, 3-4, 5-6, 8-9
    R. (v. 4a) Señor, tú eres mi refugio.

4   Salmo 62:2-6, 8-9
    R. (v. 2b) Mi alma está sedienta de ti, Oh Señor Dios mío.

5   Salmo 64:2-6
    R. (v. 2a) Es justo alabarte a ti en Zión, Oh Dios.

6   Salmo 120
    R. (v. 2a) Nuestra ayuda viene del Señor.

EVANGELIO

1   Mateo 5:2-12a—*Regocíjate y llénate de alegría, porque tu recompensa será grande en el cielo.*

2   Mateo 5:13-16—*Deja que tu luz brille delante de todo el pueblo.*

3   Mateo 11:25-30—*Has ocultado estas cosas a los sabios y a los inteligentes y las has revelado a los pequeños.*

4   Juan 3:16-21—*Todo el que cree en El tendrá vida eterna.*

5   Juan 14:15-23, 26-27—*Mi Padre los amará, y vendremos a ellos.*

6   Juan 15:1-6—*Yo soy la vid y ustedes son los sarmientos.*

502   Sigue la recepción misma, como aparece en los nn. 489-495.   R25

503   Luego hay súplicas, en la forma en que aparece en el n. 496 o de forma similar.   R26

504   El rito concluye como sigue: R26

Después de la oración conclusiva de las súplicas, el celebrante introduce la Oración Dominical, con las siguientes palabras u otras semejantes.   R31

Hermanos y hermanas, unámonos y oremos a Dios como nuestro Señor Jesucristo nos enseñó a rezar:

Todos:

Padre nuestro . . .

Si la persona recibida estaba acostumbrada en su Comunidad a la doxología final "Tuyo es el reino . . . ," ésta debe añadirse aquí a la Oración Dominical.

El celebrante da la bendición de la manera usual. Luego los esponsores (y/o los padrinos) y toda la asamblea, si no es muy numerosa, pueden ofrecerle a la persona recién recibida algún signo de bienvenida en la comunidad. Todos se marchan luego en paz.   R26 R27

APENDICE I
RITOS ADICIONALES (COMBINADOS)

Mi alma está sedienta por el Dios vivo

1 CELEBRACION DEL RITO PARA ACEPTACION EN EL CATECUMENADO Y DEL RITO DE BIENVENIDA A ADULTOS BAUTIZADOS PERO NO CATEQUIZADOS PREVIAMENTE QUE SE PREPARAN PARA LA CONFIRMACION Y/O LA EUCARISTIA, O PARA LA RECEPCION EN LA PLENA COMUNION DE LA IGLESIA CATOLICA

Yo soy el buen pastor: conozco a mis ovejas y ellas me conocen a mí

505 Este rito es para el uso de las comunidades en que los catecúmenos se preparan para la iniciación y donde adultos bautizados pero no catequizados previamente empiezan su formación catequética bien sea antes de completar su iniciación cristiana con los sacramentos de la Confirmación y Eucaristía o bien antes de ser recibidos en la plena comunión de la Iglesia católica.

506 En la catequesis de la comunidad y en la celebración de estos ritos, se debe cuidar de mantener la distinción entre catecúmenos y candidatos bautizados.

ESQUEMA DEL RITO

RECEPCION DE LOS CANDIDATOS

Saludo

Diálogo de Apertura con los Candidatos para el Catecumenado
 y con los Candidatos para la Catequesis Postbautismal

Primera Aceptación del Evangelio por los Catecúmenos

Declaración de Intención por los Candidatos

Afirmación por los Esponsores (y/o Padrinos) y por la Asamblea

Signación de los Catecúmenos y
 de los Candidatos con la Señal de la Cruz

 Signación de la Frente de los Catecúmenos

 [Signación de los Otros Sentidos
  de los Catecúmenos]

 Signación de la Frente de los Candidatos

 [Signación de los Otros Sentidos
  de los Candidatos]

 Oración Conclusiva

 Invitación a la Celebración de la Palabra de Dios

LITURGIA DE LA PALABRA

Instrucción

Lecturas

Homilía

[Entrega de la Biblia]

Súplicas por los Catecúmenos y por los Candidatos

Despedida de los Catecúmenos

LITURGIA DE LA EUCARISTIA

CELEBRACION DEL RITO PARA ACEPTACION EN EL CATECUMENADO Y DEL RITO DE BIENVENIDA A LOS ADULTOS BAUTIZADOS PERO NO CATEQUIZADOS PREVIAMENTE QUE SE PREPARAN PARA LA CONFIRMACION Y/O LA EUCARISTIA, O PARA LA RECEPCION EN LA PLENA COMUNION DE LA IGLESIA CATOLICA

BIENVENIDA A LOS CANDIDATOS

507 Aquellos que van a ser aceptados en el catecumenado, junto con los que son candidatos para los sacramentos de la Confirmación y de la Eucaristía, sus esponsores (y/o padrinos) y un grupo de los fieles se reúnen fuera de la iglesia (o en el atrio o pórtico) o en algún otro lugar apropiado para este rito. A este lugar acude el sacerdote o diácono, revestido con alba (o sobrepelliz) y estola, y si se desea, con capa pluvial de color festivo, para reunirse con los que están esperando, mientras la asamblea entona un salmo o himno apropiado.

SALUDO

508 El celebrante saluda amistosamente a los candidatos. Después les dirige la palabra a ellos, a sus esponsores (y/o padrinos) y a todos los asistentes, mostrando el gozo y satisfacción de la Iglesia, y evoca, si lo juzga oportuno para los esponsores (y/o padrinos) y amistades la experiencia particular y la respuesta religiosa con que cada candidato se enfrentó al comenzar su itinerario espiritual, hasta llegar a esta celebración. Usa estas u otras palabras parecidas.

Queridos amigos, la Iglesia con gran gozo da la bienvenida hoy a los que van a ser recibidos en el catecumenado. En los meses que siguen se prepararán para su iniciación en la fe cristiana por el Bautismo, la Confirmación, y la Eucaristía.

También extendemos la bienvenida a aquellos que, ya unidos a nosotros por el Bautismo, desean ahora completar su iniciación cristiana por medio de la Confirmación y de la Eucaristía o ser recibidos en la plena comunión de la Iglesia católica.

Por todas estas personas, alabamos y damos gracias a Dios que los ha guiado por diferentes caminos a la unidad en la fe. Mis queridos candidatos, los recibimos en el nombre de Cristo.

Luego invita a los esponsores (y/o padrinos) y a los candidatos a que se adelanten. Mientras se acercan y ocupan su sitio ante el celebrante, se puede entonar algún canto apropiado, v.gr., el Salmo 63,1-8.

Dialogo de Apertura con los Candidatos
para el Catecumenado y
con los Candidatos para la Catequesis Postbautismal

509 Excepto cuando los candidatos ya son conocidos por todos los presentes, el celebrante les pregunta su nombre o los llama por los nombres dados. Los nombres de los candidatos para el catecumenado se mencionan primero, luego los nombres de los candidatos a la catequesis postbautismal. Aunque el celebrante haga el interrogatorio una sola vez a causa del gran número de candidatos, cada uno de éstos debe responder individualmente. Para ello se puede usar una de las siguientes fórmulas, o palabras parecidas.

A   El celebrante pregunta:

¿Cómo te llamas?

Candidato:

N.

B   El celebrante dice en voz alta el nombre de cada candidato.

El candidato responde:

Presente.

El celebrante dirige ahora individualmente las siguientes preguntas a los candidatos para el catecumenado; cuando hay un gran número de candidatos éstos pueden contestar como un grupo. También el celebrante puede preguntarles a los candidatos sobre sus intenciones con palabras distintas a las que se sugieren aquí, y admitir respuestas libres y espontáneas de ellos: v.gr., después de la primera pregunta: "¿Qué pides de la Iglesia de Dios?" o "¿Qué deseas?" o "¿Por qué has venido?," se puede responder: "La gracia de Dios" o "El ingreso en la Iglesia" o "La vida eterna" o dar otras respuestas convenientes, a las cuales el celebrante acomodará sus preguntas sucesivas.

Celebrante:

¿Qué pides a la Iglesia de Dios?

Candidato:

La fe.

Celebrante:

¿Qué te otorga la fe?

Candidato:

La vida eterna.

El celebrante luego dirige individualmente las siguientes preguntas a los candidatos para la catequesis postbautismal. De nuevo, cuando hay un gran número de candidatos, éstos pueden contestar como un grupo. El celebrante puede usar palabras distintas a las que se sugieren aquí al preguntarles a los candidatos sobre sus intenciones y ellos pueden responder en sus propias palabras. El celebrante luego acomodará sus preguntas sucesivas a las respuestas recibidas.

Celebrante:

¿Qué pides a la Iglesia de Dios?

Candidato:

Ser aceptado(a) como candidato(a) para la instrucción catequética que prepara para la Confirmación y la Eucaristía (o: para la recepción en la plena comunión de la Iglesia católica).

Celebrante:

¿Qué te ofrece este tiempo de formación?

Candidato:

El participar más de lleno en la vida de la Iglesia.

---

510   Se deja a la discreción del obispo local, el que la primera aceptación del Evangelio por los catecúmenos (que sigue en el n. 511) pueda ser substituída por un exorcismo y renuncia a falsos cultos (nn. 70-72) [véase n. 33.2].

PRIMERA ACEPTACION DEL EVANGELIO POR LOS CATECUMENOS

511   El celebrante se dirige a los candidatos para el catecumenado adaptando la siguiente fórmula a las respuestas recibidas en el diálogo de apertura.

Dios nos creó a nosotros y al mundo y en El se mueven todos los vivientes. El ilumina nuestras mentes para que lo conozcamos y le demos culto. El nos envió a su testigo fiel, Jesucristo, para que nos anunciara a nosotros lo que El vio y oyó, los misterios del cielo y de la tierra.

Para ustedes, que se alegran de la venida de Cristo, ha llegado el tiempo de escucharlo, para que lo conozcan con nosotros, para que amen a su prójimo, y así obtengan la vida eterna. ¿Están ustedes preparados para abrazar esta vida con la ayuda de Dios?

Candidatos:

Sí, estoy preparado(a).

DECLARACION DE INTENCION POR LOS CANDIDATOS

512 El celebrante se dirige a los candidatos para la catequesis postbautismal, adaptando la siguiente fórmula a las respuestas recibidas en el diálogo de apertura.

Aquellos de ustedes que piden completar su iniciación cristiana (o: ser recibidos en la plena comunión de la Iglesia católica), ¿están dispuestos a escuchar la instrucción de los apóstoles, a reunirse con nosotros para orar, y a vivir juntos en una vida de amor y servicio a los demás?

Candidatos:

Sí, estoy dispuesto.

AFIRMACION POR LOS ESPONSORES (Y/O PADRINOS) Y POR LA ASAMBLEA

513 Luego el celebrante se dirige a los esponsores (y/o padrinos) y a la asamblea y les interroga en estas u otras palabras semejantes.

Esponsores (y padrinos) que ahora nos presentan a estos candidatos, ¿están dispuestos, ustedes y todos los que están reunidos con nosotros, a ayudar a estos candidatos a seguir a Cristo y completar su iniciación cristiana?

Todos:

Sí, lo estamos.

Con las manos juntas, el celebrante dice:

Padre misericordioso,
te damos gracias por estos siervos tuyos
a los que has buscado y convocado de diferentes maneras,
y ellos han vuelto a Ti su mirada.

Tú los llamas hoy
y ellos han respondido delante de nosotros:

Te alabamos, Señor, y te bendecimos.

Todos cantan o dicen:

Te alabamos, Señor, y te bendecimos.

Signacion de los Catecumenos y de los Candidatos con la Señal de la Cruz

514 Luego el celebrante hace la señal de la cruz en la frente de los catecúmenos (o bien delante de la frente, a discreción del obispo diocesano, para aquellos en cuya cultura el acto de tocar no parezca apropiado); después puede seguir, a discreción del celebrante, la signación de uno, varios o todos los sentidos. El celebrante solo, dice la fórmula que acompaña a cada signación.

Signacion de la Frente de los Catecumenos

515 El celebrante se dirige a los catecúmenos y a sus esponsores en estas u otras palabras parecidas.[*]

Catecúmenos, acerquénse ahora con sus esponsores para recibir la señal de su nuevo modo de vida como catecúmenos.

Uno a uno, los catecúmenos, junto con sus esponsores, se acercan al celebrante; éste hace la señal de la cruz con el pulgar en la frente a cada catecúmeno; luego, si no se van a signar ninguno de los sentidos, los esponsores hacen lo mismo. El celebrante dice:

N., recibe la señal de la cruz en la frente:
Cristo mismo te fortalece con este signo de su amor.[**]
Aprende ahora a conocerle y a seguirle.

Todos cantan o dicen la siguiente aclamación u otra parecida.

¡Gloria y alabanza a ti, Señor Jesús!

Signacion de los Otros Sentidos de los Catecumenos

516 Las signaciones las hacen los catequistas o esponsores (y si es necesario por circunstancias particulares, pueden hacerlas los sacerdotes y diáconos que ayudan en la celebración). A la signación de cada sentido puede seguir una aclamación de alabanza a Cristo, por ejemplo, "¡Gloria y alabanza a ti, Señor Jesús!"

Mientras signan los oídos, el celebrante dice:

Reciban ustedes la señal de la cruz en los oídos,
para que oigan la voz del Señor.

---

[*] En aquellos casos extraordinarios en que, a discreción del obispo diocesano, se ha incluído en el rito de aceptación una renuncia a un falso culto (n. 72): "Queridos candidatos, sus respuestas significan que ustedes han renunciado a los falsos cultos y desean compartir nuestra vida y nuestra esperanza en Cristo...."

[**] En aquellos casos extraordinarios en que, a discreción del obispo diocesano, ha habido una renuncia a falsos cultos: "con este signo de su victoria".

Mientras signan los ojos:

Reciban ustedes la señal de la cruz en los ojos,
para que vean la gloria de Dios.

Mientras signan la boca:

Reciban ustedes la señal de la cruz en los labios,
para que respondan a la palabra de Dios.

Mientras signan el pecho:

Reciban ustedes la señal de la cruz en los labios,
para que Cristo habite por la fe en sus corazones.

Mientras signan los hombros:

Reciban ustedes la señal de la cruz en los hombros,
para que lleven el suave yugo de Cristo.

[Mientras signan las manos:

Reciban ustedes la señal de la cruz en las manos,
para que Cristo sea conocido por el trabajo que hagan.

Mientras signan los pies:

Reciban la señal de la cruz en los pies,
para que caminen en el seguimiento de Cristo.]

Después el celebrante solo, hace a la vez sobre todos los candidatos (o, si son pocos, sobre cada uno individualmente) la señal de la cruz sin tocarlos, mientras dice:

Los signo a todos ustedes con la señal de la vida eterna
en el nombre del Padre y del Hijo, ✠
y del Espíritu Santo.

Catecúmenos:

Amén.

---

517 Luego se hace la señal de la cruz sobre la frente de los candidatos para la Confirmación y la Eucaristía (o para la recepción en la plena comunión con la Iglesia católica); se deja a la discreción del celebrante el signar uno, varios, o todos los sentidos. El celebrante solo, dice las fórmulas que acompañan a cada signación.

518 El celebrante se dirige a los candidatos para la Confirmación y la Eucaristía y a sus esponsores (y/o padrinos) en estas o parecidas palabras.

Queridos candidatos para la Confirmación y la Eucaristía (o: para la recepción en la plena comunión), acérquense ahora con sus esponsores (y/o padrinos) para recibir la señal de su vida en Cristo.

Uno a uno, los candidatos, junto con sus esponsores (y/o padrinos), se acercan al celebrante; éste hace la señal de la cruz con el pulgar en la frente a cada candidato; luego, si no se van a signar ninguno de los sentidos, los esponsores (y/o padrinos) hacen lo mismo. El celebrante dice:

N., recibe la señal de la cruz en la frente
como un recuerdo de tu Bautismo
en la muerte y resurrección salvadoras de Cristo.

Todos cantan o dicen la aclamación siguiente u otra apropiada.

¡Gloria y alabanza a ti, Señor Jesús!

Signacion de los Otros Sentidos de los Candidatos

519 Las signaciones las hacen los catequistas o esponsores (y/o padrinos) (y si es necesario por circunstancias particulares, pueden hacerlas los sacerdotes y diáconos que ayudan en la celebración). A la signación de cada sentido puede seguir una aclamación de alabanza a Cristo, por ejemplo, "¡Gloria y alabanza a ti, Señor Jesús!"

Mientras signan los oídos, el celebrante dice:

Reciban ustedes la señal de la cruz en los oídos,
para que oigan la voz del Señor.

Mientras signan los ojos:

Reciban ustedes la señal de la cruz en los ojos,
para que vean la gloria de Dios.

Mientras signan la boca:

Reciban ustedes la señal de la cruz en los labios,
para que respondan a la palabra de Dios.

Mientras signan el pecho:

Reciban ustedes la señal de la cruz en el pecho,
para que Cristo habite por la fe en sus corazones.

Mientras signan los hombros:

Reciban ustedes la señal de la cruz en los hombros,
para que lleven el suave yugo de Cristo.

[Mientras signan las manos:

Reciban ustedes la señal de la cruz en las manos,
para que Cristo sea conocido por el trabajo que hagan.

Mientras signan los pies:

Reciban la señal de la cruz en los pies,
para que caminen en el seguimiento de Cristo.]

Después el celebrante solo, hace a la vez sobre todos los candidatos (o, si son pocos, sobre cada uno individualmente) la señal de la cruz sin tocarlos, mientras dice:

Los signo a todos ustedes con la señal de vida eterna
en el nombre del Padre y del Hijo, ✠
y del Espíritu Santo.

Los candidatos:

Amén.

ORACION CONCLUSIVA

520   El celebrante concluye la signación de la frente (y de los sentidos) con la siguiente oración.

Oremos.

¡Oh, Dios todopoderoso,
que por la cruz y resurrección de tu Hijo
llenaste de vida a tu pueblo,
te rogamos nos concedas
que tus siervos, a los que hemos signado con la cruz,
siguiendo las huellas de Cristo,
tengan en su vida la fuerza salvadora de la cruz,
y la manifiesten en su conducta.

Por Jesucristo nuestro Señor.

R. Amén.

521 Después el celebrante invita a los catecúmenos y a los candidatos a entrar con sus esponsores (y/o padrinos) en la iglesia (o en el lugar donde se celebrará la liturgia de la palabra) con estas o parecidas palabras, acompañadas por un ademán de invitación.

N. y N., entren ustedes en el templo,
para que tengan parte con nosotros
en la mesa de la palabra de Dios.

Se lleva en procesión el Leccionario de la Misa o la Biblia y se coloca con todo honor en el ambón, donde se puede incensar.

Mientras entran se puede cantar un himno apropiado o la antífona siguiente, con el Salmo 33:2, 3, 6, 9, 10, 11, 16.

Vengan, hijos míos, óiganme:
yo les enseñaré el temor de Dios.

LITURGIA DE LA PALABRA

INSTRUCCION

522 Cuando los catecúmenos y los candidatos han vuelto a sus sitios, el celebrante les habla brevemente, ayudándoles a comprender la dignidad de la palabra de Dios, que se proclama y se escucha en la Iglesia.

Entonces se tiene la celebración litúrgica de la palabra.

LECTURAS

523 Las lecturas son las asignadas para el día. Según las normas del Leccionario, se pueden seleccionar otras lecturas apropiadas, tales como las siguientes.

PRIMERA LECTURA
Génesis 12:1-4a—*Sal de tu tierra y ven a la tierra que te mostraré.*

SALMO RESPONSORIAL
Salmo 32:4-5, 12-13, 18-19, 20 y 22.
R. (v. 12b) Dichoso el pueblo que el Señor escogió como heredad.
o:
R. (v. 22) Que tu misericordia, Señor, venga sobre nosotros, como lo esperamos de ti.

        Juan 1:41, 17b
        Hemos hallado al Mesías: Jesucristo, que nos trae la verdad y la gracia.

EVANGELIO
        Juan 1:35-42—*Este es el Cordero de Dios. Hemos encontrado al Mesías.*

HOMILIA

524   Después sigue la homilía que explica las lecturas.

ENTREGA DE UNA BIBLIA

525   El celebrante puede entregar a los catecúmenos y a los candidatos el libro de los Evangelios. También pueden distribuirse cruces, a no ser que ya se hayan dado como uno de los ritos adicionales (cfr. n. 74). El celebrante puede usar palabras apropiadas al regalo que se da, v.gr.: "Recibe el Evangelio de Jesucristo, Hijo de Dios." Los catecúmenos y los candidatos pueden responder de forma apropiada.

SUPLICAS POR LOS CATECUMENOS Y POR LOS CANDIDATOS

526   Los esponsores (y/o padrinos) y toda la congregación se unen en las siguientes súplicas por los catecúmenos y candidatos, u otras similares.

[Si se decide, de acuerdo con el n. 529, que, después de la despedida de los catecúmenos, se omitan las acostumbradas intercesiones generales de la Misa y que la liturgia de la Eucaristía comience inmediatamente, las intenciones por la iglesia y por todo el mundo deben añadirse a las siguientes súplicas por los catecúmenos y por los candidatos.]

Celebrante:

Estos catecúmenos y candidatos, que son nuestros hermanos y hermanas, ya han seguido un largo camino. Nos regocijamos con ellos por la mansedumbre con que Dios los ha conducido hasta este día. Pidamos que puedan terminar el largo recorrido que aún les falta para la plena participación en nuestra vida.

Ministro asistente:

Para que el Padre celestial les revele más cada día a Cristo, roguemos al Señor:

R. Escúchanos, Señor.

Ministro asistente:

Para que abracen con alma y corazón magnánimos la entera voluntad de Dios, roguemos al Señor:

R. Escúchanos, Señor.

Para que prosigan su camino sostenidos con nuestro auxilio constante y sincero, roguemos al Señor:

R. Escúchanos, Señor.

Ministro asistente::

Para que encuentren en nuestra comunidad unión de los corazones y caridad desbordante, roguemos al Señor:

R. Escúchanos, Señor.

Ministro asistente:

Para que sus corazones y los nuestros se conmuevan más profundamente con las necesidades de los demás, roguemos al Señor:

R. Escúchanos, Señor.

Ministro asistente:

Para que a su debido tiempo los catecúmenos sean hallados dignos de recibir el Bautismo de la regeneración y la renovación por el Espíritu Santo y los candidatos sean hallados dignos de completar su iniciación por medio de los sacramentos de la Confirmación y de la Eucaristía (o: de ser recibidos en la plena comunión de la Iglesia católica), roguemos al Señor.

R. Escúchanos, Señor.

ORACION SOBRE LOS CATECUMENOS Y LOS CANDIDATOS

527 Después de las súplicas, el celebrante, con las manos extendidas sobre los catecúmenos y los candidatos, dice la siguiente oración.

Oh, Dios omnipotente y eterno,
Padre de todas las criaturas,
tú nos creaste a tu imagen y semejanza.

Recibe con amor a estos siervos tuyos que están en tu presencia.
Guía a nuestros catecúmenos al Bautismo de la regeneración,
y a nuestros candidatos a una mayor participación
 en el misterio pascual,
para que, junto con tus fieles, tengan una vida próspera
 y consigan los premios eternos que tú prometes.

Te lo pedimos por Jesucristo nuestro Señor.

R. Amén.

528 Si se va a celebrar la Eucaristía, normalmente se despide a los catecúmenos en este momento usando las opciones A o B; si los catecúmenos tienen que permanecer durante la celebración eucarística, se usa la opción C; si no se celebra la Eucaristía, se despide a toda la asamblea usando la opción D.

A El celebrante despide a los catecúmenos con estas u otras palabras parecidas.

Catecúmenos, vayan en paz, y que el Señor los acompañe siempre.

Catecúmenos:

Amén.

B Como una fórmula opcional para despedir a los catecúmenos, el celebrante puede usar estas u otras palabras semejantes.

Mis queridos amigos, esta comunidad los envía a ustedes ahora a reflexionar más profundamente sobre la palabra de Dios que han compartido con nosotros hoy. Pueden estar seguros de nuestro afecto, apoyo y oraciones por ustedes. Con gusto esperamos el día en que ustedes compartan plenamente de la Mesa del Señor.

C Si por graves razones los catecúmenos no pudieran salir (véase n. 75.3) y debieran permanecer con el resto de la asamblea litúrgica, se les debe de instruir a ellos y a los candidatos que aunque asisten a la celebración eucarística, no pueden participar en ella al modo de los fieles católicos. El celebrante puede recordarles esto con estas palabras u otras parecidas.

Aunque todavía no pueden ustedes participar plenamente de la Eucaristía del Señor, quédense con nosotros como un signo de nuestra esperanza de que todos los hijos de Dios comerán y beberán con el Señor y trabajarán con su Espíritu para renovar la faz de la tierra.

D El celebrante despide a todos los presentes con estas palabras u otras parecidas.

Vayan en paz, y que el Señor permanezca siempre con ustedes.

Todos:

Gracias a Dios.

Un canto apropiado puede concluir la celebración.

LITURGIA DE LA EUCARISTIA

529 Cuando sigue la Eucaristía, las súplicas se reanudan con las intercesiones generales normales por las necesidades de la Iglesia y de todo el mundo; luego, si se requiere, se dice la profesión de fe. Pero por razones pastorales estas súplicas generales y la profesión de fe pueden omitirse. La liturgia de la Eucaristía empieza entonces, como normalmente, con la preparación de las ofrendas.

2 CELEBRACION PARROQUIAL PARA EL ENVIO DE LOS CATECUMENOS PARA LA ELECCION Y DE LOS CANDIDATOS PARA SU RECONOCIMIENTO POR EL OBISPO [OPCIONAL]

La comunidad era de una sola mente y de un solo corazón

530 Se provee este rito opcional para las parroquias donde los catecúmenos celebrarán su elección y cuyos adultos, candidatos para la Confirmación y la Eucaristía o para la recepción en la plena comunión de la Iglesia católica, celebrarán su reconocimiento en una celebración subsiguiente (por ejemplo, en la catedral con el obispo.)

531 Con el fin de señalar la preocupación de la Iglesia por los catecúmenos, la celebración para admitir a los catecúmenos a la etapa de la elección, debe ser presidida por el obispo. Sin embargo, es dentro de la comunidad parroquial donde se emite el juicio preliminar en cuanto al estado de formación y progreso de los catecúmenos.

Este rito ofrece la oportunidad a la comunidad local de expresar su aprobación de los catecúmenos y enviarlos a la celebración de la elección seguros del cariño y del apoyo de la parroquia.

532 Además, aquellos que o bien están terminando su iniciación por los sacramentos de la Confirmación y de la Eucaristía o bien se preparan para la recepción en la plena comunión de la Iglesia católica también son incluídos en este rito, puesto que ellos también serán presentados al obispo durante la celebración del rito de elección de los catecúmenos.

533 Se celebra el rito en la iglesia parroquial a una hora apropiada anterior al Rito de Elección.

534 Se tiene el rito después de la homilía en una celebración de la palabra de Dios (véase n. 89) o en la Misa.

535 En la catequesis de la comunidad y en la celebración de estos ritos, se debe tener cuidado de mantener la distinción entre catecúmenos y candidatos bautizados.

ESQUEMA DEL RITO

LITURGIA DE LA PALABRA

Homilía
Presentación de los Catecúmenos
Afirmación por los Padrinos
    [y por la Asamblea]
Presentación de los Candidatos
Afirmación por los Esponsores (y/o Padrinos)
    [y por la Asamblea]
Súplicas por los Catecúmenos
    y por los Candidatos
Oración sobre los Catecúmenos
    y sobre los Candidatos
Despedida de los Catecúmenos

LITURGIA DE LA EUCARISTIA

CELEBRACION PARROQUIAL PARA EL ENVIO DE LOS CATECUMENOS PARA LA ELECCION Y DE LOS CANDIDATOS PARA SU RECONOCIMIENTO POR EL OBISPO

LITURGIA DE LA PALABRA

HOMILIA

536 Después de las lecturas, el celebrante ofrece la homilía. Esta debe ser apropiada a la situación real y debe dirigirse no sólo a los catecúmenos y candidatos sino a toda la comunidad de los fieles, para que todos se sientan animados a dar buen ejemplo y a acompañar a los candidatos a lo largo del camino del misterio pascual.

PRESENTACION DE LOS CATECUMENOS

537 Después de la homilía, el sacerdote encargado de la iniciación de los catecúmenos, o un diácono, un(a) catequista o un(a) representante de la comunidad, presenta a los catecúmenos con las siguientes palabras u otras semejantes.

Reverendo Padre, estos catecúmenos, N. y N., a quienes le presento ahora, van a empezar la etapa final de su preparación y purificación antes de su iniciación. Han encontrado su fuerza en la gracia de Dios y apoyo en las oraciones y ejemplo de nuestra comunidad.

Ahora piden ser reconocidos por el progreso que han hecho en su formación espiritual y recibir la certidumbre de nuestras bendiciones y oraciones al presentarse para el Rito de Elección que el obispo N. celebrará esta tarde (o: el próximo domingo [o: dígase qué día].)

El celebrante contesta:

Acérquense, los que van a ser enviados a la celebración de la elección en Cristo, junto con los que van a ser sus padrinos.

Se llama uno por uno a los catecúmenos por su nombre. Cada catecúmeno, acompañado por un padrino o una madrina (o ambos), se acerca y permanece de pie ante el celebrante.

AFIRMACION POR LOS PADRINOS [Y POR LA ASAMBLEA]

538 Entonces el celebrante se dirige a la asamblea con estas u otras palabras.

Mis queridos amigos, estos catecúmenos que se están preparando para los sacramentos de la iniciación esperan estar listos para participar en el Rito de Elección y ser escogidos en Cristo para los sacramentos pascuales. Es responsabilidad de esta comunidad el interrogarles sobre su disposición antes de enviarlos al obispo.

Se dirige a los padrinos:

Me dirijo a ustedes, padrinos, para que den su testimonio acerca de estos candidatos. ¿Han tomado seriamente estos catecúmenos su formación en el Evangelio y en el modo de vivir la vida católica?

Padrinos:

Sí, así lo han hecho.

Celebrante:

¿Han dado señales de su conversión por el ejemplo de sus vidas?

Padrinos:

Sí, así lo han hecho.

Celebrante:

¿Juzgan ustedes que están preparados para presentarlos al obispo para el Rito de Elección?

Padrinos:

Sí, lo están.

[Cuando sea apropiado, el celebrante puede también pedir a toda la asamblea que exprese su aprobación de los catecúmenos.]

El celebrante concluye la afirmación con las siguientes palabras:

Mis queridos catecúmenos, esta comunidad los recomienda con alegría al obispo, quien, en nombre de Cristo, los invitará a los sacramentos pascuales. Que Dios lleve a su término la buena obra que ha empezado en ustedes.

539   Si se va a firmar el Libro de los Elegidos en la presencia del obispo, se omite aquí. Sin embargo, si durante el Rito de Elección se le va a presentar al obispo el Libro de los Elegidos ya firmado, los catecúmenos pueden acercarse en este momento a firmarlo o deberán hacerlo después de la celebración o en algún otro momento antes del Rito de la Elección.

540 El sacerdote a cargo de la formación de los candidatos, o un diácono, un(a) catequista o un(a) representante de la comunidad, presenta a los candidatos, usando las siguientes palabras u otras semejantes.

Reverendo Padre, estos candidatos, a quienes le presento ahora, están empezando la última etapa de preparación para los sacramentos de la Confirmación y de la Eucaristía (o: la preparación para ser recibidos en la plena comunión de la Iglesia católica). Han encontrado su fuerza en la gracia de Dios y apoyo en las oraciones y el ejemplo de nuestra comunidad.

Ahora piden ser reconocidos por el progreso que han hecho en su formación espiritual; ellos quieren recibir la seguridad de nuestras bendiciones y oraciones ahora que van para ser reconocidos por el Obispo N. esta tarde (o: el próximo domingo [o: especifíquese el día]).

El celebrante contesta:

Acérquense junto con sus esponsores (y/o padrinos), aquellos que van a ser reconocidos.

Se llama uno a uno a los candidatos por su nombre. Cada candidato acompañado de un esponsor (o padrino o madrina), se acerca y permanece de pie ante el celebrante.

Afirmacion por los Esponsores (y/o Padrinos) [y por la Asamblea]

541 Entonces el celebrante se dirige a la asamblea en estas u otras palabras parecidas.

Mis queridos amigos, estos candidatos, ya unidos con nosotros por razón de su Bautismo en Cristo, han pedido el poder participar plenamente en la vida sacramental de la Iglesia católica. Los que los conocen creen que su deseo es sincero. Durante el tiempo de su formación catequética han escuchado la palabra de Cristo y han tratado de seguir sus mandamientos más perfectamente; han compartido la compañía de sus hermanas y hermanos cristianos en esta comunidad y se han unido a ellos en la oración.

Y así les anuncio a todos ustedes que nuestra comunidad ratifica el deseo de estos candidatos. Por lo tanto, les pido a sus esponsores (y/o padrinos) que nos den su opinión una vez más, para que todos ustedes la puedan oir.

Se dirige a los esponsores (y/o padrinos):

En la presencia de Dios, ¿creen ustedes que estos candidatos están preparados para recibir los sacramentos de la Confirmación y de la Eucaristía? (o: están preparados para ser recibidos en la plena comunión de la Iglesia católica)?

Esponsores (y/o padrinos):

Sí, lo creemos.

[Cuando es adecuado según las circunstancias, el celebrante también puede pedir a toda la asamblea que exprese su aprobación de los candidatos.]

542   El celebrante concluye la afirmación con lo siguiente:

Y ahora, queridos amigos, me dirijo a ustedes. Sus propios esponsores (y/o padrinos) [y toda esta comunidad] han hablado a su favor. La Iglesia, en el nombre de Cristo, acepta su testimonio y los envía a ustedes al Obispo N., quien los exhortará a vivir en mayor conformidad con la vida de Cristo.

SUPLICAS POR LOS CATECUMENOS Y POR LOS CANDIDATOS

543   Luego la comunidad ora por los catecúmenos y por los candidatos usando la siguiente fórmula u otra parecida. El celebrante puede adaptar la introducción y las súplicas según las diferentes circunstancias.

[Si se decide, según el n. 546, que después de la despedida de los catecúmenos se omitan las súplicas generales que generalmente se ofrecen y que la liturgia de la Eucaristía empiece inmediatamente, las súplicas por la Iglesia y por todo el mundo se añaden a las siguientes intenciones por los catecúmenos y por los candidatos.]

Celebrante:

Mis hermanos y hermanas, esperamos celebrar en la Pascua los misterios de la pasión, muerte y resurrección del Señor que nos da vida. Al seguir nuestro peregrinar juntos hacia los sacramentos pascuales, estos catecúmenos y candidatos esperan de nosotros un ejemplo de renovación cristiana. Pidámosle al Señor por ellos y por nosotros, para que podamos renovarnos por los esfuerzos de unos y otros y juntos llegar a compartir las alegrías de la Pascua.

Ministro asistente:

Para que estos catecúmenos y candidatos sean liberados de todo egoísmo y aprendan a pensar primero en los demás, roguemos al Señor:

R. Señor, escucha nuestra oración.

Ministro asistente:

Para que sus padrinos de Bautismo y sus esponsores sean ejemplos vivos del Evangelio, roguemos al Señor:

R. Señor, escucha nuestra oración.

Ministro asistente:

Para que sus maestros siempre les comuniquen la belleza de la palabra de Dios, roguemos al Señor:

R. Señor, escucha nuestra oración.

Ministro asistente:

Para que estos catecúmenos y candidatos compartan con otros la alegría que han encontrado en su amistad con Jesús, roguemos al Señor:

R. Señor, escucha nuestra oración.

Ministro asistente:

Para que nuestra comunidad, durante esta (la próxima) Cuaresma, crezca en la caridad y sea constante en la oración, roguemos al Señor:

R. Señor, escucha nuestra oración.

Oracion sobre los Catecumenos y los Candidatos

544 Después de las súplicas, el celebrante, con las manos extendidas sobre los catecúmenos y sobre los candidatos, dice la siguiente oración.

Padre todopoderoso y rico en misericordia,
tú deseas restaurar todo en Cristo
y atraernos a su amor que abraza a todos los seres humanos.

Guía a estos catecúmenos y a estos candidatos
en los próximos días y semanas:
fortalécelos en su vocación,
intégralos en el reino de tu Hijo,
y séllalos con el Espíritu que nos prometiste.

Te lo pedimos por Cristo nuestro Señor.

R. Amén.

545 Si la Eucaristía se celebra inmediatamente, por lo general se despide a los catecúmenos en este momento usando las opciones A o B; si los catecúmenos se van a quedar para la celebración de la Eucaristía, se usa la opción C; si no se celebra la Eucaristía inmediatamente, se despide a toda la asamblea usando la opción D.

A   El celebrante despide a los catecúmenos con estas u otras palabras parecidas.

Mis queridos amigos, ustedes van a empezar el camino que los lleva a la gloria pascual. Cristo será su camino, su verdad y su vida. En su nombre los envío de esta comunidad para celebrar con el obispo la voluntad del Señor de que ustedes sean contados entre sus elegidos. Hasta que nos veamos de nuevo para los escrutinios, vayan siempre en paz.

Catecúmenos:

Amén.

B   Como una fórmula opcional para despedir a los catecúmenos, el celebrante puede usar estas u otras palabras parecidas.

Mis queridos amigos, esta comunidad ahora los envía a reflexionar más profundamente sobre la palabra de Dios que ustedes han compartido hoy con nosotros. Pueden estar seguros de nuestro afecto y apoyo y de nuestras oraciones por ustedes. Esperamos con gozo el día en que ustedes compartan plenamente de la Mesa del Señor.

C   Si por razones graves los catecúmenos no pudieran salir (véase n. 75.3) y debieran permanecer con el resto de la asamblea litúrgica, se les debe instruir a ellos y a los candidatos que aunque asisten a la celebración eucarística, no pueden participar en ella al modo de los fieles católicos. El celebrante puede recordarles esto con las siguientes palabras u otras parecidas.

Aunque todavía no pueden ustedes participar plenamente en la Eucaristía del Señor, quédense aquí con nosotros como un signo de nuestra esperanza de que todos los hijos de Dios coman y beban con el Señor y trabajen con su Espíritu para renovar la faz de la tierra.

D   El celebrante despide a todos los presentes, usando estas u otras palabras parecidas.

Vayan en paz, y que el Señor permanezca siempre con ustedes.

Todos:

Gracias a Dios.

Se puede concluir la celebración con un canto apropiado.

LITURGIA DE LA EUCARISTIA

546 Después de que los catecúmenos hayan salido del templo, si sigue la Eucaristía inmediatamente, se continúa con las acostumbradas intercesiones generales por la Iglesia y por todo el mundo; después si lo requiere la liturgia del día, se hace la profesión de fe. Sin embargo, por razones pastorales se pueden omitir la oración universal y la profesión de fe. En este caso la liturgia de la Eucaristía comienza como siempre con la preparación de las ofrendas.

3 CELEBRACION DEL RITO DE ELECCION DE LOS CATECUMENOS Y DEL LLAMADO A LA CONVERSION CONTINUA DE LOS CANDIDATOS QUE SE PREPARAN PARA LA CONFIRMACION Y/O LA EUCARISTIA, O PARA LA RECEPCION EN LA PLENA COMUNION DE LA IGLESIA CATOLICA

El cuerpo es uno y tiene muchos miembros

547 Este rito se debe usar cuando se celebran conjuntamente la elección de los catecúmenos y el llamado a la conversión continua de los candidatos que se preparan bien sea para la Confirmación y/o la Eucaristía, o para la recepción en la plena comunión de la Iglesia católica.

548 El rito normalmente se debe tener el Primer Domingo de Cuaresma, y el celebrante que preside es el obispo o su delegado.

549 En la catequesis de la comunidad y en la celebración de estos ritos, se debe cuidar de mantener la distinción entre catecúmenos y candidatos bautizados.

ESQUEMA DEL RITO

LITURGIA DE LA PALABRA

Homilía

CELEBRACION DE LA ELECCION

Presentación de los Catecúmenos
Afirmación por los Padrinos [y por la Asamblea]
Invitación e Inscripción de los Nombres
Acto de Admisión o Elección

CELEBRACION DEL LLAMADO A LA CONVERSION CONTINUA

Presentación de los Candidatos
Afirmación por los Esponsores (y Padrinos) [y por la Asamblea]
Acto de Reconocimiento
Súplicas por los Elegidos y por los Candidatos
Oración sobre los Elegidos y sobre los Candidatos
Despedida de los Elegidos

LITURGIA DE LA EUCARISTIA

CELEBRACION DEL RITO DE ELECCION DE LOS CATECUMENOS Y DEL LLAMADO A LA CONVERSION CONTINUA DE LOS CANDIDATOS QUE SE PREPARAN PARA LA CONFIRMACION Y/O LA EUCARISTIA, O PARA LA RECEPCION EN LA PLENA COMUNION DE LA IGLESIA CATOLICA

LITURGIA DE LA PALABRA

HOMILIA

550 Depués de las lecturas (véase n. 128), el obispo, o el celebrante que preside como delegado del obispo, presenta la homilía que debe ser adaptada a las circunstancias del momento y debe dirigirse no sólo a los catecúmenos y a los candidatos sino también a toda la comunidad de los fieles, de modo que anime a todos a dar buen ejemplo, y a acompañar a los catecúmenos y candidatos durante el tiempo de su preparación cuaresmal para celebrar los sacramentos de la Pascua.

CELEBRACION DE LA ELECCION

PRESENTACION DE LOS CATECUMENOS

551 Acabada la homilía, el sacerdote que esté a cargo de la iniciación de los catecúmenos, o un diácono, o un(a) catequista o un(a) delegado(a) de la comunidad, presenta a los catecúmenos, con estas o parecidas palabras.

Reverendo Padre, próximas ya las solemnidades pascuales, los catecúmenos que ahora le presento, están terminando su período de preparación. Han encontrado fuerza en la gracia divina y ayuda en las oraciones y el ejemplo de la comunidad.

Ahora piden, que después de la celebración de los escrutinios, les sea permitido participar en los sacramentos del Bautismo, Confirmación y Eucaristía.

El celebrante responde:

Acérquense los que han de ser elegidos en Cristo, acompañados por sus padrinos (madrinas).

Entonces se les va llamando uno a uno a todos por su nombre, y cada uno con su padrino (madrina o ambos) se adelanta y se queda de pie ante el celebrante.

[Si los catecúmenos fueran muy numerosos, la presentación se debe hacer en grupos, v.gr., cada catequista presenta a su grupo. Pero en este caso es de aconsejar que los catequistas tengan alguna celebración previa en la que llamen por su nombre a cada uno de sus catecúmenos.]

AFIRMACION POR LOS PADRINOS [Y POR LA ASAMBLEA]

552 Entonces el celebrante se dirige a la asamblea. Si ha tomado parte en la deliberación previa sobre la disposición de los catecúmenos (véase n. 122), el celebrante puede usar la opción A o la B o palabras semejantes; si no ha tomado parte en la deliberación previa, usa la opción B o palabras semejantes.

A Queridos hermanos y hermanas, estos catecúmenos han pedido ser iniciados en la vida sacramental de la Iglesia durante las próximas fiestas pascuales. Los que los conocen, han juzgado que es sincero su deseo. Durante el período de su preparación han oído la palabra de Cristo y se han esforzado en vivir según sus mandamientos; han compartido la compañía de sus hermanas y hermanos cristianos y se han unido a ellos en la oración.

Ahora quiero anunciar a toda la asamblea que nuestra comunidad ha decidido llamarlos a los sacramentos. Al comunicarles ahora esta decisión, pido a los padrinos que ratifiquen, ante ustedes, su opinión una vez más para que todos puedan escucharla.

Y vuelto a los padrinos:

¿Juzgan ustedes, en presencia de Dios, que estos catecúmenos son dignos de que se les admita a los sacramentos de la iniciación cristiana?

Padrinos:

Sí, los juzgamos dignos.

Cuando sea apropiado, según las circunstancias, el celebrante puede también pedir a toda la asamblea que exprese su aprobación de los catecúmenos en estas u otras palabras semejantes:

Ahora, les pregunto a ustedes, los miembros de esta comunidad: ¿Están ustedes dispuestos a afirmar el testimonio expresado sobre estos catecúmenos y a apoyarles con la fe, la oración y el ejemplo ahora que nos preparamos a celebrar los sacramentos pascuales?

Todos:

Sí, lo estamos.

B   La Iglesia de Dios desea ahora saber si estos catecúmenos están suficientemente preparados para entrar en el grado de los elegidos en las próximas solemnidades de la Pascua. Y por eso me dirijo primero a ustedes, sus padrinos y madrinas.

Y volviéndose hacia los padrinos:

¿Han escuchado estos catecúmenos fielmente la palabra de Dios anunciada por la Iglesia?

Padrinos:

Sí, la han escuchado.

Celebrante:

¿Han respondido ellos a esa palabra y han comenzado a caminar en la presencia de Dios?

Padrinos:

Sí, lo han hecho.

Celebrante:

¿Han compartido ellos la compañía de sus hermanas y hermanos cristianos y se han unido a ellos en la oración?

Padrinos:

Sí, lo han hecho.

Cuando sea apropiado según las circunstancias, el celebrante puede también pedir a toda la asamblea que exprese su aprobación de los catecúmenos en estas u otras palabras semejantes:

Y ahora me dirijo a ustedes, mis hermanos y hermanas en esta asamblea: ¿Están ustedes dispuestos a apoyar el testimonio expresado sobre estos catecúmenos y a incluirlos en sus oraciones y en su afecto al acercarnos a la Pascua?

Todos:

Sí, lo estamos.

INVITACION E INSCRIPCION DE LOS NOMBRES

553 Entonces el celebrante se dirige a los catecúmenos con las siguientes palabras u otras semejantes avisándoles que han sido aceptados y les pide que ellos declaren su propia intención.

Ahora les hablo a ustedes, queridos catecúmenos. Sus padrinos y catequistas [y toda esta comunidad] han dado buen testimonio de ustedes. La Iglesia, en nombre de Cristo, acepta su testimonio y los llama a ustedes a los sacramentos pascuales.

Ahora, pues, les toca a ustedes, que ya han escuchado desde hace tiempo la palabra de Cristo, dar su respuesta a ese llamado claramente y en presencia de toda la Iglesia.

Por lo tanto, ¿quieren ustedes iniciarse plenamente en la vida de la Iglesia por medio de los sacramentos del Bautismo, la Confirmación y la Eucaristía?

Catecúmenos:

Sí, queremos.

Celebrante:

Digan, pues, sus nombres para inscribirlos.

Los catecúmenos acercándose al celebrante con sus padrinos o permaneciendo en sus sitios, dicen su nombre. Su inscripción se puede hacer de diversos modos: puede escribirlo cada catecúmeno, o una vez pronunciado con claridad, lo puede escribir el padrino o el ministro que presentó a los catecúmenos (véase n. 117). Mientras se inscriben los nombres se puede cantar algo apropiado, por ejemplo: el Salmo 15 o el Salmo 32 con un refrán como "Feliz el pueblo que el Señor ha escogido para sí."

[Si los catecúmenos son muy numerosos, la inscripción puede consistir simplemente en la presentación al celebrante de una lista de los nombres, con palabras tales como éstas: "Estos son los nombres de los catecúmenos" o, cuando el obispo es el celebrante y le han presentado a catecúmenos de diversas parroquias: "Estos son los nombres de los catecúmenos de la parroquia N."]

ACTO DE ADMISION O ELECCION

554 Acabada la inscripción de los nombres, el celebrante, después de explicar brevemente a los asistentes el significado del rito celebrado, se vuelve a los catecúmenos diciéndoles estas o parecidas palabras.

N. y N., ahora los declaro a ustedes miembros de los elegidos, para ser iniciados en los sagrados misterios durante la próxima Vigilia Pascual.

Catecúmenos:

Demos gracias a Dios.

El celebrante prosigue:

Dios es siempre fiel a aquellos que El llama: ahora es deber de ustedes, como es el nuestro, el ser fieles a su llamamiento y el esforzarse con todo entusiasmo para alcanzar la verdad plena que, por su elección, se abre ante ustedes.

Entonces el celebrante se vuelve a los padrinos y los exhorta con estas o parecidas palabras:

Padrinos, ustedes han hablado a favor de estos catecúmenos: acéptenlos ahora como elegidos en el Señor y continúen apoyándolos por medio de su amoroso cuidado y ejemplo, hasta que reciban los sacramentos de la vida divina.

Los invita a que pongan la mano sobre el hombro de los elegidos, a los que reciben bajo su cuidado, o a que hagan otro gesto del mismo significado.

CELEBRACION DEL LLAMADO A LA CONVERSION CONTINUA

Presentacion de los Candidatos

555 El sacerdote a cargo de la formación de los candidatos, o un diácono, un(a) catequista, o un(a) representante de la comunidad, presenta a los candidatos, usando las siguientes palabras u otras semejantes.

Reverendo Padre, ahora le presento a usted a los candidatos que desean completar su iniciación cristiana (o: que se preparan a ser recibidos en la plena comunión de la Iglesia católica). Ellos también han encontrado fuerza en la gracia de Dios y apoyo en las oraciones y en el ejemplo de nuestra comunidad.

Ahora piden que después de este tiempo cuaresmal, sean admitidos a la Confirmación y a la Eucaristía (o: a compartir plenamente en la Eucaristía.)

El celebrante contesta:

Aquellos que desean participar plenamente en la vida sacramental de la Iglesia, acérquense junto con sus esponsores (y/o padrinos).

Se llama a los candidatos por su nombre, uno por uno. Cada candidato, acompañado de su esponsor (padrino o madrina), se adelanta y permanece de pie ante el celebrante.

[Si los candidatos fueran muy numerosos, la presentación se debe hacer en grupos, por ejemplo, cada catequista presenta a su grupo. Pero en este caso se debe aconsejar a los catequistas que tengan una celebración especial previa, en la que llamen por su nombre a cada uno de los candidatos.]

AFIRMACION POR LOS ESPONSORES (Y/O PADRINOS) [Y POR LA ASAMBLEA]

556 Luego el celebrante se dirige a la asamblea. Si ha participado en la deliberación anterior sobre la preparación de los candidatos (véase n. 122), puede usar bien sea la opción A o la opción B o palabras semejantes; si no ha participado en la deliberación previa, usa la opción B o palabras semejantes.

A Mis queridos amigos, estos candidatos, nuestros hermanos y hermanas, han pedido poder participar plenamente en la vida sacramental de la Iglesia católica. Los que los conocen han juzgado que su deseo es sincero. Durante el tiempo de su preparación han reflexionado sobre el misterio de su Bautismo y han llegado a apreciar más profundamente la presencia de Cristo en sus vidas. Han compartido la compañía de sus hermanos y hermanas, se han unido a ellos en la oración y han tratado de vivir más perfectamente los mandamientos de Cristo.

Y así tengo el gusto de reconocer su deseo de participar plenamente en la vida sacramental de la Iglesia. Les pregunto a sus esponsores (y/o padrinos) ahora que den su opinión una vez más, para que todos ustedes la puedan oir.

Se dirige a los esponsores (y/o padrinos):

¿Creen ustedes que estos candidatos están listos para recibir los sacramentos de la Confirmación y de la Eucaristía?

Los esponsores (y/o padrinos):

Sí, así lo creemos.

Cuando es apropiado según las circunstancias, el celebrante puede también pedir a toda la asamblea que exprese su aprobación de los candidatos con estas u otras palabras parecidas:

Ahora les pregunto a ustedes, miembros de esta comunidad:

¿Están ustedes dispuestos a afirmar el testimonio expresado sobre estos candidatos y a apoyarlos en la fe, con sus oraciones y su ejemplo durante el tiempo de preparación para participar más plenamente en los sacramentos de la Iglesia?

Todos:

Sí, lo estamos.

B   La vida cristiana y las exigencias que se derivan de los sacramentos no pueden tomarse a la ligera. Por lo tanto, antes de concederles a estos candidatos su petición de compartir plenamente en los sacramentos de la Iglesia, es importante que la Iglesia oiga el testimonio de sus esponsores (y/o padrinos) sobre su disposición de vivir según el Evangelio.

Se dirige a los esponsores (y/o padrinos):

¿Han escuchado fielmente la instrucción de los apóstoles proclamada por la Iglesia?

Esponsores (y/o padrinos):

Sí, la han escuchado.

Celebrante:

¿Han llegado a un aprecio más profundo de su Bautismo, en el cual fueron unidos a Cristo y a su Iglesia?

Esponsores (y/o padrinos):

Sí, han llegado.

Celebrante:

¿Han reflexionado suficientemente en la tradición de la Iglesia, que es su herencia, y se han unido a sus hermanos y hermanas en la oración?

Esponsores (y/o padrinos):

Sí, lo han hecho.

Celebrante:

¿Han avanzado en la vida de amor y servicio a los demás?

Esponsores (y/o padrinos):

Sí, han avanzado.

Cuando es apropiado según las circunstancias, el celebrante puede también pedir a toda la asamblea que exprese su aprobación de los candidatos en estas u otras palabras parecidas:

Y ahora me dirijo a ustedes, mis hermanos y hermanas en esta asamblea:

¿Están ustedes dispuestos a apoyar el testimonio expresado sobre estos candidatos y a incluirlos en su oración y afecto en nuestro camino hacia la Pascua?

Todos:

Sí, lo estamos.

Acto de Reconocimiento

557 Luego el celebrante dice:

N., y N., la Iglesia reconoce el deseo de ustedes (de ser sellados con el don del Espíritu Santo y) de participar en la mesa eucarística de Cristo. Unanse a nosotros esta Cuaresma en un espíritu de arrepentimiento. Escuchen el llamado del Señor a la conversión y sean fieles a su alianza bautismal.

Candidatos:

Gracias a Dios.

Luego el celebrante se dirige a los esponsores (y/o padrinos) y les instruye con las siguientes palabras u otras parecidas.

Esponsores (y/o padrinos), continúen apoyando a estos candidatos con sus consejos y su cuidado. Que ellos vean en ustedes amor por la Iglesia y sincero deseo de hacer el bien. Guíenlos esta Cuaresma a los gozos de los misterios pascuales.

Los invita a poner la mano en el hombro del candidato a quien ellos van a recibir bajo su cuidado, o a usar otro gesto que signifique lo mismo.

Suplicas por los Elegidos y por los Candidatos

558 La comunidad puede usar una de las siguientes fórmulas (opciones A o B), o una fórmula parecida para orar por los elegidos y por los candidatos. El celebrante puede adaptar la introducción y las súplicas según las diferentes circunstancias.

[Si se ha decidido, según el n. 561, que después de la despedida de los elegidos se omitan las oraciones de los fieles normales en la Misa, y que la liturgia de la Eucaristía empiece inmediatamente, se añaden algunas intenciones por la Iglesia y por todo el mundo a las siguientes intenciones por los elegidos y por los candidatos.]

Celebrante:

Mis queridos hermanos y hermanas, al empezar este tiempo cuaresmal, nos preparamos para celebrar en la Pascua los misterios salvíficos del sufrimiento, muerte y resurrección de nuestro Señor. Estos elegidos y candidatos, que llevamos con nosotros a los sacramentos pascuales, se fijarán en nosotros para ver un ejemplo de renovación cristiana. Roguemos, pues, por ellos y por nosotros al Señor, para que movidos por nuestra mutua conversión nos hagamos dignos de las gracias pascuales.

A   Ministro asistente:

Para que, empleando bien este tiempo de gracia, soportemos las dificultades de la renuncia y prosigamos juntos las obras de la santificación, roguemos al Señor:

R. Escúchanos, Señor.

Ministro asistente:

Por nuestros catecúmenos, para que recordando el día de su elección, permanezcan siempre agradecidos a la bendición celestial, roguemos al Señor:

R. Escúchanos, Señor.

Ministro asistente:

Por nuestros candidatos que se preparan para la Confirmación y la Eucaristía (o: y para la recepción en la plena comunión de la Iglesia católica) para que diariamente crezcan en fidelidad a sus promesas bautismales, roguemos al Señor:

R. Escúchanos, Señor.

Ministro asistente:

Por sus maestros, para que siempre muestren la belleza de la palabra de Dios a aquellos que la buscan, roguemos al Señor:

R. Escúchanos, Señor.

Ministro asistente:

Por sus padrinos de Bautismo y por sus esponsores, para que sean ejemplo de la práctica continua del Evangelio en su vida, roguemos al Señor:

R. Escúchanos, Señor.

Ministro asistente:

Por sus familias, para que no poniéndoles ningún impedimento, los ayuden a seguir la inspiración del Espíritu Santo, roguemos al Señor:

R. Escúchanos, Señor.

Ministro asistente:

Por nuestra comunidad, para que en este tiempo cuaresmal crezca en la caridad y sea perseverante en la oración, roguemos al Señor:

R. Escúchanos, Señor.

Ministro asistente:

Por todos los que todavía dudan, para que fiándose de Cristo lleguen con decisión a unirse a nuestra comunidad como hermanos y hermanas, roguemos al Señor:

R. Escúchanos, Señor.

B   Ministro asistente:

Para que estos elegidos y candidatos encuentren gozo en la oración diaria, oremos:

R. Te rogamos, óyenos.

Ministro asistente:

Para que invocándote a ti con frecuencia, se acerquen cada vez más a ti, oremos:

R. Te rogamos, óyenos.

Ministro asistente:

Para que puedan leer tu palabra y con gozo la guarden en su corazón, oremos:

R. Te rogamos, óyenos.

Ministro asistente:

Para que reconozcan humildemente sus faltas y procuren corregirlas con esmero, oremos:

R. Te rogamos, óyenos.

Ministro asistente:

Para que consagren su trabajo diario como ofrenda agradable a ti, oremos:

R. Te rogamos, óyenos.

Ministro asistente:

Para que cada día de la Cuaresma puedan hacer algo en tu honor, oremos:

R. Te rogamos, óyenos.

Ministro asistente:

Para que se abstengan con valor de todo lo que mancha el corazón, oremos:

R. Te rogamos, óyenos.

Ministro asistente:

Para que crezcan en el amor y en buscar la virtud y la santidad de vida, oremos:

R. Te rogamos, óyenos.

Ministro asistente:

Para que renunciándose a sí mismos atiendan primero a los demás, oremos:

R. Te rogamos, óyenos,

Ministro asistente:

Para que guardes y bendigas benignamente a sus familias, oremos:

R. Te rogamos, óyenos.

Ministro asistente:

Para que transmitan a los demás y compartan con ellos la alegría que han conseguido con la fe, oremos:

R. Te rogamos, óyenos.

ORACION SOBRE LOS ELEGIDOS Y LOS CANDIDATOS

559   El celebrante. extendiendo las manos sobre los elegidos y los candidatos, concluye las súplicas con una de las siguientes oraciones.

A   Oh Dios,
que eres creador y restaurador del género humano
sé propicio a estos hijos de adopción,
e incluye en la nueva alianza al retoño de nuevos hijos,
para que, hechos herederos de la promesa,
se alegren de recibir por la gracia
lo que no se consigue por la naturaleza.

Por Jesucristo nuestro Señor.

R. Amén.

B   Padre amantísimo y todopoderoso
que quieres instaurar todo en Cristo
y nos llamas a su amoroso abrazo,
dígnate guiar a estos elegidos de la Iglesia
y concédeles que, fieles a la vocación recibida,
merezcan ser trasladados al reino de tu Hijo
y sellados con el Espíritu Santo prometido.

Por Jesucristo nuestro Señor.

R. Amén.

DESPEDIDA DE LOS ELEGIDOS

560   Si se va a celebrar inmediatamente la Eucaristía, generalmente se despide a los elegidos en este momento usando la opción A o la B; si los elegidos se van a quedar para la celebración de la Eucaristía, se usa la opción C; si no se va a celebrar la Eucaristía inmediatamente, se despide a toda la asamblea usando la opción D.

A El celebrante despide a los elegidos con estas palabras u otras semejantes.

Queridos elegidos, ustedes han entrado con nosotros en el camino que lleva a la gloria de la Pascua. Cristo será su camino, su verdad y su vida. Hasta que nos veamos de nuevo para los escrutinios, vayan siempre en su paz.

Elegidos:

Amén.

B Como una fórmula opcional para la despedida de los elegidos, el celebrante puede usar estas u otras palabras parecidas.

Mis queridos amigos, esta comunidad ahora los envía a reflexionar más profundamente sobre la palabra de Dios que ustedes han compartido hoy con nosotros. Estén seguros de nuestro afecto y apoyo como también de nuestras oraciones por ustedes. Esperamos con gozo el día en que ustedes compartan plenamente de la Mesa del Señor.

C Si por graves razones los elegidos no pudieran salir (véase n. 75.3) y debieran permanecer con el resto de la asamblea litúrgica, se les debe instruir a ellos y a los candidatos que aunque están presentes en la Eucaristía, no pueden participar en ella al modo de los fieles católicos. El celebrante les puede recordar esto con las siguientes palabras u otras parecidas.

Aunque ustedes todavía no pueden participar plenamente en la Eucaristía del Señor, quédense con nosotros como un signo de nuestra esperanza de que todos los hijos de Dios coman y beban con el Señor y trabajen con su Espíritu para renovar la faz de la tierra.

D El celebrante despide a todos los presentes, con estas u otras palabras semejantes.

Vayan en paz, y que el Señor permanezca siempre con ustedes.

Todos:

Gracias a Dios.

Se puede concluir la celebración con un canto apropiado.

LITURGIA DE LA EUCARISTIA

561 Cuando este rito se celebra con el obispo, normalmente se omite la liturgia de la Eucaristía. Sin embargo, cuando la Eucaristía comienza inmediatamente, se continúa con las oraciones de los fieles mencionando las intenciones generales por las necesidades de la Iglesia y de todo el mundo; después, si es necesario, se hace la profesión de fe. Pero por razones pastorales se pueden omitir estas intercesiones generales y la profesión de fe. La liturgia de la Eucaristía empieza entonces de la manera normal con la preparación de las ofrendas.

4 CELEBRACION DURANTE LA VIGILIA PASCUAL DE LOS SACRAMENTOS DE INICIACION Y DEL RITO DE RECEPCION EN LA PLENA COMUNION DE LA IGLESIA CATOLICA

El Padre nos escogió en Cristo para ser santos e inmaculados en su amor

562 Razones pastorales pueden sugerir que junto con la celebración de los sacramentos de la iniciación cristiana, en la Vigilia Pascual se incluya el rito de recepción en la plena comunión de la Iglesia católica de los cristianos ya bautizados. Pero tal decisión debe ser guiada por las normas teológicas y pastorales propias de cada rito. El modelo que se presenta aquí simplemente arregla los elementos rituales que pertenecen a tal celebración combinada. Pero el modelo sólo puede usarse propiamente a la luz de los nn. 206-217, en lo que toca a la celebración de los sacramentos de la iniciación cristiana, y de los nn. 473-486, en lo que toca al rito de recepción en la plena comunión de la Iglesia católica.

563 El incluir en la Vigilia Pascual el rito de recepción en la plena comunión puede ser también litúrgicamente oportuno, especialmente cuando los candidatos han observado un período largo de formación espiritual durante la Cuaresma. En el año litúrgico, la Vigilia Pascual, la conmemoración preeminente del misterio pascual de Cristo, es la ocasión preferida para la celebración en la cual los elegidos entran en el misterio pascual por el Bautismo, la Confirmación y la Eucaristía. Los candidatos para la recepción, que en el Bautismo ya han sido justificados por la fe e incorporados en Cristo,[1] entran plenamente en una comunidad que está constituída por su comunión tanto en la fe como en el participación sacramental del misterio pascual. La celebración de su recepción en la Vigilia Pascual ofrece a los candidatos una oportunidad privilegiada para recordar y reafirmar su propio Bautismo, "el lazo sacramental de unidad [y] el fundamento para la comunión entre todos los cristianos."[2] En la Vigilia Pascual, estos candidatos pueden hacer su profesión de fe uniéndose a la comunidad en la renovación de las promesas bautismales, y, si todavía no han sido confirmados, pueden recibir el sacramento de la Confirmación que está íntimamente ligado al Bautismo. Como por su misma naturaleza el Bautismo marca la total incorporación a la comunión eucarística,[3] los temas bautismales de la Vigilia Pascual pueden servir para resaltar por qué el punto más importante de la recepción de los candidatos es su compartir, por primera vez, en la Eucaristía junto con la comunidad católica (véase n. 475.1).

564 La decisión de combinar las dos celebraciones en la Vigilia Pascual debe ser guiada por las normas del Rito de Recepción, Introducción (n. 475.2). La decisión, pues, en la situación real, debe ser consistente con respecto a los valores ecuménicos y debe guiarse por una sensibilidad tanto a las condiciones locales como a las preferencias personales y de la familia. Se debe siempre consultar con la persona que va a ser recibida sobre la forma de recepción (véase n. 475.2).

565 La organización misma de la celebración debe reflejar el estado de los candidatos para la recepción en la plena comunión con la Iglesia católica: tales candidatos ya han sido incorporados en Cristo por el Bautismo y cualquier cosa que los iguale a los catecúmenos debe ser evitada con todo cuidado (véase n. 477).

---

1   Véase Secretariado para la Unidad Cristiana, *Directorio Ecuménico I*, n. 11: A AS 59 (1967), 578-579. Concilio Vaticano II, Decreto sobre el ecumenismo, *Unitatis Redintegratio*, n. 3.

2   Véase *Directorio Ecuménico I*, n. 11: A AS 59 (1967), 578. Concilio Vaticano II, Decreto sobre el ecumenismo *Unitatis Redintegratio*, n. 22.

3   Véase Concilio Vaticano II, Decreto sobre el ecumenismo *Unitatis Redintegratio*, n. 22.

ESQUEMA DEL RITO

CEREMONIA DE LA LUZ

LITURGIA DE LA PALABRA

CELEBRACION DEL BAUTISMO

Presentación de los Candidatos para el Bautismo
Invitación a Orar
Letanía de los Santos
Bendición del Agua
Profesión de Fe
   Renuncia al Pecado
   Profesión de Fe
Bautismo
Ritos Complementarios
   [Unción después del Bautismo]
   [Imposición de la Vestidura Bautismal]
   Presentación de un Cirio Encendido

RENOVACION DE LAS PROMESAS BAUTISMALES

Invitación
Renovación de las Promesas Bautismales
   Renuncia al Pecado
   Profesión de Fe
Aspersión con el Agua Bendita

CELEBRACION DE LA RECEPCION

Invitación
Profesión por los Candidatos
Acto de Recepción

CELEBRACION DE LA CONFIRMACION

Invitación
Imposición de Manos
Unción con el Crisma

LITURGIA DE LA EUCARISTIA

CELEBRACION DURANTE LA VIGILIA PASCUAL DE LOS SACRAMENTOS DE INICIACION Y DEL RITO DE RECEPCION EN LA PLENA COMUNION DE LA IGLESIA CATOLICA

566 Los que van a ser recibidos en la plena comunión durante la Vigilia Pascual, así como sus esponsores (y/o padrinos), deben ocupar sus sitios separados de los elegidos, a quienes se les pedirá que se adelanten para la celebración del Bautismo.

La homilía debe incluir una referencia no sólo a los sacramentos de la iniciación sino también a la recepción en la plena comunión (véase n. 489).

CELEBRACION DEL BAUTISMO

567 La celebración del Bautismo comienza después de la homilía. Tiene lugar cerca de la fuente bautismal, si ésta puede ser vista por los fieles; de otro modo, en el santuario, o presbiterio donde se prepara de antemano un recipiente con agua para el rito.

PRESENTACION DE LOS ELEGIDOS PARA EL BAUTISMO

568 Luego, uno de los siguientes procedimientos, opciones A, B, o C, se usa para la presentación de los elegidos para el Bautismo.

A *Cuando el Bautismo se celebra inmediatamente cerca de la Fuente Bautismal* El celebrante acompañado por los ministros va directamente a la fuente. Un diácono u otro ministro llama a los elegidos al Bautismo para que se acerquen y sus padrinos los presentan. Luego los elegidos y sus padrinos ocupan su sitio alrededor de la fuente de tal manera que no impidan la visión a la asamblea. Sigue la invitación a orar (n. 569) y la Letanía de los Santos (n. 570).

[Si hay un gran número de elegidos, pueden ellos y sus padrinos sencillamente ocupar sus sitios alrededor de la fuente bautismal durante el canto de la Letanía de los Santos.]

B *Cuando el Bautismo se celebra después de una Procesión a la Fuente* Puede haber una procesión completa a la fuente bautismal. En este caso un diácono u otro ministro llama a los elegidos al Bautismo para que se acerquen y sus padrinos los presentan.

[Si hay un gran número de elegidos, éstos y sus padrinos simplemente ocupan sus puestos en la procesión.]

La procesión se forma en este orden: el ministro que lleva el Cirio Pascual encabeza la procesión (a no ser que, fuera de la Vigilia Pascual, ya esté el cirio cerca de la fuente bautismal), siguen los elegidos con sus padrinos, luego el celebrante con sus asistentes. Se canta la Letanía de los Santos (n. 570) durante la procesión. Cuando ésta ha llegado a la fuente, los elegidos y sus padrinos ocupan sus sitios alrededor de la fuente de tal manera que no impidan la visión a la asamblea. La invitación a orar (n. 569) precede a la bendición del agua.

C   *Cuando el Bautismo se celebra en el santuario*
Un diácono, u otro ministro, llama a los elegidos al Bautismo para que se acerquen y sus padrinos los presentan. *Los elegidos y sus padrinos ocupan sus sitios ante el celebrante en el santuario pero de tal manera que no impidan la visión a la asamblea. Sigue la invitación a orar (n. 569) y la Letanía de los Santos (n. 570).*

[Si hay un número grande de elegidos, éstos y sus padrinos simplemente ocupan sus sitios en el santuario durante el canto de la Letanía de los Santos.]

INVITACION A ORAR

569   El celebrante se dirige a la asamblea, con estas u otras palabras parecidas, invitándola a orar por los elegidos al Bautismo.

Queridos hermanos y hermanas, pidamos a Dios Padre omnipotente por nuestros hermanos y hermanas, N. y N., que piden el santo Bautismo. Y a quienes El llamó y ha conducido hasta este momento, les conceda con abundancia luz y vigor para abrazarse a Cristo con fortaleza de corazón y para profesar la fe de la Iglesia. Y que les conceda también la renovación del Espíritu Santo, a quien vamos a invocar sobre esta agua.

LETANIA DE LOS SANTOS

570   El canto de la Letanía de los Santos es dirigido por cantores y puede incluír, en el lugar apropiado, los nombres de otros santos (por ejemplo, el titular de la iglesia, los santos patrones del lugar o de aquellos que se bautizan) o peticiones apropiadas a la ocasión.

Señor, ten piedad	Señor, ten piedad
Cristo, ten piedad	Cristo, ten piedad
Señor, ten piedad	Señor, ten piedad
Santa María, Madre de Dios	ruega por nosotros
San Miguel	ruega por nosotros
Santos Angeles de Dios	rueguen por nosotros
San Juan Bautista	ruega por nosotros
San José	ruega por nosotros
Santos Pedro y Pablo	rueguen por nosotros
San Andrés	ruega por nosotros
San Juan	ruega por nosotros
Santa María Magdalena	ruega por nosotros

San Esteban	ruega por nosotros
San Ignacio de Antioquía	ruega por nosotros
San Lorenzo	ruega por nosotros
Santas Perpetua y Felicidad	rueguen por nosotros
Santa Inés	ruega por nosotros.
San Gregorio	ruega por nosotros.
San Agustín	ruega por nosotros.
San Atanasio	ruega por nosotros.
San Basilio	ruega por nosotros.
San Martín	ruega por nosotros.
San Benito	ruega por nosotros.
Santos Francisco y Domingo	rueguen por nosotros.
San Francisco Javier	ruega por nosotros.
San Juan María Vianney	ruega por nosotros.
Santa Catalina de Siena	ruega por nosotros.
Santa Teresa de Avila	ruega por nosotros.
Santos y Santas de Dios	rueguen por nosotros.

Muéstrate propicio	Te rogamos, óyenos.
De todo mal	líbranos, Señor.
De todo pecado	líbranos, Señor.
De la muerte eterna	líbranos, Señor.
Por tu encarnación	líbranos, Señor
Por tu muerte y resurrección	líbranos, Señor.
Por el envío del Espíritu Santo	líbranos, Señor.

Nosotros, que somos pecadores	te rogamos óyenos.
Para que regeneres a estos elegidos con la gracia del Bautismo	te rogamos óyenos.
Jesús, Hijo de Dios vivo,	te rogamos óyenos.
Cristo, óyenos.	Cristo óyenos.
Cristo, escúchanos.	Cristo escúchanos.

BENDICION DEL AGUA

571   Después de la Letanía de los Santos, el celebrante de frente a la fuente bautismal (o recipiente) que contiene el agua, canta lo siguiente (el texto sin música sigue en la p. 330).

Oh Dios, que realizas en tus sa - cra-men-tos obras admirables con tu po-der

in - vi - si - ble, y de diversos modos te has servido de tu cria-tu - ra

el a - gua para santificar la gra - cia del Bau - tis - mo.

Oh Dios, cuyo Espíritu, en los orí - ge - nes del mun - do,

se cer - ní - a so - bre las a - guas, para que ya desde enton-ces

con - ci - bie - ran el po - der de san - ti - fi - car.

Oh Dios, que incluso en las aguas torrencia - les del di - lu - vio

pre - fi - gu - raste el nacimiento de la nueva hu - ma - ni - dad,

de modo que una misma   agua pusiera   fin   al   pe - ca - do

y diera origen a   la   san - ti - dad.   Oh   Dios, que hiciste pasar a

pie enjuto por el Mar   Ro - jo   a   los   hi - jos   de   A - bra - hán,

para que el pueblo   liberado de la esclavitud   del   Fa - ra - ón

fuera imagen de la   familia de   los   bau - ti - za - dos.

Oh   Dios, cuyo Hijo, al ser   bautizado por Juan en el a-gua   del   Jor - dán

fue ungido por el   Es - pí - ri - tu   San - to.

Col - gado en la   cruz,   vertió de su costa - do   a - gua,

junto con la sangre; y después de su resurrección mandó

a sus apóstoles "Id y haced discípulos de todos los pueblos,

bautizándoles en el nombre del Padre, y del Hijo, y del Espíritu Santo."

Padre, mira ahora a tu Iglesia en oración

y abre para ella la fuente del Bautismo:

Que esta agua reciba, por el Espíritu Santo,

la gracia de tu unigénito, para que todos los que fueron

creados a tu imagen sean limpios del pecado

y renazcan a nueva vida de inocencia por el agua y el Espíritu Santo.

En este momento, si se puede hacer con facilidad, antes de continuar el celebrante sumerge el Cirio Pascual en el agua una o tres veces, luego lo sostiene allí hasta la aclamación al final de la bendición.

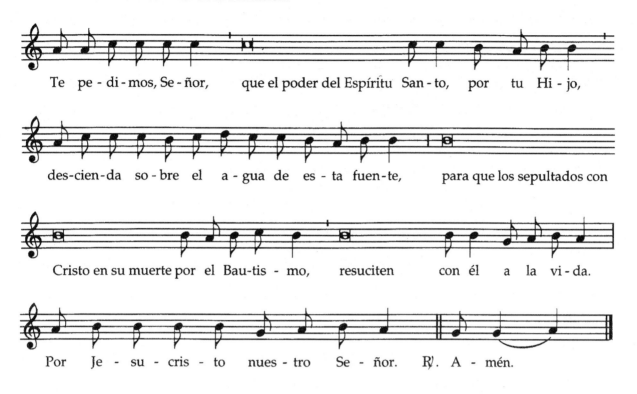

Te pe - di - mos, Se - ñor, que el poder del Espíritu San - to, por tu Hi - jo,

des - cien - da so - bre el a - gua de es - ta fuen - te, para que los sepultados con

Cristo en su muerte por el Bau - tis - mo, resuciten con él a la vi - da.

Por Je - su - cris - to nues - tro Se - ñor. R/. A - mén.

La asamblea canta la siguiente aclamación o alguna otra apropiada.

Fuen - tes de a - gua vi - va, ben - di - gan al Se - ñor.

Glo - ri - fí - quen - lo y a - lá - ben - lo por siem - pre.

Oh Dios, que realizas en tus sacramentos
obras admirables con tu poder invisible,
y de diversos modos te has servido de tu criatura el agua
para santificar la gracia del Bautismo.

Oh Dios, cuyo Espíritu,
en los orígenes del mundo, se cernía sobre las aguas,
para que ya desde entonces
concibieran el poder de santificar.

Oh Dios, que incluso en las aguas torrenciales del diluvio
prefiguraste el nacimiento de la nueva humanidad,
de modo que una misma agua
pusiera fin al pecado y diera origen a la santidad.

Oh Dios, que hiciste pasar a pie enjuto
por el Mar Rojo a los hijos de Abrahán,
para que el pueblo liberado de la esclavitud del Faraón
fuera imagen de la familia de los bautizados.

Oh Dios, cuyo Hijo, al ser bautizado por Juan en el agua del Jordán
fue ungido por el Espíritu Santo.

Colgado en la cruz, vertió de su costado agua, junto con la sangre;
y después de su resurrección mandó a sus apóstoles:
"Id y haced discípulos de todos los pueblos,
bautizándoles en el nombre del Padre, y del Hijo, y del Espíritu Santo."

Padre, mira ahora a tu Iglesia en oración
y abre para ella la fuente del Bautismo:
Que esta agua reciba, por el Espíritu Santo,
la gracia de tu unigénito,
para que todos los fueron creados a tu imagen
sean limpios del pecado
y renazcan a nueva vida de inocencia
por el agua y el Espíritu Santo.

Aquí, si se puede hacer cómodamente, el celebrante antes de continuar sumerge el cirio pascual en el agua una o tres veces, luego lo mantiene allí hasta la aclamación al final de la bendición.

Te pedimos, Señor, que el poder del Espíritu Santo,
por tu Hijo, descienda sobre el agua de esta fuente,
para que los sepultados con Cristo en su muerte por el Bautismo,
resuciten con El a la vida.

Por Jesucristo nuestro Señor.

Todos:

Amén.

La asamblea dice la siguiente aclamación o alguna otra parecida.

Fuentes de agua viva, bendigan al Señor.
Glorifíquenlo y alábenlo.

PROFESION DE FE

572   Después de la bendición del agua, el celebrante continúa con la profesión de fe, la cual incluye la renuncia al pecado y la profesión misma.

RENUNCIA AL PECADO

573   Usando una de las siguientes fórmulas, el celebrante interroga a la vez a todos los elegidos; o, después de ser informado por los padrinos del nombre de cada uno de los elegidos, puede usar las mismas fórmulas para interrogar individualmente a los elegidos.

[Se deja al juicio del obispo diocesano, el hacer más específicas y detalladas las fórmulas para la renuncia al pecado, según lo requieran las circunstancias (véase n. 33.8).]

A   Celebrante:

¿Renuncian ustedes al pecado para vivir en la libertad de los hijos de Dios?

Elegidos:

Sí, renuncio.

Celebrante:

¿Renuncian ustedes a las seducciones de la iniquidad para que no les domine el pecado?

Elegidos:

Sí, renuncio.

Celebrante:

¿Renuncian ustedes a Satanás, que es padre y autor del pecado?

Elegidos:

Sí, renuncio.

B   Celebrante:

¿Renuncian ustedes a Satanás,
y a todas sus obras,
y a todas sus seducciones?

Elegidos:

Sí, renuncio.

C   Celebrante:

¿Renuncian ustedes a Satanás?

Elegidos:

Sí, renuncio.

Celebrante:

¿Y a todas sus obras?

Elegidos:

Sí, renuncio.

Celebrante:

¿Y a todas sus seducciones?

Elegidos:

Sí, renuncio.

PROFESION DE FE

574   Después el celebrante, informándose nuevamente del nombre de los que van a ser bautizados, por medio de los padrinos, interroga a cada elegido individualmente. Inmediatamente cada elegido es bautizado después de su profesión de fe.

[Cuando los que van a bautizarse son muy numerosos puede hacerse la profesión de fe simultáneamente, bien por todos juntos, bien grupo por grupo. Luego sigue el Bautismo de cada elegido.]

Celebrante:

N., ¿crees en Dios, Padre todopoderoso, creador del cielo y de la tierra?

Elegido:

Sí, creo.

Celebrante:

¿Crees en Jesucristo, su único Hijo, nuestro Señor, que nació de santa María, la Virgen, fue crucificado, muerto y sepultado, resucitó de entre los muertos y está sentado a la derecha del Padre?

Elegido:

Sí, creo.

Celebrante:

¿Crees en el Espíritu Santo, en la santa Iglesia católica, en la comunión de los Santos, en el perdón de los pecados, en la resurrección de los muertos, y en la vida eterna?

Elegido:

Sí, creo.

BAUTISMO

575 El celebrante bautiza a cada elegido bien sea por inmersión (opción A), o por infusión (opción B). Cada Bautismo puede ser seguido por una aclamación corta (véase Apéndice II, n. 595), cantada o dicha por la asamblea.

[Cuando son muchos los elegidos que van a bautizarse, pueden dividirse en grupos y ser bautizados por distintos sacerdotes o diáconos. Al bautizar, bien sea por inmersión, (Opción A), o por infusión (opción B), estos ministros dicen la fórmula sacramental para cada elegido. Durante los Bautismos es de desear que el pueblo entone algún canto o que se haga alguna lectura bíblica o que simplemente se ore en silencio.]

A   Si el Bautismo es por inmersión, de todo el cuerpo o de la cabeza nada más, debe hacerse guardando la decencia y el decoro. El padrino o la madrina o ambos tocan al elegido. El celebrante, le sumerge del todo o sólo la cabeza por tres veces sucesivas y le bautiza invocando una sola vez a la Santísima Trinidad.

N., yo te bautizo en el nombre del Padre,

> Lo sumerge por primera vez.

y del Hijo,

> Lo sumerge por segunda vez.

y del Espíritu Santo.

> Lo sumerge por tercera vez.

B   Si el Bautismo se hace por infusión, uno de los padrinos o los dos ponen la mano derecha en el hombro del elegido y el celebrante sacando el agua bautismal de la fuente, y derramándola tres veces sobre la cabeza inclinada del elegido, lo bautiza en el nombre de la Santísima Trinidad.

N., yo te bautizo en el nombre del Padre,

> Derrama el agua por primera vez.

y del Hijo,

> Derrama el agua por segunda vez.

y del Espíritu Santo.

> Derrama el agua por tercera vez.

RITOS COMPLEMENTARIOS

576   La celebración del Bautismo continúa con los ritos complementarios, después de lo cual de ordinario se celebra la Confirmación.

UNCION DESPUES DEL BAUTISMO

577   Si la Confirmación de los bautizados se separa de su Bautismo, el celebrante los unge con el Crisma inmediatamente después del Bautismo.

[Cuando se ha bautizado a un gran número, los sacerdotes o diáconos presentes pueden ayudar con la unción.]

Antes de la unción el celebrante dice primero lo siguiente sobre todos los recién bautizados.

El Dios omnipotente y Padre de nuestro Señor Jesucristo
los ha librado del pecado
y los ha hecho renacer a una nueva vida
mediante el agua y el Espíritu Santo.

Ahora El los unge con el Crisma de la salvación,
para que, unidos con su pueblo,
permanezcan para siempre miembros de Cristo
que es Sacerdote, Profeta, y Rey.

Los recién bautizados:

Amén.

En silencio, el celebrante unge con el santo Crisma a cada uno de los bautizados en la parte superior (coronilla) de la cabeza.

IMPOSICION DE LA VESTIDURA BAUTISMAL

578   La vestidura usada en este rito puede ser blanca o de otro color que se ajuste a las costumbres locales. Si las circunstancias lo sugieren, se puede omitir este rito.

El celebrante dice la siguiente fórmula, y a las palabras "Recibe esta vestidura bautismal" los padrinos imponen la vestidura al recién bautizado.

N. y N., ustedes han sido transformados en nuevas criaturas
y están revestidos de Cristo.
Reciban, pues, la vestidura bautismal
que han de llevar limpia de mancha
ante el tribunal de nuestro Señor Jesucristo,
para alcanzar la vida eterna.

Recién bautizados:

Amén.

ENTREGA DE UN CIRIO ENCENDIDO

579   El celebrante toma en las manos el cirio pascual, o al menos lo toca, y dice:

Acérquense, padrinos y madrinas para que entreguen a los recién bautizados la luz de Cristo.

Un padrino de cada recién bautizado se acerca al celebrante, enciende un cirio en el Cirio Pascual, y se lo entrega a su ahijado(a).

Entonces el celebrante se dirige a los recién bautizados:

**Ustedes han sido iluminados por Cristo,
caminen siempre como hijos de la luz,
y guarden la llama de la fe viva en su corazón.
A fin de que puedan salir al encuentro del Señor
cuando venga con todos los Santos en la gloria celestial.**

Recién bautizados:

Amén.

RENOVACION DE LAS PROMESAS BAUTISMALES

INVITACION

580   Después de la celebración del Bautismo, el celebrante se dirige a la comunidad, a fin de invitar a todos los presentes a renovar sus promesas bautismales; los candidatos para la recepción en la plena comunión se unen al resto de la comunidad en esta renuncia al pecado y profesión de fe. Todos están de pie y tienen cirios encendidos. El celebrante puede usar las siguientes palabras u otras parecidas.

Queridos amigos, por medio del misterio pascual hemos sido sepultados con Cristo en el Bautismo, para que podamos resucitar con él a una vida nueva. Ahora que hemos terminado nuestra observancia cuaresmal, renovemos las promesas que hicimos en el Bautismo, cuando rechazamos a Satanás y a sus obras y prometimos servir a Dios fielmente en su santa Iglesia católica.

RENOVACION DE LAS PROMESAS BAUTISMALES

RENUNCIA AL PECADO

581   El celebrante continúa con una de las siguientes fórmulas de renuncia.

[Si las circunstancias lo requieren, la Conferencia de Obispos puede adaptar la fórmula A según las condiciones locales.]

A Celebrante:

¿Renuncian ustedes al pecado, para vivir en la libertad de los hijos de Dios?

  Todos:

Sí, renuncio.

  Celebrante:

¿Renuncian ustedes a las seducciones de la iniquidad para que no los domine el pecado?

  Todos:

Sí, renuncio.

  Celebrante:

¿Renuncian ustedes a Satanás, que es padre y autor del pecado?

  Todos:

Sí, renuncio.

B Celebrante:

¿Renuncian ustedes a Satanás?

  Todos:

Sí, renuncio.

  Celebrante:

¿Y a todas sus obras?

  Todos:

Sí, renuncio.

  Celebrante:

¿Y a todas sus seducciones?

  Todos:

Sí, renuncio.

PROFESION DE FE

582　Entonces el celebrante continúa:

¿Creen ustedes en Dios, Padre todopoderoso, creador del cielo y de la tierra?

Todos:

Sí, creo.

Celebrante:

¿Creen ustedes en Jesucristo, su único Hijo, nuestro Señor, que nació de Santa María, la Virgen, fue crucificado, muerto y sepultado, resucitó de entre los muertos y está sentado a la derecha del Padre?

Todos:

Sí, creo.

Celebrante:

¿Creen ustedes en el Espíritu Santo, en la santa Iglesia católica, en la comunión de los santos, en el perdón de los pecados, en la resurrección de los muertos, y en la vida eterna?

Todos:

Sí, creo.

ASPERSION CON EL AGUA BAUTISMAL

583　El celebrante rocía a toda la asamblea con el agua bautismal bendecida, mientras todos entonan el siguiente cántico o cualquier otro que sea de tema bautismal.

Vi al agua fluir
del lado derecho del templo, aleluya.
Trajo la vida de Dios y su salvación,
y el pueblo cantó en gozosa alabanza:
aleluya, aleluya. (véase: Ezequiel 47:1-2,9)

Luego el celebrante concluye con la siguiente oración.

Dios omnipotente, Padre de nuestro Señor Jesucristo,
nos ha concedido renacer por el agua y el Espíritu Santo
y nos ha perdonado todos nuestros pecados.
Que El también nos guarde fieles a nuestro Señor Jesucristo
por todos los siglos.

Todos:

Amén.

CELEBRACION DE LA RECEPCION

INVITACION

584 Si se ha celebrado el Bautismo en la fuente bautismal, el celebrante y sus ministros ayudantes, junto con los recién bautizados y sus padrinos se dirigen hacia el santuario. Mientras ellos caminan, la asamblea puede entonar un canto apropiado.

Luego, el celebrante, usando las siguientes u otras palabras semejantes, invita a los candidatos para la recepción, y a sus esponsores (y/o padrinos), a que se acerquen al santuario y a que hagan su profesión de fe ante la comunidad.

N. y N., por su propia voluntad han pedido ustedes el ser recibidos en la plena comunión de la Iglesia católica. Han tomado esta decisión después de haberla pensado cuidadosamente bajo la guía del Espíritu Santo. Ahora los invito a acercarse con su(s) esponsores (y/o padrinos) y en la presencia de esta comunidad a profesar la fe católica. En esta fe serán por primera vez uno con nosotros a la mesa eucarística del Señor Jesús, el signo de la unidad de la Iglesia.

PROFESION POR LOS CANDIDATOS

585 Cuando las personas que van a ser recibidas y sus esponsores (y/o padrinos) han ocupado sus sitios en el santuario, el celebrante pide a los candidatos que hagan la siguiente profesión de fe. Los candidatos dicen:

Creo y profeso todo lo que la santa Iglesia católica cree, enseña, y proclama como revelado por Dios.

ACTO DE RECEPCION

586 Después, los candidatos con sus esponsores (y/o padrinos) se acercan uno por uno al celebrante, quien se dirige a cada candidato (imponiendo la mano derecha en la cabeza de cualquier candidato que no vaya a recibir la Confirmación):

N., el Señor te recibe en la Iglesia católica.
Su amorosa bondad te ha traído hasta aquí,
para que en la unidad del Espíritu Santo
puedas entrar en plena comunión con nosotros
en la fe que tú has profesado en presencia de su familia.

CELEBRACION DE LA CONFIRMACION

587   Antes de empezar la celebración de la Confirmación, la asamblea puede entonar un canto apropiado.

588   Si el obispo ha conferido el Bautismo, él debe ahora conferir la Confirmación también. Si el obispo no está presente, el sacerdote que confirió el Bautismo y recibió a los candidatos en la plena comunión está autorizado para confirmar.

[Cuando hay un gran número de personas para ser confirmadas, el ministro de la Confirmación puede asociar a otros sacerdotes consigo mismo como ministros del sacramento (véase n. 14).]

INVITACION

589   Los recién bautizados junto con sus padrinos y los recién recibidos junto con sus esponsores (y/o padrinos) si no han recibido el sacramento de la Confirmación se ponen de pie ante el celebrante. Este se dirige primero brevemente a los recién bautizados y a los recién recibidos con estas u otras palabras semejantes.

Mis queridos candidatos para la Confirmación, por su Bautismo han sido regenerados en Cristo, y transformados en miembros suyos y de su pueblo sacerdotal. Ahora van a recibir al Espíritu Santo que ha sido derramado sobrenosotros; es el mismo Espíritu que envió el Señor sobre los apóstoles en Pentecostés y que ellos y sus sucesores confieren en los bautizados.

La prometida fuerza del Espíritu Santo, que van a recibir, los configurará más con Cristo y les ayudará a ser testigos de su sufrimiento, muerte y resurrección. El los fortalecerá para ser miembros activos de la Iglesia y edificar el Cuerpo de Cristo en la fe y el amor.

[Los sacerdotes que van a ayudar al celebrante como ministros del sacramento se ponen de pie junto a él.]

Con las manos juntas, el celebrante se dirige entonces a la asamblea:

Mis queridos amigos, oremos a Dios nuestro Padre, para que derrame al Espíritu Santo sobre estos candidatos para la Confirmación y los fortalezca con sus dones y los unja para que sean más conformes a Cristo, el Hijo de Dios.

Todos oran brevemente en silencio.

IMPOSICION DE LAS MANOS

590   El celebrante, con las manos extendidas sobre todo el grupo de los que van a ser confirmados, dice la siguiente oración.

[Los sacerdotes asociados como ministros del sacramento, también extienden las manos sobre los candidatos pero en silencio.]

Dios todopoderoso, Padre de nuestro Señor Jesucristo,
por el agua y el Espíritu Santo
libraste a estos tus hijos e hijas del pecado
y les diste nueva vida.

Envía sobre ellos tu Espíritu Santo
para que sea su ayuda y guía.

Dales el espíritu de sabiduría y de inteligencia,
el espíritu de consejo y de fortaleza,
el espíritu de ciencia y de piedad.
Cólmalos del espíritu de tu santo temor y de reverencia en tu presencia.

Te lo pedimos por Cristo nuestro Señor.

R. Amén.

UNCION CON EL CRISMA

591   Un ministro presenta el Crisma al celebrante. [Cuando el celebrante es el obispo, los sacerdotes asociados como ministros del sacramento reciben el Crisma de su mano.]

Cada candidato, con su padrino (madrina) de Bautismo o con ambos, o con sus esponsores (y/o padrinos), se acerca al celebrante (o a uno de los ministros asociados para conferir el sacramento): o, si las circunstancias lo requieren, el celebrante (y los ministros asociados) se acerca(n) a los candidatos.

Uno o ambos padrinos y los esponsores (y/o padrinos) ponen la mano derecha en el hombro del candidato y bien sea un padrino (madrina) o esponsor le da el nombre del candidato al ministro del sacramento o el mismo candidato le da su nombre. Mientras se confiere el sacramento se puede entonar un canto apropiado.

El ministro del sacramento, con la punta del pulgar derecho empapada en el Crisma, hace la señal de la cruz en la frente del que va a ser confirmado, mientras dice:

N., recibe por esta señal el Don del Espíritu Santo.

El recién confirmado:

Amén.

El ministro del sacramento añade:

La paz sea contigo.

El recién confirmado:

Y con tu espíritu.

Después que todos han recibido el sacramento, los recién confirmados, así como sus padrinos y esponsores, son conducidos a sus sitios en la asamblea.

592   Como no se dice la profesión de fe, la oración universal comienza inmediatamente y por primera vez los neófitos participan en ella. Algunos de los neófitos pueden participar en la procesión llevando las ofrendas al altar.

593   Con las Plegarias Eucarísticas I, II, o III se usan las interpolaciones especiales que se dan en el Misal Romano, en la Misa ritual, "Iniciación Cristiana: Bautismo."

594   Conviene que los neófitos y los recién recibidos reciban la sagrada comunión bajo las dos especies junto con sus padrinos, madrinas, esponsores, padres, cónyuges, y catequistas.

Antes de decir "Este es el Cordero de Dios," el celebrante puede recordar brevemente a los neófitos el valor tan excelso de la Eucaristía que es la culminación de su iniciación y el centro de toda la vida cristiana. También puede mencionar que para los que han sido recibidos en la plena comunión, ésta, su primera participación plena con la comunidad católica en la comunión eucarística, es el punto culminante de su recepción.

APENDICE II
ACLAMACIONES, HIMNOS, Y CANTICOS

Alabado sea el Padre de nuestro Señor Jesucristo,
un Dios tan lleno de bondad y misericordia

ACLAMACIONES TOMADAS DE LA SAGRADA ESCRITURA

595   Las siguientes aclamaciones están tomadas de la Sagrada Escritura.

1   ¿Quién como Tú, Yavé, entre los dioses?
    ¿Quién como Tu, glorioso y santo,
    terrible en tus hazañas, autor de maravillas?
    (Exodo 15:11)

2   Dios es luz y en él no hay tinieblas.
    (1 Juan 1:5)

3   Dios es amor. El que permanece en el Amor, en Dios permanece.
    (1 Juan 4:16)

4   Uno es Dios, el Padre de todos,
    que está por encima de todos,
    y que actúa por todos y está en todos.
    (Efesios 4:6)

5   Mírenlo y quedarán iluminados.
    [Salmo 34(33):6]

6   ¡Bendito sea Dios que en Cristo nos eligió!
    (véase Efesios 1:3-4)

7   Lo que somos es obra de Dios: él nos ha creado en Cristo Jesús.
    (Efesios 2:10)

8   Amados, ya somos hijos de Dios,
    aunque no se ha manifestado lo que seremos al fin.
    (1 Juan 3:2)

9   Vean qué amor singular nos ha dado el Padre:
    que no solamente nos llamamos hijos de Dios,
    sino que lo somos.
    (1 Juan 3:1)

10   Felices los que lavan sus ropas;
    disfrutarán del árbol de la Vida.
    (Apocalipsis 22:14)

11   Todos ustedes son uno solo
    en Cristo Jesús.
    (Gálatas 3:28)

12   Esfuércense por imitar a Dios. Sigan el camino del amor,
    a ejemplo de Cristo que los amó a ustedes.
    (Efesios 5:1-2)

HIMNOS EN EL ESTILO DEL NUEVO TESTAMENTO

596   Los siguientes son himnos en el estilo del Nuevo Testamento.

1   Bendito sea Dios, Padre de nuestro Señor Jesucristo,
que en su gran misericordia,
por la resurrección de Jesucristo de entre los muertos
nos ha hecho nacer de nuevo para una esperanza viva,
para una herencia incorruptible,
que nos está reservada en el cielo,
y que aguarda a manifestarse en el momento final. (1 Pedro 1:3-5)

2   Grande es el misterio que veneramos,
conocido antes de la creación del mundo
y manifestado en los últimos tiempos:
Cristo Jesús,
que padeció y fue atormetando según la carne,
pero vivificado según el Espíritu,
proclamado a las naciones,
creyó en él el mundo,
ascendió al cielo,
ofreció dones a los seres humanos,
fue exaltado a la gloria sobre todos los cielos,
para colmar todas las cosas. (véase 1 Timoteo 3:16)

CANTICOS TOMADOS DE LITURGIAS ANTIGUAS

597   Los siguientes son cánticos de liturgias antiguas.

1   En ti creemos, Cristo:
infunde tu luz en los corazones,
para que seamos hijos de la luz.

2   A ti venimos, Cristo:
transmite con abundancia tu vida a las almas,
para que nos transformemos en hijos de adopción.

3   De tu costado, Cristo, brotó una fuente de agua,
con la que se lavan las suciedades del mundo
y se renueva la vida.

4   Sobre las aguas la voz del Padre clama;
la gloria del Hijo, resplandece
y la caridad del Espíritu Santo, vivifica.

5   Oh Iglesia santa, abre tus brazos
y recibe a estos hijos,
a quienes regenera de las aguas
el Santo Espíritu de Dios.

6   Gozad, bautizados;
personas elegidas para el reino;
sepultados en la muerte;
con la fe de Cristo regenerados.

7   Aquí está la fuente de la vida,
que lavó a todo el mundo,
y cuyo manantial es la llaga de Cristo.
Esperad el reino de los cielos,
los que renacéis de esta fuente.

APENDICE III
ESTATUTOS NACIONALES
PARA EL CATECUMENADO

Imitemos a Dios; caminemos en su amor
así como Cristo nos ama

ESTATUTOS NACIONALES PARA EL CATECUMENADO
Aprobados por la
Conferencia Nacional de Obispos Católicos
el 11 de noviembre de 1986

Confirmados por la Congregación para el Culto Divino
el 26 de junio de 1988 (Prot. 1191/86)

PRECATECUMENADO

1   Cualquier recepción o celebración de bienvenida u oración por los que buscan saber más de la Iglesia católica al principio o durante el precatecumenado (o durante un tiempo previo de evangelización) debe ser completamente informal. Tales reuniones deben tomar en cuenta que los "simpatizantes" no son todavía catecúmenos y que el rito de aceptación al catecumenado, que se proyectó para aquellos que se han convertido de no tener fe a una fe inicial, no debe anticiparse.

CATECUMENADO

2   El término "catecúmenos" debe reservarse estrictamente para las personas sin bautizar que han sido admitidas al catecumenado; el término "convertido" debe reservarse estrictamente para los que se convierten de no tener fe a la fe cristiana y nunca debe usarse para los cristianos bautizados que se van a recibir en la plena comunión de la Iglesia católica.

3   Esto se debe observar aun cuando los elementos de la formación del catecumenado sean apropiados para aquellos que no son catecúmenos, es decir, (a) cristianos católicos bautizados que no han sido catequizados y cuya iniciación cristiana no se ha completado con la Confirmación y la Eucaristía y (b) cristianos bautizados que han sido miembros de otra Iglesia o de otra comunidad eclesial y piden ser recibidos en la plena comunión de la Iglesia católica.

4   Si se tiene la preparación del catecumenado en un lugar fuera de la parroquia, es decir, fuera del centro parroquial, la escuela, u otra institución, se debe introducir a los catecúmenos a la vida cristiana de una parroquia o de una comunidad parecida desde el mismo momento en que comienza el catecumenado, para que después de su iniciación y mistagogia no se encuentren aislados de la vida ordinaria del pueblo cristiano.

5   En la celebración del Rito para Aceptación en el Catecumenado, el obispo diocesano determina si se deben incorporar los ritos adicionales relacionados en el n. 74 del *Rito de la Iniciación Cristiana de Adultos* (véase n. 33.5).

6   La etapa del catecumenado, que empieza con la aceptación de los catecúmenos e incluye tanto el catecumenado mismo como la etapa de purificación e iluminación después de la elección o inscripción de los nombres, debe extenderse por lo menos a un año de formación, instrucción y prueba. Generalmente esta etapa debe durar desde la Pascua de un año hasta el fin del tiempo pascual del año siguiente; preferentemente, debe empezar antes de Cuaresma de un año y prolongarse hasta la Pascua del año siguiente.

7   Durante la etapa del catecumenado se debe tener una catequesis completa y comprensiva sobre las verdades de la doctrina católica y sobre la moral; con la ayuda de catecismos aprobados (véase RICA, n. 75).

CATECUMENOS

8   Se debe animar a los catecúmenos a buscar las bendiciones y otros sufragios de la Iglesia, puesto que ellos pertenecen a la familia de Cristo; tienen derecho a un entierro cristiano si mueren antes de completar su iniciación.

9   En este caso, la liturgia de las exequias, incluyendo la Misa de entierro, debe celebrarse como siempre, omitiendo sólo las palabras que se refieren directamente a los sacramentos que el catecúmeno no ha recibido. Sin embargo, en consideración a los sentimientos de la familia inmediata del catecúmeno fallecido, la Misa de entierro puede omitirse a discreción del párroco.

10   Los matrimonios de catecúmenos, bien sea con otros catecúmenos o con cristianos bautizados o aun con los que no son cristianos, deben celebrarse durante una Liturgia de la Palabra y nunca durante la Liturgia Eucarística. Se debe observar el capítulo III del *Rito del Matrimonio*, pero se puede usar la bendición nupcial en el Capítulo I, n. 33, omitiendo toda referencia a compartir en la Eucaristía.

MINISTERIO DEL BAUTISMO Y DE LA CONFIRMACION

11   El obispo diocesano es el ministro idóneo para los sacramentos de iniciación de adultos, incluyendo los niños de edad catequética, según el canon 852:1. Si él no puede celebrar los sacramentos de iniciación con todos los candidatos de la iglesia local, por lo menos debe celebrar el Rito de Elección o de inscripción de los nombres, generalmente al principio de la Cuaresma, para los catecúmenos de la diócesis.

12   Los sacerdotes que no ejercen una función pastoral pero que participan en un programa del catecumenado necesitan un mandato del obispo diocesano si ellos van a bautizar adultos; luego no necesitan ningún otro mandato ni autorización para confirmar, sino que, por la ley, tienen la facultad de confirmar como la tienen los sacerdotes que bautizan adultos en el ejercicio de su función pastoral.

13   Puesto que aquellos que tienen la facultad de confirmar están obligados a ejercerla de acuerdo con el canon 885:2, y no se les puede prohibir el uso de esta facultad, un obispo diocesano que desee confirmar a los neófitos debe reservarse para sí mismo el Bautismo de adultos según el canon 863.

CELEBRACION DE LOS SACRAMENTOS DE LA INICIACION

14   A fin de mostrar claramente la interrelación o unión de los tres sacramentos que se requieren para la completa iniciación cristiana (canon 842:2), los elegidos adultos, incluyendo los niños de edad catequética, han de recibir el Bautismo, la Confirmación y la Eucaristía en una sola celebración eucarística, bien sea en la Vigilia Pascual o, si es necesario, en alguna otra oportunidad.

15   Se anima a los elegidos para la iniciación, así como a los que les ayudan y participan con ellos en la celebración de la Vigilia Pascual, a que guarden y extiendan el ayuno pascual del Viernes Santo, según está determinado por el canon 1251, a todo el Sábado Santo hasta el fin de la Vigilia misma, según lo dispuesto en la Constitución sobre la Sagrada Liturgia, *Sacrosanctum Concilium*, n. 110.

16   El rito de la unción con el óleo de los catecúmenos se omite en el Bautismo de adultos en la Vigilia Pascual.

17   El Bautismo por inmersión es el signo más completo y que expresa mejor la realidad del sacramento y, por lo tanto, se debe preferir. Aunque todavía no es una práctica común en los Estados Unidos, se debe proveer lo necesario para su uso más frecuente en el bautismo de adultos. Por lo menos, debe tomarse en cuenta lo dicho en el *Rito de la Iniciación Cristiana de Adultos* sobre la inmersión parcial, es decir, la inmersión de la cabeza del elegido.

NIÑOS DE EDAD CATEQUETICA

18   Puesto que para los fines de la iniciación cristiana se incluye entre los adultos a los niños que han llegado al uso de razón (canon 852:1), su formación debe seguir el plan general del catecumenado normal en cuanto sea posible, con las adaptaciones apropiadas permitidas por el ritual. Deben recibir los sacramentos del Bautismo, de la Confirmación y de la Eucaristía en la Vigilia Pascual, junto con los catecúmenos mayores.

19   Algunos elementos de la catequesis normal para los niños bautizados antes de su recepción de los sacramentos de la Confirmación y de la Eucaristía pueden compartirse apropiadamente con catecúmenos de edad catequética. Sin embargo, su condición y estado de catecúmenos no debe ni comprometerse ni confundirse, ni deben ellos recibir los sacramentos de iniciación en ninguna otra secuencia que la determinada en el ritual de la iniciación cristiana.

CATECUMENADO ABREVIADO

20   El catecumenado abreviado, que el obispo diocesano puede permitir solamente en casos individuales y por razones especiales, según se describe en los nn. 340-369 del *Rito de la Iniciación Cristiana de Adultos*, siempre debe usarse de forma tan limitada como sea posible. Debe extenderse por un período de tiempo bastante sustancial y apropiado. Los ritos anteriores a la iniciación sacramental no deben de reducirse indebidamente y mucho menos celebrarse en una sola ocasión. El catecumenado de personas que cambian de una parroquia a otra o de una diócesis a otra no debe abreviarse por esa sola razón.

21　Los candidatos que han recibido su formación en un catecumenado abreviado deben recibir los sacramentos de la iniciación cristiana en la Vigilia Pascual, si es posible, junto con los candidatos que han participado en un catecumenado más extenso. También deben participar en la etapa de la mistagogia, en cuanto sea posible.

MISTAGOGIA

22　Después de terminar la iniciación cristiana con los sacramentos del Bautimo, de la Confirmación y de la Eucaristía, los neófitos deben empezar la etapa de la mistagogia participando con la comunidad en la Eucaristía principal de cada domingo durante todo el tiempo pascual, el cual termina el domingo de Pentecostés. Deben hacer esto como grupo y en compañía de sus padrinos y de aquellos que ayudaron a su formación cristiana.

23　Bajo la supervisión del obispo diocesano, la etapa de la mistagogia debe abarcar una comprensión más profunda de los misterios del Bautismo, de la Confirmación, y de la Eucaristía, y especialmente de la Eucaristía como la celebración continua de la fe y la conversión.

24　Después de la mistagogia inmediata o catequesis postbautismal durante el tiempo pascual, el programa para los neófitos debe extenderse hasta el aniversario de su iniciación cristiana, con reuniones mensuales de los neófitos, por lo menos, para continuar profundizando su formación cristiana y su incorporación a la vida plena de la comunidad cristiana.

CATOLICOS ADULTOS QUE NO HAN SIDO CATEQUIZADOS

25　Aunque los católicos adultos que han sido bautizados pero que nunca han recibido instrucción catequética o que no han sido admitidos a los sacramentos de la Confirmación y de la Eucaristía no son catecúmenos, algunos elementos de la formación catequética usual son apropiados para su preparación para los sacramentos, según las normas del ritual, "Preparación para la Confirmación y la Eucaristía de los Adultos que no han sido Catequizados."

26　Si la iniciación sacramental de tales candidatos se completa con la Confirmación y la Eucaristía celebradas en la misma ocasión en que se celebra la iniciación cristiana de los elegidos para el Bautismo, aunque generalmente no se recomienda se haga así, la condición y el estado de los que ya han sido bautizados anteriormente debe respetarse y distinguirse cuidadosamente.

27　La celebración del sacramento de Reconciliación con los candidatos para la Confirmación y la Eucaristía se ha de tener con anterioridad y a una hora distinta. Como parte de la formación de tales candidatos, se les debe animar a la celebración frecuente de este sacramento.

28　Los sacerdotes mencionados en el canon 883:2 también tienen la facultad de confirmar (a) en el caso de la readmisión a la comunión plena de un católico bautizado que haya apostatado de su fe y también (b) en el caso de un católico bautizado que sin su culpa haya sido instruído en una religión no católica o se haya unido a una religión no católica, pero (c) no en el caso de un católico bautizado que sin culpa suya nunca haya practicado la fe.

29   En el caso mencionado en el n. 28 c., a fin de mantener la interrelación y la secuencia de la Confirmación y de la Eucaristía como se define en el canon 842:2, los sacerdotes que no tienen la facultad de confirmar deben pedirla al Obispo Diocesano, quien puede, según el canon 884:1, conceder esa facultad si lo juzga necesario.

RECEPCION EN LA PLENA COMUNION DE LA IGLESIA CATOLICA

30   A aquellas personas que ya han sido bautizadas en otra Iglesia o en una comunidad eclesial, no se les debe tratar como catecúmenos ni se les debe llamar así. Su preparación doctrinal y espiritual para la recepción en la plena comunión de la Iglesia católica se determina en cada caso individualmente, es decir, depende de cómo esa persona bautizada ha vivido su vida cristiana dentro de una comunidad de fe y si ha sido apropiadamente catequizada para profundizar interiormente su unión con la Iglesia.

31   Aquellos que han sido bautizados pero que han recibido relativamente poca educación cristiana pueden participar en los elementos de la formación del catecumenado en cuanto sea necesario y apropiado, pero no deben participar en los ritos para los catecúmenos no bautizados. Sin embargo, pueden participar en las celebraciones de la Palabra junto con los catecúmenos. Además se les puede incluir con los adultos católicos no catequizados en ritos tales como sea apropiado de entre aquellos incluídos o mencinados en el ritual en la Parte II, 4, "Preparación de Adultos no Catequizados para la Confirmación y la Eucaristía." Los ritos en que se entregan el Símbolo, la Oración Dominical, y el libro de los Evangelios no son apropiados excepto para aquellos que no han recibido ni instrucción ni formación cristianas. A aquellas personas bautizadas que han vivido como cristianos y sólo necesitan instrucción en la tradición católica y un cierto tiempo de prueba dentro de la comunidad católica, no es necesario pedirles que pasen por todo un programa paralelo al del catecumenado.

32   La recepción de los candidatos en la comunión de la Iglesia católica ordinariamente debe tener lugar en la Eucaristía del domingo en la que participa la comunidad parroquial; de tal manera que se entienda que ellos son en verdad creyentes cristianos que ya han compartido en la vida sacramental de la Iglesia y que ahora serán bienvenidos a la comunidad eucarística católica cuando hagan su profesión de fe y sean confirmados, si no lo han sido con anterioridad, antes de recibir la Eucaristía.

33   Es preferible que la recepción en la plena comunión no se tenga en la Vigilia Pascual para que no haya confusión entre esos cristianos y los elegidos para el Bautismo; ni haya una posible mala interpretación del sacramento del Bautismo celebrado en otra Iglesia o comunidad eclesial; o ni siquiera una reflexión sobre el mismo; ni que se perciba el más leve triunfalismo en la bienvenida litúrgica a la comunidad eucarística católica.

34   Sin embargo, si hay catecúmenos que se van a bautizar y cristianos bautizados que se van a recibir en la plena comunión durante la Vigilia, por razones pastorales y en consideración a que la Vigilia es la principal celebración anual de la Iglesia, se debe observar el rito combinado: "Celebración en la Vigilia Pascual de los Sacramentos de Iniciación y del Rito de Recepción en la Plena Comunión de la Iglesia Católica." Durante la celebración debe mantenerse una distinción clara entre los elegidos para la iniciación sacramental y los candidatos para la

recepción en la plena comunión, y las sensibilidades ecuménicas deben ser cuidadosamente respetadas.

35   El "Rito de Recepción en la Plena Comunión de la Iglesia Católica" respeta la secuencia tradicional de la Confirmación antes de la Eucaristía. Cuando el obispo, cuyo oficio es recibr a los cristianos adultos en la plena comunión de la Iglesia católica (RICA, n. 481 [R8]), confía la celebración del rito a un presbítero, el sacerdote recibe de la ley misma (canon 883:2) la facultad de confirmar al candidato para la recepción y está obligado a hacer uso de ella (canon 885:2); no se le puede prohibir ejercer esa facultad. La Confirmación de tales candidatos para la recepción no debe de posponerse, ni se les debe admitir a la Eucaristía antes de ser confirmados. Un obispo diocesano, que desee confirmar a los que se reciben en la plena comunión, debe reservar para sí mismo el Rito de Recepción.

36   La celebración del sacramento de Reconciliación con los candidatos para la recepción en la plena comunión se debe tener con anterioridad a la celebración del Rito de Recepción y en una oportunidad distinta. Como parte de la formación de esos candidatos, se les debe animar a la celebración frecuente de este sacramento.

37   Puede haber una duda razonable y prudente sobre el Bautismo de tales cristianos que no se pueda resolver después de investigación seria de la realidad del Bautismo o de su validez, o de ambas cosas, es decir, el saber con seguridad si la persona fue bautizada con agua y con la fórmula Trinitaria, y si el ministro del sacramento y quien lo recibió tenían las debidas intenciones requeridas. En ese caso, si parece que un Bautismo condicional es necesario, se debe celebrar mejor en privado que en una asamblea litúrgica pública de la comunidad y con sólo aquellos ritos que el obispo diocesano decida. La recepción en la plena comunión debe tenerse más tarde durante la Eucaristía del domingo a la que asiste la comunidad.

DOCUMENTACION

El *Rito de la Iniciación Cristiana de Adultos* incorpora las (pocas) enmiendas de la introducción (*praenotanda*) ocasionadas por la promulgación del Código de la Ley Canónica en 1983. Sin embargo, esto no incluye el texto de los cánones pertinentes ni las decisiones y afirmaciones conciliares sobre el catecumenado en que se basan las mismas, aunque éstas se reflejan en la introducción al ritual. A fin de tener disponibles estos textos en un solo lugar, se ha recopilado el siguiente apéndice de documentos.

A. Constituciones y Decretos Conciliares

Si no se dice otra cosa todas las traducciones que siguen están tomadas de: *Concilio Vaticano II: Constituciones. Decretos. Declaraciones.* Bibliotecas de Autores Cristianos. Madrid: La Editorial Católica, S.A., 1965.

Constitución sobre la sagrada liturgia *Sacrosanctum Concilium*, art. 64:

> Restáurese el catecumenado de adultos, dividido en distintas etapas, cuya práctica dependerá del juicio del ordinario del lugar; de esa manera, el tiempo del

catecumenado, establecido para la conveniente instrucción, podrá ser santificado con los sagrados ritos que se celebrarán en tiempos sucesivos.

Constitución sobre la sagrada liturgia *Sacrosanctum Concilium,* art. 65:

En las misiones, además de los elementos de iniciación contenidos en la tradición cristiana, pueden admitirse también aquellos que se encuentran en uso en cada pueblo en cuanto puedan acomodarse al rito cristiano, según la norma de los nn. 37-40 de esta constitución.

Constitución sobre la sagrada liturgia *Sacrosanctum Concilium,* art. 66:

Revísense ambos ritos del bautismo de adultos, tanto el simple como el solemne, teniendo en cuenta la restauración del catecumenado, e insértese en el Misal romano la misa propia "In collatione baptismi."

Constitución Dogmática sobre la Iglesia *Lumen Gentium,* n. 14:

El sagrado Concilio pone ante todo su atención en los fieles católicos. Porque enseña, fundado en la Escritura y en la Tradición, que esta Iglesia peregrina es necesaria para la salvación. Pues solamente Cristo es el mediador y el camino de salvación, presente a nosotros en su Cuerpo, que es la Iglesia, y El, inculcando con palabras concretas la necesidad del bautismo (cf. Mc 16:16; Jn 3:5), confirmó a un tiempo la necesidad de la Iglesia, en la que los hombres entran por el bautismo como puerta obligada. Por lo cual no podrían salvarse quienes, sabiendo que la Iglesia católica fue instituída por Jesucristo como necesaria, desdeñaran entrar o no quisieran permanecer en ella.

A la sociedad de la Iglesia se incorporan plenamente los que, poseyendo el Espíritu de Cristo, reciben íntegramente sus disposiciones y todos los medios de salvación depositados en ella, y se unen por los vínculos de la profesión de la fe, de los sacramentos, del régimen eclesiástico y de la comunión, a su organización visible con Cristo, que la dirige por medio del Sumo Pontífice y de los obispos. Sin embargo, no alcanza la salvación, aunque esté incorporado a la Iglesia, quien, no perseverando en la caridad, permanece en el seno de la Iglesia "en cuerpo," pero no "en corazón." No olviden, con todo, los hijos de la Iglesia que su excelsa condición no deben atribuirla a sus propios méritos, sino a una gracia especial de Cristo, y si no responden a ella con el pensamiento, las palabras y las obras, lejos de salvarse, serán juzgados con mayor severidad.

Los catecúmenos que, por la moción del Espíritu Santo solicitan con voluntad expresa ser incorporados a la Iglesia, se unen a ella por este mismo deseo, y la madre Iglesia los abraza ya amorosa y solícitamente como a hijos.

Decreto sobre la actividad misionera de la Iglesia *Ad Gentes,* n. 13:

Dondequiera que Dios abre la puerta de la palabra para anunciar el misterio de Cristo (cf. Col 4:3) a todos los hombres (cf. Mc 16:15) confiada y constantemente (cf. Hech. 4:13, 29, 31; 9:27, 28; 13:46; 14:3; 19:8; 26:26; 28:31; I Tes. 2:2; 2 Cor 3:12; 7:4; Fil. 1:20; Ef. 3:12; 6:19, 20) hay que anunciar (cf. 1 Cor 9:16; Rom. 10:14) al Dios vivo y a Jesucristo, enviado por El para salvar a todos (cf. 1 Tes. 1:9-10; 1 Cor. 1:18-21; Gal. 1:31; Hech. 14:15,17; 17:22-31), a fin de que los no cristianos, abriéndoles el corazón el Espíritu Santo (cf. Hech. 16:14), creyendo se conviertan libremente al Señor y se unan a El con sinceridad, quien, por ser *camino, verdad y vida* (Jn. 14:6), satisface todas sus exigencias, más aún, las colma.

Esta conversión hay que considerarla ciertamente inicial, pero suficiente para que el hombre sienta que, arrancado del pecado, entra en el misterio del amor de Dios, que lo llama a iniciar una comunicación personal consigo mismo en Cristo. Puesto que por la gracia de Dios el nuevo convertido emprende un camino espiritual por el que, participando ya por la fe del misterio de la muerte y de la resurrección, pasa del hombre viejo al nuevo hombre perfecto según Cristo (cf. Col. 3:5-10; Ef. 4:20-24). Trayendo consigo este tránsito un cambio progresivo de sentimientos y de costumbres, debe manifestarse con sus consecuencias sociales y desarrollarse poco a poco durante el catecumenado. Siendo el Señor, al que se confía, blanco de contradicción (cf. Lc. 2:34; Mt. 10:34-39), el nuevo convertido sentirá con frecuencia rupturas y separaciones, pero también gozos que Dios concede sin medida (cf. 1 Tes. 1:6).

La Iglesia prohíbe severamente que a nadie se obligue, o se induzca, o se atraiga por medios indiscretos a abrazar la fe, lo mismo que exige el derecho a que nadie sea apartado de ella con vejaciones.

Investíguense los motivos de la conversión y, si es necesario, purifíquense según la antiquísima costumbre de la Iglesia.

Decreto sobre la actividad misionera de la Iglesia *Ad Gentes*, n. 14:

Los que han recibido de Dios, por medio de la Iglesia, la fe en Cristo, sean admitidos con ceremonias religiosas al catecumenado, que no es una mera exposición de dogmas y preceptos, sino una formación y noviciado convenientemente prolongado de la vida cristiana, en que los discípulos se unen con Cristo, su Maestro. Iníciense, pues, los catecúmenos convenientemente en el misterio de la salvación, en el ejercicio de las costumbres evangélicas y en los ritos sagrados que han de celebrarse en los tiempos sucesivos, y sean introducidos en la vida de fe, de liturgia y de caridad del pueblo de Dios.

Libres luego por los sacramentos de la iniciación cristiana del poder de las tinieblas (cf. Col. 1:13), muertos, sepultados y resucitados con Cristo (cf. Rom. 6:4-11; Col. 2:12-13; 1 Ped. 3:21-22; Mc. 16:16), reciben el Espíritu (cf. 1 Tes. 3:5-7; Hech. 8:14-17) de hijos de adopción y asisten con todo el pueblo de Dios al memorial de la muerte y resurrección del Señor.

Es de desear que la liturgia del tiempo cuaresmal y pascual se restaure de forma que prepare las almas de los catecúmenos para la celebración del misterio pascual, en cuyas solemnidades se regeneran para Cristo por medio del bautismo.

Pero esta iniciación cristiana durante el catecumenado no deben procurarla solamente los catequistas y sacerdotes, sino toda la comunidad de los fieles, y de un modo especial los padrinos, de suerte que sientan los catecúmenos ya desde el principio que pertenecen al pueblo de Dios. Y como la vida de la Iglesia es apostólica, los catecúmenos han de aprender también a cooperar activamente en la evangelización y edificación de la Iglesia con el testimonio de la vida y la profesión de la fe.

Espóngase, por fin, claramente en el nuevo Código el estado jurídico de los catecúmenos. Porque ya están vinculados a la Iglesia, ya son de la casa de Cristo y con frecuencia ya viven una vida de fe, de esperanza y de caridad.

Decreto sobre la actividad misionera de la Iglesia *Ad Gentes*, n. 15:

> El Espíritu Santo, que llama a todos los hombres a Cristo por la siembra de la palabra y proclamación del Evangelio y suscita el homenaje de la fe en los corazones, cuando engendra para una nueva vida en el seno de la fuente bautismal a los que creen en Cristo, los congrega en el único pueblo de Dios que es *linaje escogido, sacerdocio real, nación santa, pueblo de adquisición* (1 Pedro 2:9).

> Los misioneros, por consiguiente, cooperadores de Dios (cf. 1 Cor. 3:9), susciten tales comunidades de fieles que, viviendo conforme a la vocación con que han sido llamados (cf. Ef. 4:1), ejerciten las funciones que Dios les ha confiado, sacerdotal, profética y real. De esta forma la comunidad cristiana se hace exponente de la presencia de Dios en el mundo, porque ella, por el sacrificio eucarístico, pasa con Cristo al Padre; nutrida cuidadosamente con la palabra de Dios, da testimonio de Cristo y, por fin, anda en la caridad y se inflama de espíritu apostólico. La comunidad cristiana ha de establecerse desde el principio, de tal forma que, en lo posible, sea capaz de satisfacer sus propias necesidades.

Decreto sobre el ministerio pastoral de los obispos *Christus Dominus*, n. 14:

> [Los obispos deben esforzarse] también en restablecer o mejorar la instrucción de los catecúmenos adultos.

Decreto sobre el ministerio y vida de los presbíteros *Presbyterorum Ordinis*, n. 5:

> Dios, que es el solo Santo y Santificador, quiso tener a los hombres como socios y colaboradores suyos, a fin de que le sirvan humildemente en la obra de la santificación. Por eso consagra Dios a los presbíteros, por ministerio de los obispos, para que, participando de una forma especial del sacerdocio de Cristo, en la celebración de las cosas sagradas obren como ministros de quien por medio de su Espíritu efectúa continuamente por nosotros su oficio sacerdotal en la liturgia. Por el bautismo introducen a los hombres en el pueblo de Dios; por el sacramento de la penitencia reconcilian a los pecadores con Dios y con la Iglesia; con la extremaunción alivian a los enfermos; con la celebración, sobre todo, de la misa ofrecen sacramentalmente el sacrificio de Cristo. En la administración de todos los sacramentos, como atestigua San Ignacio Mártir, ya en los primeros tiempos de la Iglesia, los presbíteros se unen jerárquicamente con el obispo, y así lo hacen presente en cierto modo en cada una de las asambleas de los fieles.

> Pero los demás sacramentos, al igual que todos los ministerios eclesiásticos y las obras del apostolado, están unidos con la Eucaristía y hacia ella se ordenan. Pues en la sagrada Eucaristía se contiene todo el bien espiritual de la Iglesia, es decir, Cristo en persona, nuestra Pascua y pan vivo, que, por su carne vivificada y que vivifica por el Espíritu Santo, da vida a los hombres, que de esta forma son invitados y estimulados a ofrecerse a sí mismos, sus trabajos y todas las cosas creadas juntamente con El. Por lo cual, la Eucaristía aparece como fuente y cima de toda evangelización, al introducirse, poco a poco, los catecúmenos en la participación de la Eucaristía, y los fieles, marcados ya por el sagrado bautismo y la confirmación, se injieren cumplidamente en el Cuerpo de Cristo por la recepción de la Eucaristía.

Decreto sobre el ministerio y vida de los presbíteros *Presbyterorum ordinis*, n. 6:

> Pero el deber del pastor no se limita al cuidado particular de los fieles, sino que se extiende propiamente también a la formación de la auténtica comunidad cristiana. Mas, para atender debidamente al espíritu de comunidad, éste debe abarcar no sólo la Iglesia local, sino la Iglesia universal. La comunidad local no debe atender solamente a sus fieles, sino que, imbuida también por el celo misionero, debe preparar a todos los hombres el camino hacia Cristo. Siente, con todo, una obligación especial para con los catecúmenos y neófitos, que hay que formar gradualmente en el conocimiento y práctica de la vida cristiana.

B. Código del Derecho Canónico

206   1.   Los catecúmenos están unidos con la Iglesia de una manera especial, es decir, bajo la influencia del Espíritu Santo, piden ser incorporados en la Iglesia por una decisión explícita y se unen, por lo tanto, con la Iglesia por esa decisión así como por una vida de fe, esperanza y caridad que ellos practican; la Iglesia ya los acoje como suyos.

   2.   La Iglesia tiene un cuidado especial por los catecúmenos; la Iglesia les invita a vivir una vida evangélica y los introduce a la celebración de los sagrados ritos, y les concede varias prerrogativas que son propias de los cristianos.

787   1.   Por el testimonio de su vida y predicación los misioneros deben establecer un diálogo sincero con aquellos que no creen en Cristo a fin de que por medio de métodos apropiados a sus características culturales se abran caminos por los cuales pueden llegar a una comprensión del mensaje evangélico.

   2.   Los misioneros deben tratar de enseñar las verdades de la fe a aquellos que ellos juzguen estar listos para aceptar el mensaje evangélico a fin de que estas personas puedan ser admitidas a la recepción del bautismo cuando lo pidan libremente.

788   1.   Después de que ha pasado un tiempo de pre-catecumenado, se debe admitir a las personas que han manifestado la disposición de abrazar la fe en Cristo al catecumenado por medio de ceremonias litúrgicas y sus nombres deben ser inscritos en un libro destinado a este fin.

   2.   Por medio de la instrucción y un aprendizaje en la vida cristiana, los catecúmenos deben ser apropiadamente iniciados en el misterio de la salvación e introducidos a la vida de fe, a la liturgia, a la caridad del pueblo de Dios y al apostolado.

   3.   Es la responsabilidad de la conferencia de obispos el dictar normas por las cuales se regula el catecumenado: estos estatutos deben de fijar lo que hay que esperar de los catecúmenos y definir las prerrogativas que les pertenecen a ellos.

789   Por medio de una instrucción apropiada los neófitos deben ser formados para que alcancen una comprensión mayor de la verdad del Evangelio y de sus deberes bautismales que han de cumplir; deben estar imbuidos del amor de Cristo y de Su Iglesia.

842 2. Los sacramentos del bautismo, de la confirmación y de la Santísima Eucaristía están tan interrelacionados que se requieren para la plena iniciación cristiana.

851 1. Se debe admitir al catecumenado a un adulto que piensa recibir el bautismo y se le debe guiar a través de las diferentes etapas para la iniciación sacramental, según el orden de iniciación adaptado por la conferencia de los obispos y según las normas especiales publicadas por ella.

852 1. Lo que se prescribe en los cánones sobre el bautismo de un adulto se aplica a todos los que ya no son infantes puesto que han llegado al uso de razón.

863 Se debe informar al obispo del bautismo de adultos, por lo menos de aquellos que han cumplido catorce años de edad, para que él los confiera, si lo juzga posible.

865 1. Para ser bautizado, se requiere que un adulto haya manifestado el deseo de recibir el bautismo, sea suficientemente instruído en las verdades de la fe y en las obligaciones cristianas y sea probado en la vida cristiana por medio del catecumenado; se exhorta también al adulto a arrepentirse de sus pecados personales.

2. Se puede bautizar a un adulto en peligro de muerte si, tiene algún conocimiento de las verdades principales de la fe, la persona ha manifestado de alguna manera la intención de recibir el bautismo y promete observar los mandamientos de la religión cristiana.

866 Solamente en el caso que una grave razón lo impida, al ser bautizado un adulto debe ser confirmado inmediatamente después del bautismo y debe participar en la celebración de la Eucaristía y recibir también la Comunión.

869 1. Si hay alguna duda si una persona ha sido bautizada o si el bautismo fue válidamente conferido y si permanece la duda después de una seria investigación, el bautismo se ha de conferir condicionalmente.

2. No deben ser bautizados condicionalmente los bautizados en una comunidad eclesial no católica a no ser que todavía exista una seria razón para dudar la validez del bautismo, después de examinar el caso y la forma de la palabras usadas al conferir el bautismo y después de considerar la intención de la persona adulta bautizada y del ministro del bautismo.

3. Dado el caso que hubiera duda de que el bautismo hubiese sido conferido o de la validez del bautismo según se menciona en los números 1 y 2, no se debe conferir el bautismo hasta que la doctrina del sacramento del bautismo haya sido explicada a la persona, si es un adulto, como también las razones de la duda de la validez del bautismo hayan sido explicadas al adulto que ha de ser bautizado, o, en el caso de un infante, a los padres.

883 Las siguientes personas tienen la facultad de administrar la confirmación por la ley misma:

1. dentro de los límites de su territorio, aquellas personas que ante la ley son equivalentes al obispo diocesano;

2.   con respecto a la persona de que se habla, el presbítero que por razón de su oficio o por mandato del obispo diocesano bautiza a una persona que ya no es infante o a alguien ya bautizado y a quien el presbítero admite a la comunión plena de la Iglesia Católica;

3.   con respecto a los que están en peligro de muerte, el párroco o en verdad cualquier sacerdote.

884 1.   El obispo diocesano ha de administrar la confirmación personalmente o debe estar seguro que es administrada por otro obispo, o si es necesario, puede otorgar la facultad de administrar este sacramento a uno o más presbíteros determinados.

2.   Por una causa grave, un obispo e igualmente un presbítero que tiene la facultad de confirmar por virtud de la ley o una concesión especial de una autoridad competente puede en casos individuales asociar a otros presbíteros consigo mismo para que ellos administren el sacramento.

885 2.   Un presbítero que tiene esta facultad debe usarla para aquellos en cuyo favor se ha otorgado esa facultad.

1170 Las bendiciones, que se imparten especialmente a los católicos, pueden también impartirse a los catecúmenos y aún a los no católicos a no ser que una prohibición eclesial lo prohiba.

1183 1.   En lo que respecta a los ritos de las exequias, los catecúmenos han de ser considerados miembros de los fieles cristianos.